요한계시록은 로마의 박해 속에 살아가고 있던 성도들에게 크리스천으로서 살아갈 힘과 용기를 준 책이다. 이 책은 오늘날에도 박해 속에서 신앙을 지키려는 크리스천들에게 당시와 같은 감동을 준다. 그런데 어느 때부턴가 우리나라 교회에서는 요한계시록이 닫힌 책으로 읽혀왔고, 이단 교주들은 각자 자신만이 이 책을 해석할 열쇠를 쥐고 있다고 주장하기 시작했다. 그동안 이러한 이상한 해석이 잘못된 것임을 보여주는 학문적 노작은 국내외 요한계시록 전문 연구자들에 의해 충분히 저술되었다. 그런데 이러한 진리를 일반 신자들이 읽을 수 있도록 쉽게 정리한 책이 필요했다. 본서가 바로 그런 책이다. 본서는 요한계시록을 주제별로 잘 정리해놓았으므로 본서를 읽으면 요한계시록의 핵심 진리를 분명히 확인할 수 있을 것이다. 이 책을 읽은 사람은 이단들의 허접하고 엉뚱한 요한계시록 해석에 유혹되지 않을 것이다.

김동수 | 평택대학교 신약학 교수, 한국신약학회 직전 회장

요한계시록은 몇 명의 특수한 사람만 기이하게 풀 수 있는 암호 책이 아니라 은유와 상징과 비유가 가득한 하나님의 공개된 비밀서다. 시류에 영합하는 사람은 이 말씀을 들어도 깨닫지 못하고 보아도 알지 못하기에 그들에게는 비밀이라고 말할 수 있지만, 신앙을 지키고 키워나가고자 하는 사람들에게는 너무나도 명백하게 공개된 진리다. 이 책은 열 개의 주제를 쉽고 풍부하게 설명하여 요한계시록이라는 숲을 전망하는 즐거움을 준다. 이른바 복음주의를 따르는 교회와 목회자들의 요한계시록 이해를 위해 최적화되어 있다.

김학철 | 연세대학교 학부대학 교수

왜 한국에선 요한계시록이 이단과 사이비의 전유물처럼 인식되고 있을까? 요한계시록은 비밀코드가 탑재된 문서인가? 하늘의 직통 계시를 받아야만 풀 수 있는 비밀문서인가? 우리는 이제라도 계시록에 대한 두려움에서 벗어나야 한다. 계시록은 일종의 저항 문헌이다. 그런 이유로 많은 상징과 은유어가 사용되었다. 그러나 저술목적은 분명하다. 요한계시록은 여리고 왜소하기 그지없던 초기 기독교에 불같이 몰아치는 로마 제국과 유대교의 박해에 맞서 신앙을 격려하고 위로하기 위해 작성된 문헌이다. 따라서 요한계시록의 핵심 주제를 파악하면 모든 것이 분명해진다. 계시는 숨겨진 것이 아니라 드러나야 하는 메시지이기 때문이다. 저자는 오랜 가르침과 연구를 통해 요한계시록의 핵심 주제를 열 가지로 선별해낸다. 하나님, 예배, 하나님의 백성, 성령, 우리의 원수들, 사명, 예수 그리스도, 심판, 새 창조, 인내 등이다. 각각의 핵심 주제를 통해 계시록 전체의 모습이 드러난다. 지상교회는 온갖 시련과 유혹과 도전에도 불구하고 넉넉히 이긴다는 힘과 위로의 메시지를 배우게 된다. 이해하기 쉽게 썼다. 이 책을 읽다 보면 멀리 있던 요한계시록이 친근하고 가깝게 여겨진다. 각 장마다 그룹 토의를 위한 질문이 유익하다. 요즘처럼 신천지와 같은 이단이 요한계시록을 가지고 난무할 때 교회는 요한계시록의 메시지를 잘 들어야 한다. 이 책이 그런 역할을 잘 감당하리라 믿는다.

류호준 | 백석대학교 신학대학원 은퇴교수

침례교 신학자 듀발은 저인망처럼 내린 주제어 열 개로 요한계시록의 신학 전반을 추적하여 이를 잘 드러낸다. 저자는 계시록이 승리하신 하나님을 중심으로 하는 신적 내러티브로서 소아시아 성도에게 위로와 소망을 제공한다는 기록 목적을 염두에 두면서, 첫 독자들을 고려한 문맥적 읽기를 강조한다. 계시록의 키워드 열 개는 상호 연결되어 원 독자는 물론 한국의 독자들에게도 다음의 메시지를 전한다. 곧 교회는 멈출 수 없는 천국의 심장박동과 같은 예배를 통하여 하나님의 능하신 일을 높여야 하고, 교회당 안과 세상에서 하나님의 강력한 현존이신 일곱 영을 따라 증언의 사명을 감당해야 하며, 대적들의 박해에도 불구하고 패배당하심으로써 승리하신 어린양 예수를 따라가야 하고, 하나님께서 심판과 구원을 통하여 완성하실 새 창조를 소망하면서 인내해야 한다.

송영목 | 고신대학교 신약학 교수

내가 수십 년 동안 말씀을 연구하고 교회를 섬기면서 한 가지 절실하게 깨달은 것이 있다. 그것은 교회의 위기의 근본 원인은 말씀에 대한 무지와 잘못된 해석이라는 것이다. 한국교회가 요한계시록을 올바로 이해하고 쉽게 가르쳤더라면, 수많은 교인을 멸망받을 천박한 이단에게 내어주지 않았을 것이다. 말씀에 대한 무지와 연구 부족은 너무나 파괴적인 결과를 가져온다. 이 책에서 요한계시록의 전문가인 저자는 요한계시록이 가르치는 열 가지 핵심 주제를 문맥을 고려하면서 쉽고도 풍성하게 해설해주고 또한 핵심 메시지를 어떻게 그리스도인의 삶에 적용할지도 깨닫게 해주고 있다. 이 책을 읽다 보면 수많은 상징과 이미지들 때문에 난해하게만 생각되었던 요한계시록이 아주 친숙하게 다가올 것이다. 가능한 한 많은 말씀 사역자들과 그리스도인들이 이 책을 읽고 공부하면 좋겠다.

홍인규 | 백석대학교 신학대학원 신약학 교수

이 책은 교회를 위한 가장 탁월한 성경신학이다.

대니얼 L. 에이킨 | 남동침례신학교(SEBTS) 총장

건전한 성경 해석과 풍성한 신학적 고찰과 실천적 적용이라는 완벽한 조합과 함께 각 장마다 소그룹을 위한 질문까지 겸비한 이 책은 사랑받아 마땅하다. 나는 이 책을 교회와 내가 속한 대학교에서 사용하고픈 마음을 쉽게 억누를 수가 없다!

조지 H. 거스리 | 유니언 대학교 성서학 교수

The Heart of Revelation

Understanding the 10 Essential Themes of the Bible's Final Book

J. Scott Duvall

요한계시록의 심장
THE HEART OF REVELATION

J. 스캇 듀발 지음
홍수연 옮김

요한계시록의 열 가지 핵심 주제 이해하기

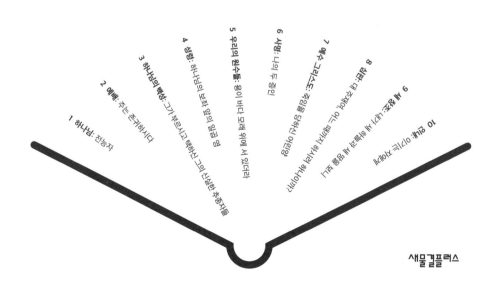

1 하나님: 전능자

2 예배: 주는 존귀하시다

3 하나님의 백성: 그가 부르시고 택하신 그의 신실한 추종자들

4 성령: 하나님의 보좌 앞의 일곱 영

5 우리의 원수들: 용이 바다 모래 위에 서 있더라

6 사탄: 나의 두 증인

7 예수 그리스도: 죽임을 당하셨으나 다시 살아나신 어린양

8 심판: 네 순서를 기다리며 맞서다

9 새 창조: 내가 새 하늘과 새 하늘을 보니

10 인내: 이기는 자에게

새물결플러스

아름답고 사랑스러운 우리 딸

애슐리, 에이미, 매건에게

....

하나님께서 너희들에게 은혜와 지혜와 용기를 주셔서 승리하며

"어린양이 어디로 인도하든지 따라가는 자"가 되기를

(계 14:4)

차례

감사의 말

여러 기독교 학자의 저서들은 내게 요한계시록을 읽는 눈을 열어 주었다. 나는 로버트 마운스(Robert Mounce), 그랜트 오스본(Grant Osborne), 크레이그 키너(Craig Keener), 그렉 비일(Greg Beale), 리처드 보컴(Richard Bauckham), 콜린 헤머(Colin Hemer), 에크하르트 슈나벨 (Eckhard Schnabel), 마크 윌슨(Mark Wilson)이 세운 업적에 많은 빚을 졌다. 나는 특별히 전 남서침례신학교 신약학 교수였던 토머스 "토미" D. 리(Thomas "Tommy" D. Lea) 박사에게 감사한다. 나는 리 박사의 요한계시록 강의를 들은 학생이자 조교였다. 요한계시록에 대한 나의 지대한 관심과 사랑은 바로 그 강의실에서부터 시작되었다. 편히 잠드소서.

나는 지난 수십 년간 나의 요한계시록 강의를 들어온 학생들의 통찰력과 질문, 그리고 분별력 있는 의견 제시에 감사한다. 또한 나는 이 책의 원고 중 일부를 읽고 소중한 피드백을 준, 2014년 가을에 개설되었던 〈로마서의 영적인 삶〉이라는 강의를 수강한 학생들에게도 감사를 표한다.

이 원고 전체를 읽고 내가 말하고자 하는 바를 독자들이 어떻게 이해할 것인지에 대한 유용한 피드백을 준 나의 인턴 학생이자 친구인 애나 사이크스에게 감사한다. 애나, 하나님이 주신 소명을 이루기 위해 워시타에서 온 너에게 주님이 복을 내려주시길 기도한다. 또한 전문적인 편집과 지속적인 격려로 도움을 준 베이커 출판사의 브라이언 보스와 제임스 코스모에게도 감사를 표한다.

유익한 피드백과 끊임없는 도움을 준 나의 아내 주디에게 감사한다. 하나님이 내 인생의 동반자로 그녀를 주셨을 때 하나님은 나에게 말로 형용할 수 없는 은혜를 내리신 것이다.

무엇보다 전능하신 하나님, 신실하신 증인이신 예수 그리스도, 그리고 영원히 계시는 성령께 감사한다. 모든 영광과 찬송을 삼위일체 하나님께!

약어표

CEV   Contemporary English Version

ESV   English Standard Version

HCSB   Holman Christian Standard Bible

NET   The NET Bible (New English Translation)

NIV   New International Version

서론

기이한 책

요한계시록은 성경을 통틀어서 가장 이상한 책이다. 6장에서 어린양이 두루마리의 여섯 인을 떼자 다른 여러 색의 말을 탄 자들에게 심판이 내린다. 그 후 천상의 제단 아래 있는 영혼들이 큰 소리로 하나님께 부르짖고, 뒤이어 해가 검게 물들고, 달이 피 같이 붉어지며, 온 세상이 무너지는 대지진이 발생한다. 이 책 나머지 부분에서는 십사만 사천 명, 하늘에 있는 큰 무리, 무저갱에서 올라온 황충, 작은 두루마리를 먹는 사도 요한, 두 명의 증인, 붉은 용과 두 짐승, 아마겟돈, 큰 성 바벨론, 백마를 탄 하늘의 용사, 천년왕국, 불 연못, 하늘에서 내려온 새 예루살렘 등에 관한 이야기가 나온다. 이러한 낯선 이미지는 우리를 적잖이 당혹스럽게 만든다. 만약 당신이 요한계시록에 매혹되면서도 동시에 혼란스럽다면 그것은 오직 당신만 그런 것이 아니다.

요한계시록에 대한 두 가지 일반적인 반응

다른 신약성경에 비해 요한계시록이 지닌 특이함은 왜 사람들이 요한계시록에 크게 두 가지로 반응하는지를 잘 설명해준다. 어떤 사람은 이 책을 한번 읽고 나서 다시는 거들떠 보고 싶어 하지 않는다. 이 책이 너무 이상하기 때문이다. 그들은 요한계시록을 그냥 그대로 내버려

두는 편을 택한다.

두 번째 반응은 요한계시록에 집착하는 것이다. 그들은 이 책을 수십 번, 아니 어쩌면 수백 번까지도 읽은 사람들이다. 그들은 요한계시록을 다룬 소설을 모두 읽고, 영화도 보고, 설교도 들었다. 그들은 종말론적인 것에 관해 지대한 관심을 두고 있으며, 요한계시록의 모든 예언이 성취되어가는 마지막 때를 살고 있다고 확신한다.

바람직한 제3의 독법

정말 모든 그리스도인은 완고한 무지 혹은 광신적인 집착이라는 두 가지 방식 중 하나로 요한계시록에 반응하는 것 같다. 나는 이 두 가지 반응 다 잘못되었다고 생각한다. 나는 우리가 요한계시록의 중심 메시지를 문맥을 따라 이해하고, 그 메시지를 삶으로 실천하도록 돕는 제3의 독법이 있다고 생각한다. 만약 우리가 이 책을 무시하면 우리는 성경 전체의 이야기를 마무리하는, 희망과 격려로 가득 찬 마지막 장을 그냥 놓치고 말 것이다. 어느 누가 책 전체를 다 읽고 나서 그 책의 마지막 장을 그냥 남겨두고 싶겠는가? 오늘날 현대 교회는 요한계시록이 우리에게 주는 희망의 비전을 절실히 필요로 한다. 그러나 우리가 요한계시록을 모두 우리에 관한 것으로 생각하면—어떻게 하면 우리는 짐승의 표를 피할 수 있을까, 혹은 언제 휴거가 일어날까, 또는 어떻게 적그리스도를 식별해낼 수 있을까—이것은 교회에 커다란 해를 끼칠 것이다. 우리는 요한계시록을 문맥을 따라 읽어야 한다. 그렇지 않으면 우리는 그 메시지를 왜곡하게 될 것이다.

『요한계시록의 심장』에 대한 우리의 기대

나는 이 책에서 큰 그림을 보며 "요한계시록에 나타난 **핵심 진리와 실재** 중에 우리가 확실히 알 수 있는 것은 무엇인가?"라는 질문에 답하면서 이러한 촉망되는 제3의 방식을 따라 요한계시록을 읽고 적용하고자 한다. 나는 하나님, 예배, 하나님의 백성, 성령, 우리의 적, 사명, 예수 그리스도, 심판, 새 창조, 인내 등 매우 중요한 열 가지 주제를 요한계시록 안에서 발견했다. 우리는 요한계시록의 앞과 뒤를 오가며 이 열 가지 주제를 공부할 것이다. 이 책을 읽어나가면서 독자는 요한계시록도 함께 읽게 될 것이다. 나는 독자가 요한계시록 전체를 성경의 주제별 순서를 따라 읽을 수 있도록 각 장 끝에 독서 계획 및 각각의 주제에 대한 핵심 구절을 포함했다. 나는 독자가 각각의 주제에 관해 요한계시록이 가르치는 바가 무엇인지를 배워나가면서 이 성경의 극적인 마지막 장이 던지는 핵심 메시지를 파악하고 그 메시지를 그리스도인의 삶에 어떻게 적용할지 깨닫기를 소망한다.

이 책은 전문성을 띤 학술서적이 아니다. 하지만 나는 가장 신뢰할 만한 복음주의 신학의 관점에서 이 책을 집필하고자 애를 썼다. 각 장은 짧고, 매 장마다 소그룹 토론을 위한 질문이 들어 있다. 만일 당신이 소그룹을 인도하거나, 요한계시록을 좀 더 깊이, 그리고 철저하게 파헤쳐보길 원한다면 Teach the Text Commentary Series(Baker Books, 2014)에서 나온 나의 요한계시록 주석을 읽어보길 바란다. 나는 진지하게 요한계시록의 주요 가르침을 알기 원하는 그리스도인들을 위해 『요한계시록의 심장』을 썼다. 나는 당신이 이 책을 흥미롭게 읽기를 바라며, 이 책이 주 예수 그리스도와 동행하는 당신의 발걸음을 견고하게 하고, 당신에게 희망과 용기와 지혜를 가져다주길 기도한다.

진지하게 문맥 살피기

만약 우리가 하나님의 말씀이 전하고자 하는 메시지를 심각하게 받아들인다면 우리는 그 말씀의 문맥을 진지하게 살펴야 한다.[1] 하나님이 오늘날 요한계시록을 통해 우리에게 말씀하시는 것을 듣기 위해선 우리는 하나님이 그 놀라운 메시지를 처음 들은 초기 그리스도인들에게 하신 말씀을 먼저 들어야 한다.[2] 이들은 누구였으며, 그들이 처한 상황은 어떠했는가?

---

1   나는 이 단락의 일부 자료를 내가 저술한 요한계시록 주석에서 발췌했다. 참조. J. Scott Duvall, *Revelation*, Teach the Text Commentary Series (Grand Rapids: Baker Books, 2014).

2   성경을 어떻게 문맥을 따라 해석하는지에 관한 더 많은 정보를 보려면 다음을 보라. J. Scott Duvall and J. Daniel Hays, *Grasping God's Word: A Hands-On Approach to Reading, Interpreting, and Applying the Bible*, 3rd ed. (Grand Rapids: Zondervan,

일곱 교회와 그들이 처한 상황

요한계시록은 로마 황제 도미티아누스가 통치하던 시대(기원후 95-96년) 혹은 기원후 69년경(기원후 68년 네로 황제의 죽음과 70년 예루살렘의 멸망 사이)에 소아시아에 거주하는 그리스도인들을 위해 기록되었다.

이 책은 이렇게 시작한다(1:1-2). "예수 그리스도의 계시니라. 이는 하나님이 그에게 주사 반드시 속히 일어날 일들을 그 종들에게 보이시려고 그의 천사를 그 종 요한에게 보내어 알게 하신 것이라. 요한은 하나님의 말씀과 예수 그리스도의 증거, 곧 자기가 본 것을 다 증언하였느니라." 이 계시는 예수 그리스도의 계시 혹은 예수 그리스도로부터 온 계시이며, 이는 이 책이 예수(주인공)에 관한 책일 뿐만 아니라 예수로부터 온 책이라는 의미다. 이 계시는 하나님이 예수를 통해 그의 종들에게 전하는 소통 방식을 통해 이루어진다. 이 종들 가운데 하나가 바로 요한계시록의 저자인 요한이다(1:1, 4, 9-10; 22:8-9). 요한은 그리스도에 대해 예언자적 증언을 했다는 이유로 밧모 섬에 유배되어 있던 중, 아시아 지역의 여러 교회를 위한 하늘의 환상을 보고 기록했다. 그러므로 비록 요한계시록의 메시지는 예수로부터 온 것이지만(가끔 예수는 1:17-3:22에서처럼 직접 말씀하시기도 한다), 요한계시록은 이

2012)와 그 요약본 Duvall and Hays, *Journey into God's Word: Your Guide to Understanding and Applying the Bible* (Grand Rapids: Zondervan, 2008).

책의 저자이자 환상을 직접 본 요한이 쓴 것이다. 따라서 요한계시록은 예언자에게 주신 영적 환상인 동시에 하나님이 주신 영감으로 된 문학 작품이기도 하다. 역사적으로 대다수 교회 지도자들은 이 "요한"을 요한복음을 쓴 사도 요한과 동일시한다.

요한은 소아시아(오늘날의 터키)에 있는 일곱 특정 교회에 편지를 썼다. 일곱 교회에 속한 그리스도인의 삶은 과연 어떠했을까? 짧게 답하자면 그들은 힘든 삶을 살았다. 로마 제국 안에는 카이사르가 주(Lord)라는 사상이 팽배해 있었다. "예수가 주님이시다"가 기독교의 기본 신앙고백이었기 때문에 카이사르를 주로 믿는 이들과 예수를 주로 믿고 따르는 이들 사이에는 필연적으로 갈등이 생길 수밖에 없었다.

그리스도인들은 세 종류의 압력을 받았다. 첫째, 그들은 로마로부터 압력을 받았다. 로마가 그리스도인들을 박해하기는 했지만, 그렇다고 박해가 제국 전역의 모든 작은 마을에서까지 전반적으로 일어난 것은 아니다. 대체로 로마의 압력은 좀 더 교묘하게, 그리고 사람들을 현혹하는 방식으로 이루어졌다. 로마는 주로 황제 숭배를 조장하는 제국 종교, 즉 영향력 체계(정치, 사회, 경제, 군사, 종교)를 가동해 교회를 대적했다. (성서학에서 "종교"[cult]라는 단어는 종종 경배 및 헌신 체계를 가리킨다.) 신전, 사제, 축제, 주화, 신상, 조합 등 카이사르가 주라는 것을 각인시키는 제국의 여러 상징이 존재했다. 그러나 황제를 숭배한다는 것은 기독교의 가장 기본적인 신앙고백인 "예수가 주님이시다"와 정면으로 대치되는 것이었다(참조. 2:13; 17:6; 18:24; 19:2). 그리스도인들이 황제 숭배와 관련이 있는 이방 신전에서 드리는 예배와 축제에 참여하길 거부할 경우 그들은 사회적·정치적·경제적으로 불이익을 당해야 했다. 다수의 황제 숭배 행위가 우상숭배와 부도덕한 행위를 조장했기 때문에 그리스도인들은 이에 참여하기를 거부했던 것이다. 그 결과 그들은 반(反)로마 세력으로 비쳤고, 사회로부터 거부를 당하거나, 심지어 박해를 당해야 했다.

둘째, 그리스도인들은 유대인들로부터도 압력을 받았다. 유대교는 로마 제국 안에서 고대 유일신 종교로서 존중을 받았고, 유대인들은 로마의 신들을 섬기고 황제 숭배에 참여하는 것을 면제받았다. 일부 유대인은 교회를 적대시했고, 그리스도인들을 분쟁을 일으키는 반(反)로마 세력이라고 비난하며 그들을 로마 당국에 고발했다. 바로 이런 일이 서머나에서 일어난 것이다. "내가 네 환난과 궁핍을 알거니와, 실상은 네가 부요한 자니라. 자칭 유대인이라 하는 자들의 비방도 알거니와, 실상은 유대인이 아니요 사탄의 회당이라"(2:9). 이와 마찬가지로 우리는 빌라델비아에서도 유대인들이 신자들에게 압력을 가하는 모습을 발견한다. 예수는 그곳의 신자들에게 정의를 약속한다. "보라! 사탄의 회당, 곧 자칭 유대인이라 하나 그렇지 아니하고, 거짓말하는 자들 중에서 몇을 네게 주어 그들로 와서 네 발 앞에 절하게 하고, 내가 너를 사랑하는 줄을 알게 하리라"(3:9).

셋째, 그리스도인들은 일곱 교회와 관련이 있는 거짓 선생들로부터도 압력을 받았다. 이 여러 교회 안에는 고난, 특히 경제적 고난을 피하고자 주변 문화에 동조하며 살 것을 신자들에게 강요한 영향력 있는 교인들이 있었다. 이세벨과 그 추종자들(2:20-24) 및 니골라당(2:6, 14-15) 같은 선생들은 신자들로 하여금 예수를 배반하고 세상을 따르도록 미혹했다.

이처럼 세상을 따르라는 압력에 대해서는 기본적으로 두 가지 반응이 있었다. 어떤 이들은 불경한 제국이 조장한 우상숭배와 비도덕적인 행위에 강력히 대항했고, 그 결과 그들은 박해를 받았다. 다른 이들은 제국의 압력에 굴복하고, 자신들의 믿음을 타협했다.

요한계시록의 목적: 누가 주(主)인가?

요한계시록은 고난당하는 신실한 이들에게 위로와 확신을 주지만, 이 세상의 체계와 타협하는 이들에게는 엄중히 경고한다. 이러한 위로와 경고의 이중적 메시지가 이 책 전체의 핵심 목적이다. 사악한 제국의 상징이 로마를 가리키든 미래의 어떤 사악한 제국을 가리키든 간에 요한계시록은 이 상징들을 압도하기 위해 강렬한 환상과 상징을 사용한다. 요한계시록은 "누가 우주의 주(主)인가? 예수 그리스도인가, 아니면 카이사르인가?"라는 근본적인 질문에 답을 제공한다.

그리스도인들은 로마 제국 안에서 살고 있었기 때문에 황제에게 바쳐진 신전을 지나가거나, 카이사르의 얼굴이 새겨진 동전을 사용하거나, 또는 황제의 동상을 바라보면서 로마의 권력을 날마다 떠

올릴 수밖에 없었다. (미국에서도 대통령의 얼굴이 새겨진 동전을 사용하지만, 그 대통령을 신으로 섬기는 신전도 없고, 그를 신으로 숭배하도록 압력을 받지도 않는다.) 그들이 마주치는 모든 상징은 이렇게 외친다. "카이사르는 주(主)다. 너희들은 그를 숭배해야 한다." 그리스도인들은 필사적으로 하나님의 관점에서 현실을 바라볼 필요가 있었다.

당신이 요한계시록을 듣거나 읽는다는 것은 마치 참된 영적인 현실을 보기 위해 가상현실 체험용 헬멧을 쓰는 것과 같다. 하나님은 요한계시록에서 어두움의 세력을 물리치고, 악을 심판하며, 자기 백성을 구하고, 피조물을 변화시킨다. 요한계시록은 하나님의 관점에서 현실을 보여준다. 그 결과 이 세상의 카이사르의 이미지는 온 우주를 다스리시는 하나님의 주권적 통치를 나타내는 천상의 이미지로 대체된다. 요한계시록은 당신의 마음과 생각을 바꿈으로써 당신이 다시 현 세계로 들어와 신실하게 살 수 있는 힘을 줄 것이다. 만약 내가 요한계시록의 전체 메시지를 단 두 단어로 요약한다면 그것은 "하나님은 승리하신다!"일 것이다.

결국 요한계시록은 소망에 관한 책이다. 요한계시록은 지금 현재의 삶이 얼마나 어렵고 절망적으로 보이든지 간에 언젠가 예수가 그의 원수들을 물리치고, 자기 백성을 구하며, 그의 창조세계를 회복하러 다시 오실 것을 우리에게 상기시킨다. 언젠가 하나님은 악을 심판하시고, 새 하늘과 새 땅에서 자기 백성과 함께 살 것이다. 신실하게, 일편단심으로 인내하고 견뎌내려면 우리는 반드시 소망을 가져야 한다. 요한계시록은 종종 우리를 대적하는 이 세상에서 우리에게 확실하고도 분명한 소망을 준다. 하나님의 승리는 확실하다!

요한계시록은 어떻게 소통하는가?

요한계시록은 메시지를 전달하기 위해 세 가지 문학 장르를 동시에 사용한다. 첫째, 요한계시록은 **편지**다. 요한계시록은 아시아의 일곱 교회(1:11)라는 특정 독자를 대상으로 한다. 이 일곱 개 지역은 요한의 유배지인 밧모 섬을 기점으로 시계 방향을 따라 편지를 전달하는 자가 순회 방문하는 순서대로 그 이름이 등장한다. 신약성경의 서신들은 예배 모임에서 신자들에게 큰 소리로 읽어 주기 위함이었고(1:3; 22:18-19), 어떤 특정한 상황이나 문제를 다루기 위함이었다. 비록 요한계시록의 메시지는 이러한 일곱 교회를 초월하는 것이 사실이지만, 이 책을 진지하게 해석하기를 원한다면 이 일곱 교회에 보낸 메시지로부터 시작해야 한다.

요한계시록은 또한 미래를 예측하고, 하나님의 진리를 현시대에 선포하는 것을 포함하는 **예언**임을 주장한다(1:3; 22:7, 10, 18 - 19; 참조. 19:10; 22:9). 놀랍게도 성경에 기록된 예언은 앞날에 대한 예측이기보다는 말씀의 선포인 경우가 대부분인데, 이는 요한계시록의 경우에도 마찬가지다. 요한계시록을 예언으로 묘사하는 본문에서도 독자들은 예언을 "마음에 새기"거나 혹은 순종할 것을 명령받는다(1:3; 22:7,

18-19). 어떻게 예언에 순종할 수 있는가? 그것은 불가능하다. 하지만 선포된 말씀은 순종할 수 있다. 요한계시록이 미래에 관해 말하고 있는 것은 사실이지만, 이 책은 하나님이 오늘날 우리가 어떻게 살기를 원하시는지에 관해 더욱 강력하게 역설한다.

마지막으로, 요한계시록은 "드러냄" 또는 "계시"를 의미하는 **묵시다**(1:1; 그리스어 "아포칼립시스"[*apokalypsis*]). 묵시문학은 하나님이 인류 역사에 개입하셔서 사악한 제국을 멸망시키고, 그의 나라를 세우시겠다는 메시지를 환상을 통해 (요한이나 다니엘과 같이) 이미 잘 알려진 인물에게 전달하는 방식을 사용한다. 1:1은 하나님이 이 책을 "보여주셨다"(signified, HCSB) 또는 "드러내셨다"(made it known, NIV, ESV)라고 말하는데, 이 용어는 하나님이 징조와 상징을 통해 소통하기를 원하셨음을 암시한다. 또한 하나님은 그의 종들에게 "보여주기" 위해(1:1; 4:1; 17:1; 21:9, 10; 22:1, 6), 즉 환상을 통해 보여주기 위해 예수에게 계시를 주셨다고 기록되어 있다. 하나님은 요한계시록에서 위기 상황 속에 사는 사람들에게 소망을 주기 위해 그림 언어를 통해 소통하신다. 예를 들면 요한계시록은 예수를 "하나님의 어린양"으로 묘사한다. 그러나 예수를 문자적으로 실제 동물로 단정해서는 안 된다. "하나님의 어린양"이란 표현은 우리의 죄를 대속하기 위해 십자가에서 희생적 죽임을 당하신 예수 그리스도를 묘사한 그림 또는 상징인 것이다.

우리는 요한계시록을 어떻게 해석해야 할까?

요한계시록에 담긴 열 가지 주제를 탐구하기 전에 나는 우리가 요한계시록을 어떻게 진지하게 읽을 수 있을지에 관해 좀 더 설명하기를 원한다.[3] 나는 요한계시록의 해석에 도움이 될 만한 몇 가지 지침을 제시하고자 한다.

우리는 원래의 독자에게 주신 메시지가 무엇인지를 발견해야 한다. 당신은 성경 저자가 염두에 두었던 청중을 무시하고, 하나님이 오늘날 우리에게 무슨 말씀을 하시는지를 알고 싶은 유혹을 받게 될 것이다. 그러나 기억해야 한다. 하나님은 본시 소아시아 지역에 속한 일곱 교회의 성도들에게 말씀하신 것이다. 그리고 우리를 향한 하나님의 메시지는 그들을 향한 하나님의 메시지에서 확대된 것이다. 만약 원래의 독자가 우리의 해석을 이해할 수 없다면 우리는 아마도 이 본문의 실제 의미를 놓쳤을 가능성이 높다.

우리는 요한계시록을 진지하게 받아들여야 하지만, 그렇다고 해서 항상 문자적으로 이해해서는 안 된다. 비록 요한계시록은 역사적 사실을 전달하고 있긴 하지만(예수가 우리의 죄를 위해 십자가에서 죽으셨다), 그 사실을 전달하기 위해 그림 언어를 사용한다(예수는 하나님의

---

3   요한계시록을 예언-묵시 문학으로서 어떻게 해석하는지에 관해서는 다음을 보라. Duvall and Hays, *Grasping God's Word*, 309-30.

어린양이시다). 일곱 산에 앉아 있는 여자는 굉장히 덩치가 큰 여자가 아니라 일곱 언덕 위에 세워진 도시, 즉 로마를 상징한다. 새 예루살렘이 정육면체의 모양을 한 것은 우리 모두가 영원을 향해 승강기를 타고 올라갈 것이기 때문이 아니라 하나님의 임재가 도시 전체에 머물기 때문이다(하나님의 임재가 머물던 장소인 옛 성전의 지성소가 정육면체였다). 그림 언어는 문자적·역사적 사실을 그대로 나타내기도 하지만, 그것을 항상 문자적으로 이해해선 안 된다. 그렇지 않으면 우리는 그 메시지를 왜곡할 수 있다. 오히려 우리는 이미지 또는 상징이 나타내고자 하는 바가 무엇인지를 찾아내야 한다. 이미지를 이해하기 위해선 요한이 무엇을 말하고 있는지와, 그 역사적 정황 및 구약성경을 주목해야 한다. 요한이 어떤 이미지를 인식하면 우리는 그의 말에 주의를 기울여야 한다(예. 1:13의 인자 같은 이는 그리스도이며, 1:20의 금 촛대는 교회들이고, 5:5-6의 사자는 어린양이며, 12:9의 붉은 용은 사탄이고, 21:9-10의 새 예루살렘은 어린양의 신부 혹은 교회를 의미한다). 다시 말하면 이미지가 담고 있는 의미를 파악하기 위해서는 일곱 교회가 처해 있던 역사적 상황을 탐구하고, 구약성경을 살펴보아야 한다.

우리는 각 환상의 주된 신학적 메시지에 집중해야 한다. 당신이 요한계시록을 백 퍼센트 이해해야 한다든가, 혹은 아무것도 이해할 수 없다고 생각하는 것은 오산이다. 이렇게 멋지고도 신비로운 책의 세부 내용은 종종 논쟁의 대상이 되곤 하지만, 그 중심 사상과 핵심은 분명하다. 곧 하나님은 만물을 통치하시고, 반드시 그의 목적을 이루실 것이다.

요한계시록의 한 단락을 읽으면서 자신에게 다음과 같이 물어 보라. "이 단락의 주제는 무엇인가?" 요한계시록에 대해 더 배워가다 보면 당신은 세부적인 것에 대한 판단이 생길 것이다. 세부적인 내용을 다 알아야 한다는 생각 때문에 큰 그림을 보는 것을 놓쳐서는 안된다. 강의 도중에 헷갈리는 단락이 나오면 나는 종종 학생들에게 이렇게 질문한다. "이들은 좋은 사람일까, 나쁜 사람일까?" 이것이 설령 학생들이 세부적인 내용을 다 이해하지 못한다 하더라도 큰 주제를 파악할 수 있도록 멀리서 바라보게 하는 나만의 방법이다.

요한계시록은 끼워 맞춰야 할 말세에 관한 퍼즐이 아니라 하나님이 예비하신 미래의 견지에서 우리가 어떻게 신실하게 살 것인가에 관해 일곱 교회(그리고 더 나아가 모든 시대의 교회)에 보낸 하나님의 메시지다. 당신은 모든 나무를 다 식별할 수는 없다 하더라도 여전히 숲은 볼 수 있다.

나는 당신이 요한계시록의 큰 그림을 볼 수 있게 하려고 『요한계시록의 심장』을 썼다. 나는 요한계시록이 그리스도인의 삶의 모든 측면에 관해 강력하면서도 심도 있게 다루고 있기 때문에 이 책을 사랑하게 되었다. 요한계시록은 우리가 현재 살고 있는 이 위대한 이야기가 결국 해피엔딩으로 끝날 것이라는 커다란 희망을 가져다준다. 하나님은 반드시 승리하시고, 우리 역시 그럴 것이다! 나는 당신이 이 책을 읽으며 열 가지 중요한 주제를 배워나가는 과정에서 하나님을 지금보다 더 많이 알아가고 사랑하길 기도한다. 그리고 비록 우리가 앞으로 더욱 불확실한 시대를 살아간다 하더라도 당신의 소망이 더욱 견고하고 확실해지길 기도한다. 무엇보다도 나는 예수가 일곱 교회에 주신 말씀으로 당신을 위해 기도한다. "귀 있는 자는 성령이 교회들에게 하시는 말씀을 들을지어다"(2:7).

신적 드라마인 요한계시록의 등장인물

무저갱: 요한계시록에서 일곱 번 사용된 용어로, 악한 황충과 그들의 왕 아볼루온, 짐승, 그리고 천년왕국 기간에 사탄을 가두는 장소/감옥 (9:1, 2, 11; 11:7; 17:8; 20:1, 3).

아마겟돈: 하나님과 악한 세력 간에 벌어지는 서사적인 종말론적 전쟁 (16:12-16). 이 전쟁은 단지 그리스도의 출현과 그의 심판 선언으로 인해 그의 승리로 끝나기 때문에 그 결말은 다소 시시하다.

큰 성 바벨론: "바벨론"이란 용어는 이교도 세력의 거대한 중심을 상징하기 위해 요한계시록에서 여섯 번 사용된다(14:8; 16:19; 17:5; 18:2,10,21). 초기 그리스도인들은 로마를 바벨론이라고 불렀다(벧전 5:13).

발람: 발람의 가르침을 따르는 거짓 선생들의 무리를 가리키며, 이들은 그리스도인들이 자유롭게 로마의 황제 숭배를 포함한 이교도 예배 행위에 참여할 것을 독려했다(2:14).

땅에서 올라온 짐승: 사악한 정치적/군사적/경제적 힘의 구조와 그 악한 지도자들을 섬기는 이교도의 종교 세력을 대표하는 인물이다 (13:11-12). 이 인물은 요한계시록에서 거짓 예언자로 불리기도 하며

(16:13; 19:20; 20:10), 먼저 나온 짐승을 경배하도록 돕는 그의 종교적 역할을 가리킨다(예. 황제와 다른 이교 신들의 숭배를 조장하는 황제 숭배의 사제직).

바다에서 올라온 짐승: 사탄을 섬기기 위해 사용된 정치적·군사적·경제적 인물로서, 사악한 세력을 상징하는 인물이다(13:1-2). 종종 이러한 이교도 세력은 한 명의 사악한 지도자로 의인화되기도 한다(예. 1세기 로마의 네로 황제, 도미티아누스 황제, 독일 나치의 히틀러 등). 전통적으로 이 짐승은 말세에 나타날 종말론적 지도자와 동일시된다. 비록 요한계시록에서는 이 용어가 사용되지 않았지만, 적그리스도로 불리기도 한다.

생명책/어린양의 생명책: 하늘의 시민권을 보장하는 모든 참된 신자의 기록부(3:5).

신부/어린양의 신부: 하나님의 거룩한 백성의 상징인 교회(19:7-8). 결혼 비유가 사용된 것은 그의 백성을 향한 하나님의 언약적 사랑의 깊이와 완전함, 그리고 새 창조 안에서 영원히 그들과 함께 살고자 하는 그분의 계획을 보여준다.

사망과 음부: "음부"라는 용어는 지옥이나 최후의 심판 장소(참조. 20:14-15)가 아닌, 죽은 자들의 세계(1:18; 6:8; 20:13, 14)를 가리킨다.

음부와 더불어 사망은 마지막 원수이며, 언젠가는 최종적이고도 완전한 사망의 몰락을 상징하는 불 못에 던져질 것이다.

각 족속, 방언, 백성, 나라: 이와 비슷한 표현은 보편성을 나타내기 위해 요한계시록에 일곱 번 등장한다(5:9; 7:9; 10:11; 11:9; 13:7; 14:6; 17:15). 이 표현이 신실한 성도들을 지칭할 때는 다양한 문화에 속한 하나님의 백성을 강조한다(5:9).

불타는 유황불 붙는 못: "음부"가 죽은 자들의 세계 혹은 무덤을 가리킨다면 불 못은 게헨나(힌놈의 골짜기, 고난의 땅/지옥) 혹은 전통적으로 "지옥"을 가리킨다. 이 최후의 심판 장소는 하나님의 모든 원수가 겪게 될 두 번째(혹은 영원한) 사망을 가리킨다(20:14-15).

네 생물: 에스겔 1장과 10장의 케루빔(그룹들), 이사야서 6장의 세라핌(스랍들)과 유사한 높은 반열의 천사들이다. 그들은 하나님의 피조물을 대표하고, 하나님의 임재에 가장 가까이 서 있으며, 심판의 집행을 돕고, 천상의 천사들이 드리는 거룩한 예배를 인도한다(4:6-8).

큰 성(소돔, 애굽, 예루살렘): 하나님과 그의 백성을 대항하기 위해 연합한 이 세상 권력의 중심을 상징한다(11:7-8). 1세기의 관점에서 보면 로마일 가능성이 크다. 이 사악한 도시는 도덕적 부패와 탄압의 장소이며, 그리스도를 대적하는 장소다.

큰 무리: 대 환란을 극복하고 하늘에서 하나님의 승리를 축하하는 교회를 가리킨다(7:9). 다양한 문화에 속한 이 하나님의 백성은 지상의 전쟁에 참전한 144,000명에 상응하는 천상의 무리다.

큰 음녀/짐승을 탄 여자: 이교도 세력의 거대한 중심부(즉 바벨론)를 의미하며 1세기에는 의심의 여지 없이 로마를 가리킨다(17:1-18; 19:2). 큰 음녀는 요한계시록 19-22장에 등장하는 그리스도의 신부와 대조를 이루며, 다른 사람들로 하여금 부도덕한 일과 우상숭배에 가담하도록 유혹한다.

하나님의 큰 잔치: 하나님의 원수들의 시체를 맹금류들이 먹어 치우는, 사악한 인간들에 대한 최후의 심판이다(19:17-18). 이 종말론적 축제는 의인들을 위한 어린양의 결혼 만찬과 대조를 이룬다. 여기서 사악한 인간들은 실제로 만찬 또는 진수성찬의 음식이 된다.

큰 흰 보좌: 부활한 몸을 받지 못한 자들(모든 불신자들)이 영원한 심판을 받기 위해 하나님 앞에 서게 되는 최후의 심판 장소다(20:11-15).

거룩한 성/새 예루살렘: 하나님이 그의 백성 가운데 영원히 거하시는 장

소가 될 새 창조(새 하늘과 새 땅)를 가리킨다(21:9-21). 옛 예루살렘 성
과 그 성전은 성 전체가 하나님의 거처가 될 거룩한 성에 그 자리를 내
어준다.

땅에 거하는 자들: 하나님께 대항하고, 그의 심판을 받을 불신자들을 묘
사하기 위해 지속적으로 사용된 표현이다(3:10).

이세벨: 그리스도인들이 믿음을 타협하지 않고서도 상인 조합에 가입
할 수 있고, 이방 신을 숭배하는 축제에도 참여할 수 있다고 가르침으
로써 우상숭배와 부도덕한 행위를 조장한 두아디라 교회의 여성 예언
자다(2:20). 하나님의 백성의 역사 전반에 걸쳐 이세벨은 오래도록 우
상숭배와 사악함의 상징이 되어왔다.

나라와 제사장: 출애굽기 19:5-6에서 처음으로 이스라엘 백성과 맺었
던 언약을 성취하는 교회를 표현한다. 하나님의 백성은 그리스도와 함
께 통치할 왕국의 시민인 동시에 그리스도를 섬길 책임과 특권을 가
진 제사장이기도 하다.

동방에서 오는 왕들/온 천하의 왕들: 주로 대부분 큰 음녀와 간음하고, 짐
승과 연합한 이교도 정치 세력을 의미한다(16:12-16). 아마도 하나님
의 백성과 싸우는 인간 원수들을 묘사한 곡과 마곡이 등장하는 에스

겔 38-39장이 이것의 배경일 것이다. 이와는 대조적으로 21:24은 구속받은 나라들과 왕들을 강조한다.

어린양: 예수 그리스도를 표현하기 위해 출애굽기 11-12장의 유월절 어린양과 이사야 52-53장의 고난받는 어린양을 서로 결합한 이미지다(5:6).

짐승의 표: 소유권, 신분증, 충성을 상징하기 위해 요한계시록에 일곱번 사용된 표현이다(13:16, 17; 14:9, 11; 16:2; 19:20; 20:4). 이 이미지는 개인의 윤리적 선택과 숭배의 대상에 반영된 그들의 충성심과 헌신을 나타내기 위한 비유적인 표현이다. 불신자들은 이 표를 자발적으로 받았으며, 신자들에게 주어진 살아 계신 하나님의 인과 직접적인 대조를 이룬다.

족속들: 사탄을 따르거나 하나님을 따르는 세상 사람들을 의미한다. 이 용어는 요한계시록에서 부정적으로(14:8; 17:15; 18:23; 20:8), 그리고 긍정적으로(5:9; 7:9; 21:24, 26; 22:2) 사용된다. 족속들 가운데 일부는 하나님과 그의 백성을 대적하지만(그런 의미에서 "땅에 거하는 자들"에 해당한다), 다른 이들은 믿음으로 반응한다. 그리스도는 족속들 가운데서 일부를 구속했다. 그러나 오직 그리스도를 따르는 자들만이 새 예루살렘의 시민이 될 것이다.

새 하늘과 새 땅: 하나님이 그의 백성 가운데 거하실 새 창조의 영원한 나라를 묘사하는 표현이다(21:1-8). 이렇게 완전히 변화된 물리적 우주는 거룩한 성(혹은 새 예루살렘), 성전 도시, 정원 도시로도 묘사된다.

새 노래: 원수들을 정복하고, 그리스도 안에서 구원을 베푸시는 과정에서 하나님이 행하신 전능하고도 경이로운 일에 대해 하나님의 백성이 드리는 찬양이다(5:9). 오직 구속함을 받은 자만이 이 새 노래를 부를 수 있으며, 이것은 예수의 신실한 추종자들이 끝까지 인내해왔음을 암시한다. 이기는 자는 이 승리의 축제에 즐겁게 참여할 것이다.

니골라당: 발람(2:14)과 이세벨(2:20-23)의 숭배와 밀접하게 연관된 거짓 선생들의 모임이다. 그들은 그리스도인들이 우상숭배, 부도덕함, 속임, 거짓 예배 등과 더불어 주변 문화와 어울리도록(그리고 아마도 이익을 얻도록) 믿음을 새롭게 정의하고자 노력했다(2:6, 15).

144,000: 12(하나님의 백성 및 완전함을 상징하는 숫자)의 제곱에 1,000(아주 크고 완전한 숫자를 의미함)을 곱한 숫자다. 이 숫자는 예수를 추종하는 모든 자 혹은 인 치심을 받고 영적 전쟁에 참전하는 하나님의 참 이스라엘을 상징한다(7:4).

붉은 용: 옛 뱀, 참소하는 자, 마귀, 또는 사탄이라고도 부른다(12:3,

9-10, 12; 20:2). 붉은색은 그의 폭력과 유혈을 암시하며, 용 이미지는 뱀과 바다의 괴물들이 일반적으로 악한 세력을 대표한다는 구약성경의 사상을 보여준다. 사탄은 하나님의 최대의 적이며, 참소하는 자, 하나님의 백성을 미혹하는 자, 이 세상에서 속이는 자다. 그는 결정적으로 그리스도의 십자가와 부활과 함께 패배했고, 미래에 그가 멸망할 것은 불 보듯 확실하다.

두루마리/작은 두루마리: "두루마리"(5장)와 "작은 두루마리"(10장)는 모두 악을 심판하고, 그의 백성을 구속하며, 새로운 우주를 창조하는 하나님의 계획을 가리킨다고 볼 수 있다. 이 계획은 그리스도의 죽음과 부활에 근거하며, 그의 재림 시에 완성된다.

살아 계신 하나님의 인: 짐승의 표와는 대조적으로 이 인은 그리스도의 제자들에게만 주어지며, 그의 백성에 대한 하나님의 소유권과 영적 보호를 나타낸다(7:1-8). 이 인은 신자들을 박해와 고난으로부터 면제시켜주는 것이 아니라 악을 물리치고 하나님의 진노로부터 벗어나게 해주는 것이다. 요한은 성령을 인으로 생각했을 수도 있다(참조. 고후 1:22; 엡 1:13).

일곱 금 촛대: 소아시아의 일곱 교회이며, 변화하는 환상, 즉 요한계시록이 의도한 최초의 수신인들이다(1:12-16, 20; 참조. 슥 4:2-10).

하나님의 일곱 영: 성령을 묘사하는 7중(sevenfold) 표현이다(1:4; 3:1). 이것에 대한 배경은 하나님의 성령에 의해 완성되는 하나님의 사역에 관해 묘사하는 스가랴 4:2-10이다.

일곱 별: 일곱 교회의 천사들을 가리킨다(1:20). 요한계시록 전체에 걸쳐 "천사"라는 용어는 천상의 존재를 말한다. 이 천사들은 수호천사 혹은 지배적인 영 혹은 각 교회의 특징을 상징한다. 그들은 교회와 동일시되고, 교회를 섬기며, 하나님 앞에서 그들을 대표한다.

666: 짐승의 이름의 숫자다(13:17-18). 대다수 학자는 로마 황제(아마도 "네론 카이사르[Neron Caesar]")의 이름의 숫자적 가치를 계산하기 위한 게마트리아(유대인들이 각 글자가 지니고 있는 숫자적 가치에 근거하여 낱말의 의미를 해석하는 고대의 관습)라는 유대 관습에서 유래되었다고 간주한다. 이 짐승을 네로라고 본다고 해서 미래의 짐승과 최후의 종말론적 짐승일 가능성을 배제하는 것은 아니다. 이 숫자는 이 짐승이 삼중적 완전함(777) 혹은 예수의 "숫자"(888)에는 미치지 못함을 상징하기도 한다. 이 둘 다 이 짐승이 완전한 실패작임을 강조한다.

보좌: 하나님의 절대적 주권과 위엄의 상징이다. 하나님의 보좌 혹은 주권적인 통치는 요한계시록의 중추적 이미지이며, 다른 모든 것이 이것을 중심으로 전개된다.

생명 나무: 하나님의 임재 앞에서 누리는 영생, 곧 끝없는 공급의 완전함에 대한 상징이다(22:1-5).

이십사 장로들: 천상 어전회의의 일원으로 섬기며, 어떤 면에서는 하나님의 백성(열두 지파와 열두 사도)을 대표하는 높은 반열의 천사들이다. 그들은 종종 무릎을 꿇는 모습을 보이기 때문에 그들의 주된 역할은 예배와 관련된 것이라고도 볼 수 있다(4:4).

두 증인/두 감람나무/두 촛대: 스가랴 4장을 배경으로 한 이 이미지는 증언하는 교회 및 적대적인 세상에서 하나님의 임재를 반영하는 그들의 역할을 나타낸다(11:3-4). 둘이라는 숫자는 아마도 법적 효력이 있는 증언으로 채택되기 위해 두 명의 증인이 필요한 점과, 두 감람나무(왕권과 제사장직)와의 연관성에서 유래된 것으로 보인다.

어린양의 혼인 잔치: 하나님이 새 창조 속에서 그의 백성과 함께 갖는 미래의 교제 혹은 축하연을 가리킨다(19:6-10). 신적인 남편으로서 하나님은 그의 풍족한 공급과 원수들의 멸망을 축하하는 성대한 연회를 베풀 것을 그의 신부에게 약속하신다. 전체적으로 볼 때 결혼 잔치라는 이미지는 하나님이 그의 백성을 위해 예비하시는 개인적이고도 친밀하며 기쁜 교제의 시간을 의미한다.

해를 둘러 걸친 여자: 메시아를 출산한 믿음의 공동체—이스라엘의 신실한 남은 자—를 나타낸다(12:1-2). 12:17의 "그 여자의 남아 있는 자손"이란 언급 때문에 이 여자는 성모 마리아로 볼 수 없다.

1장
하나님

"전능자"

내가 아는 모든 사람은 자신의 인생이 잘 풀리기를 바란다. 나는 비참한 실패자가 되려고 인생을 시작한 사람을 지금껏 만나본 적이 없다. 어떤 사람이 "온통 저 사람들 세상이네"라는 거짓말을 그대로 믿을 때 실패한 인생은 시작된다. 스코틀랜드의 목회자이자 영문학 교수이며, C. S. 루이스, J. R. R. 톨킨, G. K. 체스터턴을 비롯해 다른 여러 작가에게 지대한 영향을 미친 조지 맥도날드(George MacDonald)는 한때 이런 말을 한 적이 있다. "한 가지 지옥의 원칙이 있는데, 그건 바로 나는 다 내 것이다!"[1] 요한계시록은 우리가 우리의 것이 아니며, 이 세상이 온통 우리의 것이 아니라고 말한다. 우리는 우주의 중심이 아니며, 우리가 만일 우리 자신(혹은 다른 어떤 것)을 그 중심에 갖다 놓으면 인생은 필연적으로 파멸할 수밖에 없다. 더 많은 돈 혹은 더 많은 권력으로 파멸을 지연시킬 수는 있겠지만, 결국 언젠간 파멸하게 될 것이다.

요한계시록은 우리에게 하나님이 진정한 중심이라고 큰 소리로, 그리고 명확하게 말한다. 오직 그분만이 당신의 세계, 당신의 인생의 무게를 지탱할 수 있다. 오직 그분만이 우리에게 의미와 목적과 중요성을 부여할 수 있다. 우리 스스로가 자기 중심이 되려고 한다든지, 혹은 어떤 사람 또는 어떤 것을 그 중심에 올려놓으려고 한다면 얼마나

---

1 C. S. Lewis, *George MacDonald: An Anthology* (New York: Harper Collins, 2001), 103.

큰 스트레스를 받겠는가? 나는 부정적인 면만을 말하는 것이 아니다. 나는 배우자 혹은 목회 또는 직업이나 취미와 같은 긍정적인 것 또는 좋은 사람에 관해서도 말하고 있다. 우리의 신뢰를 받을 만하고, 우리의 인생을 붙들어줄 수 있는 하나님 외에 다른 중심은 없다.

요한계시록은 성경 전체에서 하나님이 가장 중심이 되는 책이다. 요한계시록은 하나님이 다스리시며, 다른 모든 신보다 더 강한 신이시며, 우리를 사랑하시고, 돌보시며 이 망가진 세상을 고치시기 위한 계획을 갖고 계시며, 악의 모든 흔적과 자취를 우주에서 제거해버리실 것임을 우리에게 상기시켜준다. 요한계시록은 하나님께서 전능자이시며, 우리가 의지할 수 있는 유일한 참된 중심임을 보여준다.

하나님이 통제하신다!

처음부터 요한은 하나님이 다스리고 계신다는 것을 재확인한다. "요한은 아시아에 있는 일곱 교회에 편지하노니, 이제도 계시고, 전에도 계셨고, 장차 오실 이…주 하나님이 이르시되 '나는 알파와 오메가라. 이제도 있고, 전에도 있었고, 장차 올 자요, 전능한 자라' 하시더라"(1:4, 8). 하나님이 "이제도 계시고, 전에도 계셨고, 장차 오실 이"라는 것은 하나님이 모세에게 자신을 소개하며 "나는 스스로 있는 자"라고 하신 말씀을 반영하는 표현이다(출 3:14). 바로 그 유명한 타오르는 떨기나무 불꽃 안에서 하나님은 모세에게 자신이 영원히 스스로 존재하는 자임을 천명하신다. 다시 말하면 하나님은 항상 하나님이셨고, 하나님이시며, 앞으로도 항상 하나님이실 것이다. 그분은 과거를 다스리셨던 것처럼 현재 일어나는 일도 모두 다스리고 계시며, 미래에 일어날 일도 모두 다스리실 것이다. 심지어 그렇게 보이지 않는 상황에서조차도 그분은 영원한 주권자이시다(4:9-10; 10:6; 15:7). 우리는 다스리시는 하나님을 섬긴다!

"~하셨고, ~하시고, ~하실"("was, and is, and is to come")이란 표현에서 발견할 수 있는 한 가지 흥미로운 사실은 이 표현이 언급된 요한계시록의 마지막 두 본문에서는 "~하실"이란 어구가 생략되었다는 것이다(11:17; 16:5; 참조. 1:4, 8; 4:8). 이 두 본문에서는 미래가 이미 도래했기 때문이다. 우리가 언젠가 하나님의 임재 안으로 들어갈 때 "~하실"이 "~하시고"가 될 것이다. 11:15의 "세상 나라가 우리 주와 그의 그리스도의 나라가 되어 그가 세세토록 왕 노릇 하시리로다"에서 나온 헨델의 "할렐루야" 합창 부분을 연상시키는 이 미래가 현재가 될 날이 곧 우리에게 도래할 것이다.

놀랍게도 요한계시록에서는 하나님이 직접 말씀하신 것이 단 두 번(1:8과 21:5-6) 나오는데, 이 두 본문 모두에서 하나님은 자신을 "알파와 오메가"(그리스어 알파벳의 첫 글자와 마지막 글자)라고 밝힌다. 이것은 "시작과 마침"(21:6; 22:13) 또는 "처음과 마지막"(1:17; 22:13)이란 의미다. 요한계시록은 하나님이 인간의 모든 역사를 주관하신다고 말한다. 그는 출발선이자 결승선이며, 그 사이에 있는 모든 경주 과정의 전부가 되신다. 역사의 시작과 끝을 주관하시는 그분이 중간에 있는 모든 것의 주권자이시기도 하다. 다시 말하면 하나님은 모든 것을 통제하신다.

요한계시록은 "주어진"(그리스어 "에도테"[edothē])이란 용어를 통해 미묘한 방식으로 하나님의 주권을 단언한다. 이것은 신학적 혹은 신적 수동태로 알려져 있으며, 요한계시록 전체에서 모든 사건을 다스리시는 하나님을 강조할 때 사용된다. 본문이 무언가가 "주어졌다"고 말하지만 누가 그것을 주었는지는 말하고 있지 않을 때, 주로 이에 대한 암묵적 주어는 하나님이시다. 하나님이 주시는 것이다. 예를 들어 하나님의 심판을 집행하는 이들에게 심판권이 "주어진다"고 할 때에는, 비록 하나님이 직접 언급되지는 않다고 하더라도, 그 심판의 배후에는 하나님이 계신다(예. 6:2; 9:1). 두 짐승과 같은 악한 세력이 행동하도록 하는 허용이 "주어짐"으로써 하나님은 악의 세력에 대해서도 그 주권을 행사하고 계신다(예. 13:7, 14). 또한 하나님의 백성을 보호하는 일의 배후에도 하나님은 반드시 계신다(예. 12:14에서 그 여자에게 독수리의 두 날개가 "주어졌다").

"하나님이 통제하신다"는 말은 우리에게 큰 위로가 된다. 그러나 이것이 정말로 무엇을 의미하는가? 우리는 이 표현을 오해하기 쉽다. 요한계시록은 하나님이 일어나는 모든 일의 원인 제공자라고 말하지 않는다. 요한계시록에서 사람들은 죄를 짓는다(2-3장에서 일곱 교회가 지은 죄에 관해 읽어보라). 그러나 하나님이 그 죄를 일으키시는 분은 아니다. 요한계시록에서 하나님의 백성은 고통을 당하고, 심지어 죽기까지 하지만, 하나님은 자기 백성이 죽임당하는 것을 기뻐하시지 않는다. 하나님이 통제하신다는 의미는 하나님이 죄와 악의 근원이 되신다는 의미가 아니다. 하나님의 주권적 통제는 사탄과 죄가 일부 전투에서 승리할 수는 있어도 하나님이 전쟁에서 승리하신다는 의미다.

전능하신 왕

2007년 4월 18일 터키의 동부 도시인 말라트야(Malatya)에서 세 명의 그리스도인(네자티 아이든, 우우르 유크셸, 틸만 게슈케)이 잔혹하게 고문을 받고 살해당했다. 이들을 알고 있던 터키에 거주하던 요한계시록 학자인 마크 윌슨은 이렇게 썼다.

> 이 사건 이전에 내가 갖고 있던 순교에 대한 이해는 학문적인 것이었다. 나는 [초기 기독교 순교자] 이그나티오스와…폴리카르포스에 관해 읽었다.…나는 그들의 죽음에 관한 이야기를 이즈미르에 온 많은 방문객과 함께 나누었다. 그런데 갑자기 이 초기 그리스도인들의 고난이 더 이상 추상적으로 느껴지지 않았다. 우리는 그리스도 안에서 형제 된 자들을 잃은 비극을 애도하는 공동체의 일원이 된 것이다.[2]

---

2 Mark Wilson, *Victory through the Lamb: A Guide to Revelation in Plain Language*

서구에서 사는 그리스도인들은 많은 박해를 경험하지 않으며, 우리 중 대다수는 세계 곳곳에 있는 믿음의 형제들이 겪는 고난에 대해 무지하다.[3] 감사하게도 우리는 에릭 메택시스의 『본회퍼』(*Bonhoeffer*)나 폴 마샬, 릴라 길버트, 니나 쉬아의 『박해받는 자』(*Persecuted*) 같은 책과 오픈도어 선교회, 순교자의 소리와 같은 단체를 통해 오늘날 전 세계적으로 그리스도인들이 어떤 고난을 당하고 있는지에 관해 전해 듣고 있다.[4]

요한계시록을 처음으로 받아 읽거나 낭송을 들은 소아시아의 그리스도인들은 박해에 관해 아주 잘 알고 있었다. 어떤 이들은 그리스도를 향한 자신들의 변함없는 신실함 때문에 박해 혹은 죽음까지도 감수했다. 그러나 실제로 그들 중 대다수는 당시의 지배적인 문화와 타협했다. 로마 제국 안에서는 로마가 온 우주의 중심으로 여겨졌고,

---

(Wooster, OH: Weaver Books, 2014), 9.

3   첫 독자들이 그들의 문화 속에서 소수 집단이었던 것처럼 우리가 인정하든지 안 하든지 간에 복음주의 그리스도인들도 현재 미국 문화에서 소수 집단이다. 참조. John S. Dickerson, *The Great Evangelical Recession: 6 Factors That Will Crash the American Church ... and How to Prepare* (Grand Rapids: Baker Books, 2013). 우리는 우리의 부족한 영향력 때문에 초조해할 수 있지만, 궁극적으로 우리의 안전은 만물에 대한 하나님의 전능하신 주권에 달려 있다. 현재 그는 다스리고 계시며, 언젠가 모든 것을 바로 잡으실 것이다.

4   Eric Metaxas, *Bonhoeffer: Pastor, Martyr, Prophet, Spy* (Nashville: Nelson, 2010); Paul Marshall, Lela Gilbert, and Nina Shea, *Persecuted: The Global Assault on Christians* (Nashville: Nelson, 2013); https://www.opendoorsusa.org/; http://www.persecution. com/.

황제는 자신이 만물의 주(主)라고 주장했다.

원래의 독자들은 요한이 선호하는 "전능자"라는 하나님에 관한 칭호를 듣고, 큰 용기를 얻었을 것이다. 로마 황제도 그리스어로는 "아우토크라토르"[autokrator] 혹은 "스스로 다스리는 자"라는 비슷한 이름으로 불렸다. 이 세상 그 누구도 네로 황제나 도미티아누스 황제와 비교될 수 없었다. 많은 신전과 신상과 주화는 사람들에게 로마 황제의 거대한 부와 권력을 지속적으로 상기시켜주었다.

그러나 요한계시록은 하나님께 대해 더욱 강력한 칭호를 사용한다. "전능자"(그리스어 "판토크라토르"[pantokratōr])는 "모든 것의 통치자"("판"은 "모든 것", "크라토르"는 "강한"을 각각 의미하는 그리스어다)라는 의미를 나타낸다.[5] 온 우주를 다스리시는 하나님께 이 땅의 시시한 제국 하나쯤이야 과연 무엇이겠는가? 요한계시록은 하나님이 이 세상의 다른 모든 통치자보다—그들을 다 합쳐도—더 강하다고 말한다. 전 세계를 다스리시는 분과 비교될 수 있는 황제나 왕 또는 대통령은 없다. 실로 우리 하나님은 "만국의 왕"이시다(15:3).

요한계시록은 단지 하나님이 다스리신다는 말만 하지 않고, 그 사실을 우리에게 직접 보여준다. 요한계시록에 나타난 모든 상징 가운데 다른 상징을 전부 다 함께 아우르는 상징이 하나 있다. 그것이 바로

---

5   이 용어는 요한계시록에서 모두 아홉 번 사용된다(1:8; 4:8; 11:17; 15:3; 16:7, 14; 19:6, 15; 21:22).

하나님의 보좌다. 요한은 일련의 환상을 보고 천사의 인도를 따라 우주여행을 떠난다. 그는 첫 환상에서(2-3장) 지상에 있는 교회의 상황을 보게 되는데, 그중 일부는 계속 신실하게 살아가는 반면, 다른 일부는 세상과 타협하며 살아간다. 우리는 자연히 이러한 질문을 던질 수 있다. "만일 그리스도인들이 로마 제국 안에서 계속 신실하게 살기 위해서는 어려움을 겪어야만 한다면, 하나님은 과연 통제권을 상실하신 것인가?" 혹은 "로마라는 여신(로마와 그 제국의 상징)이 하나님의 백성을 미혹하고 죽일 수 있다면, 하나님은 과연 여전히 모든 일을 통제하는 분이신가?" 하나님의 보좌라는 이미지는 우리가 이러한 질문에 답할 수 있게끔 해준다. 일곱 교회의 상황을 전해 듣고 나서 요한은 무엇이 진짜 실재인지를 보여주는 천국의 환상을 본다(4:1-11; 참조. 사 6:1-5). 그는 그가 본 것으로 인해 넋을 잃고 만다. 그는 모든 실재의 중심이라고 할 수 있는 장엄하고 영광스러운 보좌를 직접 목격한다. 하나님과 어린양이 보좌에 앉아 계시고, 성령이 그 보좌 앞에서 환한 빛으로 타오른다. 겹겹의 동심원을 이룬 수많은 천사가 보좌를 둘러싸고 끝없이 경배를 드린다. (지상의) 왕국은 나타났다가 사라지지만, 보좌 위에 앉아 좌정하신 하나님은 영원하시다. 모든 실재의 중심은 보좌 위에 앉아 계신 삼위일체 하나님이시다.

하나님이 보좌에 앉아 계신다는 것은 하나님의 어린양으로 묘사된 예수가 네 발 달린 짐승이 아닌 것처럼 하나님이 문자적으로 하늘 위에서 큰 의자에 앉아 계신 것을 의미하지 않는다. 오히려 요한계시록은 그림 언어를 통해 하나님이 세상 모든 왕 위에 계신 왕이시며, 세상의 모든 통치자 위에 계신 통치자이심을 보여준다. 보좌의 이미지는 다른 모든 것의 중심이 되고, 기둥이 되며, 기초가 된다. 자전거 바퀴의 허브를 중심으로 테두리와 살이 돌아가는 것처럼 모든 피조물은 보좌를 중심으로 돈다. 이 책에 나오는 그 나머지 환상은 모든 실재의 궁극적이며 참된 중심인 하나님의 보좌로부터 비롯된다.

독자는 마태복음 6장에 나오는 주기도문의 첫 부분이 모두 하나님에 관한 것임을 기억할 것이다. "당신의 이름이 거룩히 여김을 받고, 당신의 나라가 임하고, (당신의) 뜻이 하늘에서 이룬 것 같이 땅에서도 이루어지게 하소서." 요한계시록 4장은 이 기도의 "하늘에서 이룬 것 같이" 부분을 마치 우리가 지금 그 예배를 우리 눈으로 보듯이 보여준다. 지금 하늘에서 일어나고 있는 것이 언젠가는 하나님의 뜻이 새 창조의 보편적 규범이 될 때 비로소 새 땅에서도 넘쳐나게 될 것이다.[6] 얼마나 멋진 날이 되겠는가?

요한계시록 4장의 보좌가 있는 방에 관한 환상 역시 현재 우리의 삶을 하나님 나라의 관점에서 보게 해준다. 우리가 이 세상에서 끝까지 신실하게 살려면 사물에 대한 천국의 시각이 필요하다. 현재는 이 세상의 권력―그것이 정치적, 종교적, 군사적, 또는 경제적 권력이든

---

6   Richard J. Bauckham, *The Theology of Revelation* (Cambridge: Cambridge University Press, 1993), 40.

지 간에─이 날뛰고 있지만, 그것이 전부가 아니며, 심지어 실재도 아니다. 이런 가짜 신들의 수명은 짧다. 그들의 왕국은 오래가지 못한다. 이 세상 나라가 우리 하나님의 나라가 되는 그날에 그들의 가식은 온전히 드러나고 말 것이다.

신실하신 우리 아버지

요한계시록에서 하나님은 그냥 보좌에 앉아 우주를 다스리시는 분이 아니다. 하나님은 물론 높고 고귀하신 분이다. 그는 초월적인 분이지만, 멀리 계신 분은 아니다. 그는 우리보다 우리 자신에게 더 가까이 계신다.[7] 그는 또한 사랑하는 자녀인 우리를 사랑하고 돌보시는 신실하신 아버지시다.

나는 그 이유를 다 알 수는 없지만, 나에게는 하나님이 나를 정말 사랑하신다는 것을 믿는 데까지 많은 어려움이 있었다. 여러분 중에도 이와 동일한 어려움을 겪은 분들이 있을지도 모른다. 여러분도 잘 알고 있듯이 이것은 전혀 새로운 것이 아니다. 처음부터 악마는 우리가 하나님을 무언가를 하지 못하도록 막으시고 가장 좋은 것을 주기를 원치 않는 분으로 이해하도록 우리를 설득해왔다. 창세기 3장에서 아담과 하와는 바로 이러한 거짓말에 속아 타락하고 말았다. 만약 우

---

7 Bauckham, *Theology of Revelation*, 46.

리가 하나님은 실제보다 우리를 덜 사랑하시고 우리에게 덜 자비로우신 분이라고 믿는다면, 우리는 우리의 필요를 채우기 위해 다른 곳으로 향할 것이다. 우리가 하나님은 우리의 유익을 생각하지 않는다거나 우리에게 선하신 분이 아니라는 결론을 내리면, 우리가 믿고 있던 하나님의 모습은 왜곡되고, 그가 우리에게 생명을 주실 것이라는 신뢰를 잃고 갈등하게 될 것이다.

요한계시록은 다음과 같이 분명한 메시지를 우리에게 보낸다. 하나님은 우리 편이시다. 그는 우리를 사랑하신다. 그는 영적인 해악으로부터 우리를 보호하시고, 우리를 그의 영원한 나라로 안전하게 데려가실 것이다. 우리는 하나님으로부터 사도 요한이 받은 것과 같은 사랑을 받고 있는가? 만일 요한계시록과 요한복음을 쓴 사람이 같은 요한이라면(다수의 복음주의 신학자가 믿고 있듯이), 그가 자신을 가리켜 "예수가 사랑하시는 자"(요 13:23; 참조. 요 20:2; 21:7, 23)라고 한 말을 기억하는 것은 얼마나 멋진가? 이 말은 자신이 예수가 가장 좋아한 제자였다거나, 혹은 자신이 다른 사도들보다 더 사랑을 많이 받았다는 의미가 아니다. 그는 단지 깨달은 것이다. 그 무엇보다도 그의 자기이해 및 정체성 형성에 가장 중요하게 작용한 것은 그를 향한 예수의 크신 사랑이었다.

물론 우리는 하나님은 **단지** 사랑이 많으시고 자비로우신 분이시지만, 그럼에도 거룩하시고 의로우시며 진실하신 분은 아니라고 결론 내릴 수 있다. 하지만 그러한 하나님을 참으로 사랑이 많으신 분으로 볼 수 있는가? 옳은 것을 원치 않고 진실을 말하지 않는 사람은 진정으로 우리를 사랑하지 않는다. 그러나 많은 경우 우리의 고민과 갈등은 정반대 방향으로 흐른다. 즉 우리의 고민은 하나님이 정말 우리를 사랑하시며, 항상 우리에게 신실하시고, 우리에게 선한 일을 하신다는 것을 마음속 깊이 믿는 데 있다.

요한계시록에서 하나님은 우리의 주 예수 그리스도의 아버지로, 그리고 함축적으로 우리의 아버지로 묘사된다. 예수는 아버지 앞에서 이기는 자의 이름을 시인할 것(3:5)과 그가 아버지와 함께 보좌에 앉은 것 같이 이긴 자도 그와 함께 보좌에 앉게 될 것을 약속하신다(3:21). 우리는 14장에서 바로 이 이긴 자들이 어린양과 함께 시온산에 서 있는 모습을 본다. 그들의 이마에는 어린양의 이름과 그의 아버지의 이름이 적혀 있는데, 이것은 그의 백성이 영원한 관계 속에서 그의 소유임을 확고부동하게 나타내는 징표인 것이다(14:1).

하나님이 아버지로서 우리에게 베푸시는 사랑이 인격적으로 가장 잘 나타난 본문은 요한계시록 21장이다. 새 하늘과 새 땅이 그 모습을 드러낼 때 비로소 하늘에서 들려오는 음성은 하나님이 거하시는 처소가 바로 그들 가운데 있다고 선포한다. 그들은 하나님의 백성이 되고, 그분은 그들의 하나님이 될 것이다. 이어서 우리는 하나님이 "모든 눈물을 그들의 눈에서 닦아 주실 것"이고(21:4), "그들은 하나님의 자녀가 될 것"임을 확인한다(21:7). 당신은 부모에게 사랑을 받았을 수도 있고, 그렇지 않았을 수도 있다. 그러나 당신이 한 가지 확실히 믿을 수 있는 것은 바로 하늘의 아버지께서 당신을 완벽하게 사랑하신다는 것이다. 당신이 만약 예수 그리스도를 따르는 자라면 당신은 그 아버지의 자녀다. 그리고 언젠가는 그분이 당신을 품 안에 안고 그의 부드러운 손길로 당신의 아픔의 눈물을 닦아 주실 것이다.

요한계시록은 하나님이 다양한 방법으로 우리를 돌보시고 사랑하신다는 것을 상기시켜준다(예를 들면 그분이 어떻게 우리의 기도에 응답하시는지; 참조. 5:8; 8:3-4). 그러나 우리는 한 가지 방법에 특별히 주목해야 한다. 하나님은 사악한 자들을 심판하시지만, 그분의 백성은 자신의 진노로부터 지키시고 보호하신다. "살아계신 하나님의 인"(7:2-5; 9:4)은 "짐승의 표"(16:2; 19:20)와 대조를 이룬다. 그리스도인들은 살아 계신 하나님의 인을 받았기 때문에 짐승의 표 받는 것을 두려워할 필요가 없다. 모든 사람은 이 둘 중의 하나를 갖게 되며, 둘 다 갖는 사람은 아무도 없다. 하나님의 인 치심을 받지 못한 자들은 악한 세력에게 미혹될 것이며, 결국 하나님의 진노로 인해 고통을 받게 될 것이다(13:7-8; 14:9-11). 비록 하나님의 인이 우리를 박해와 물리적인 고난에서 면제시켜주지는 않지만, 영적인 해악으로부터 안전하게 보호해주며, 장차 올 그분의 심판으로부터 우리를 면제해주신다. 사도 바울은 하나님의 인과 성령을 동일시하는데(고후1:22; 엡 1:13; 4:30을 보라), 요한 역시 이와 동일한 생각을 하고 있는 것으로 보인다. 하나님이 우리를 인 치시고, 보호하시며, 지키신다는 사실이 얼마나 우리에게 커다란 위안이 되는가? 그 어떤 것도 우리를 하나님의 사랑에서 끊을

수 없다(이해를 돕기 위해 다르게 표현된 롬 8:1, 31-39을 읽어보라).[8]

하나님에 대한 우리의 시각은 우리의 영적 건강에 커다란 영향을 미친다. 하나님에 관한 거짓말은 우리의 성장을 저해하고 가로막지만, 하나님에 대한 참된 시각은 우리를 해방시키고 그분과의 건전한 관계를 도모하며 발전시킨다. 우리는 요한계시록이 하나님에 관해 말씀하는 바를 마음속 깊이 새겨야 한다. 이를 위한 한 가지 좋은 방법은 성경 본문에 나타난 진리를 반복하는 것이다. 하나님은 나를 사랑하신다. 하나님은 진심으로 나를 돌보신다. 하나님은 우리의 피난처가 되시고 우리를 보호하신다. 하나님은 나의 기도를 들으신다. 하나님은 언제나 신실하시다.

앨런 숄즈(Alan Kent Scholes)는 하나님에 대해 두 가지 시각을 갖는 것에 관해 이야기한다. 즉 이것은 지적인 시각(하나님에 관해 우리가 믿고 있는 것)과 감성적인 시각(하나님에 관해 우리가 진심으로 느끼는 것)이다.[9] 우리는 결함이 있는 지적인 시각을 교정하기 위해 성경 말씀을 공부하고, 신뢰할 만한 신학 서적을 읽고, 내용이 충실한 성경의 가르침에 귀를 기울여야 한다. 우리에겐 건전한 진리가 필요하다. 그러

---

8 1757년 Robert Robinson이 22살 되던 해에 이 구절이 실린 찬송가 "복의 근원 강림하사"를 썼다. "주의 귀한 은혜 받고 일생 빚진 자 되네. 주의 은혜 사슬 되사, 나를 주께 매소서. 우리 맘은 연약하여 범죄하기 쉬우니, 하나님이 받으시고 천국 인을 치소서."

9 Alan Kent Scholes, *What Christianity Is All About: How You Can Know and Enjoy God* (Colorado Springs: NavPress, 1999), 55-57.

나 잘못된 감성적인 시각을 교정하려면 우리에게 또 다른 것이 필요하다. 우리는 "다시 양육을 받아야" 한다. 우리는 현재 우리의 일상의 삶 속에서 어떻게 하나님을 바라보고 관계를 맺어나가야 하는지를 생생하게 보여줄 친구나 멘토가 필요하다. 이렇게 하나님에 대해 건전하고 성경에서 말하는 시각을 가진 믿음의 동료와 시간을 보내다 보면 그것이 곧 우리의 감성 깊은 곳까지 전이된다. 그렇게 되면 우리는 하나님을 지적으로 알 뿐만 아니라 감성적으로도 그의 사랑과 돌보심을 경험하기 시작할 것이다.

하나님의 거대한 계획

그리스도인의 삶은 기다리는 삶이다. 우리는 주님을 기다리는 것을 멈추지 않는다. 항상 기다린다. 우리는 진학 계획, 배우자, 취업 문제를 놓고 주님을 기다린다. 우리는 약할 때에나 강할 때에나 늘 그를 기다린다. 대학원의 고된 과정을 견디어내거나 큰 프로젝트를 마치는 등 그가 우리에게 주신 일을 감당하며 그를 기다린다. 믿음이 좋은 부모가 된다는 것은 우리의 자녀가 하나님을 사랑하는 남자와 여자로 자라나기를 기도하면서 기다리는 것을 포함한다. 제자를 만드는 일은 기다림을 수반한다. 교회 개척과 성장도 기다림을 수반한다. 우리는 항상 기다리고만 있는 것처럼 보일 수 있는데, 순간의 만족을 추구하는 문화 속에 사는 우리에게 이것은 결코 쉬운 일이 아니다.

우리가 무엇을 기다리고 있는지를 안다면 기다리는 데 도움이 된다. 나는 우리 개개인이 무엇을 기다려야 하는지에 관해 말하고자 하는 게 아니라, 하나님의 백성으로서 우리가 무엇을 기다려야 하는가에 관해 말하고자 한다. 우리는 왜 기다려야 하는가? 하나님의 계획은 무엇인가? 하나님의 거대한 계획은 무엇인가?

하나님이 만물을 창조하시기 전에 아버지, 아들, 성령 삼위일체 하나님은 서로 사랑하고 섬기는 완전한 공동체 안에 살고 계셨다. 하나님은 인간이라는 존재를 만들 필요가 없었지만, 너그러우신 하나님이셨기에 그렇게 하신 것이다. 너그러우신 하나님은 그 완전한 공동체를 그의 피조물과 함께 나누고 싶으셨다. 그러나 사탄과 죄는 하나님의 계획을 잠시 탈선시켰고, 요한계시록은 하나님이 창세기에서 시작하신 것을 어떻게 마무리하는지에 관해 이야기한다. 우리는 요한계시록의 결말 부분에서 "주, 곧 선지자들의 영의 하나님이 그의 종들에게 반드시 속히 되어질 일을 보이시려고 그의 천사를 보내셨도다"(22:6)라는 내용을 만난다. "반드시 속히 되어질 일"이란 어구는 그의 피조물을 향한 하나님의 계획을 가리킨다. 이는 기본적으로 하나님이 "모든 것이 다 내 손 안에 있다"라고 말하는 것과 같다.

요한계시록 5장에서 요한은 그의 오른손에 두루마리를 꼭 쥐고 보좌에 앉아 계신 하나님을 본다. 이 두루마리는 하나님의 어린양 예수 그리스도의 승리를 통해 최종적으로 악을 물리치고, 그의 백성을 구원하며, 그의 피조물을 변화시키시는 하나님의 계획을 상징한다. 요한계시록의 나머지 부분은 하나님이 이것을 어떻게 성취하시는지를 보여준다. 이 두루마리는 10장에서 다시 등장하는데, 이는 (유감스럽게도) 하나님의 계획이 우리가 이 적대적인 세상에서 그리스도를 신실하게 따를 때 반드시 박해를 받을 수밖에 없음을 분명하게 보여주는 것이다. 하나님의 계획을 증언하는 일에는 대가가 따르기 마련이다.

하나님의 거대한 목적 혹은 계획은 아주 오래전에 체결된 언약으로 거슬러 올라가는데, 이 언약은 세 부분으로 구성되어 있다. (1) 나는 너희의 하나님이 되고, (2) 너희는 내 백성이 될 것이며, (3) 내가 너희 가운데 거할 것이다(도표를 참조하라).[10] 이 언약은 성경 전반에 걸쳐 여러 형태와 크기로 나타난다(도표를 참조하라). 이렇게 오래된 언약의 성취는 사람과 장소를 모두 수반한다. 하나님의 목표는 완전히 새로운 창조 안에서 그의 백성과 함께 완전한 공동체를 이루는 것이다.

공동체에 대한 하나님의 약속

출 29:45-46	내가 이스라엘 자손 중에 거하여 그들의 하나님이 되리니, 그들은 내가 그들의 하나님 여호와로서 그들 중에 거하려고 그들을 애굽 땅에서 인도하여 낸 줄을 알리라. 나는 그들의 하나님 여호와니라.

---

10 하나님의 임재에 대한 약속은 성경에서 여러 번 반복된다(예. 창 17:7; 출 6:7; 고후 6:16). 때로는 세 가지 모두 언급되기도 하고, 어떤 경우에는 하나 또는 두 가지만 언급된다. 이 중요한 약속에 대해서는 다음을 보라. Walter C. Kaiser Jr., *The Promise Plan of God: A Biblical Theology of the Old and New Testaments* (Grand Rapids: Zondervan, 2008); J. Scott Duvall and J. Daniel Hays, *God's Relational Presence: The Cohesive Center of Biblical Theology* (Grand Rapids: Baker Academic, 2019).

레 26:11-12	내가 내 성막을 너희 중에 세우리니, 내 마음이 너희를 싫어하지 아니할 것이며, 나는 너희 중에 행하여 너희의 하나님이 되고, 너희는 내 백성이 될 것이니라.
겔 37:27	내 처소가 그들 가운데 있을 것이며, 나는 그들의 하나님이 되고, 그들은 내 백성이 되리라.
슥 2:10-11	여호와의 말씀에 "시온의 딸아, 노래하고 기뻐하라. 이는 내가 와서 네 가운데에 머물 것임이라. 그날에 많은 나라가 여호와께 속하여 내 백성이 될 것이요, 나는 네 가운데에 머물리라. 네가 만군의 여호와께서 나를 네게 보내신 줄 알리라."
계 21:3	내가 들으니 보좌에서 큰 음성이 나서 이르되 "보라! 하나님의 장막이 사람들과 함께 있으매, 하나님이 그들과 함께 계시리니, 그들은 하나님의 백성이 되고, 하나님은 친히 그들과 함께 계셔서."
계 21:7	이기는 자는 이것들을 상속으로 받으리라. 나는 그의 하나님이 되고, 그는 내 아들이 되리라.

하나님은 언제나 모든 열방으로부터 모인 한 민족을 원하셨다. 요한계시록 5장의 큰 무리는 "각 족속과 방언과 백성과 나라"로부터 온 것이며(5:9), 이것은 아브라함에게 주신 하나님의 최초의 언약, 즉 그가 여러 민족의 아버지가 될 것이라는 언약을 성취하는 것이다(창 12:3; 15:5; 17:4). 새 창조 안에서도 문화의 차이는 사라지지 않을 것이다. 오히려 이러한 차이는 우리의 창조자이자 구속자이신 그분을 위한 찬양의 교향곡으로 변할 것이다. 여러 민족으로부터 모인 신자들이 하나님을 예배하는 모습은 하나님이 모든 사람을 창조하시고 사랑하신다는 것을 우리에게 상기시켜준다. 천국이 다문화적이라는 사실은 우리가 모든 사람과 더불어 복음을 나누고, 우리와 다른 신자들도 포용하는

일에 적극적으로 참여할 것을 권장한다. 진정한 다문화적 교회는 천국을 들여다볼 수 있는 창문을 제공해주며, 하나님의 거대한 계획을 분명하게 보여준다.

하나님의 계획은 그의 백성을 위한 장소와도 관련이 있다. 그분은 우리 가운데 거하기를 원하신다. 가정과 같은 곳은 이 세상 그 어디에도 없다. 우리는 하나님이 정말로 우리와 함께 가정을 이루시길 원하신다는 사실을 기억해야 한다. 구약성경에서 하나님은 장막의 형태로 그분의 백성 가운데 거하셨다. 그 이후 예수 그리스도는 이 땅에 오셔서 우리 가운데 "그분의 거처를 만드셨다"(문자적으로는 "장막을 치셨다"[tabernacled], 요 1:14).[11] 그러나 하나님은 우리 가운데 있는 어떤 건물을 차지하거나, 우리 가운데로 걸어 다니시는 것이 아니라, 그 이상을 원하신다. 하나님은 우리가 그분과 함께 새 하늘과 새 땅이라는 완전한 새 창조 안에서 살기를 원하신다. 요한계시록 21-22장은 하나님의 임재 안에 있는 우리의 새로운 가정에 관해 상세하게 묘사한다. (우리는 이 책 후반부에서 한 장 전체를 새 창조에 관해 다룬다[아래 9장을 보라].) 현재로서는 우리가 하나님과 함께 있으며, 그의 임재를 영원히 즐기는 것이 하나님의 계획임을 아는 것만으로도 충분하다.

웨스트민스터 소요리문답 가운데 이런 부분이 있다. "사람의 제

---

11 "장막"과 우리 가운데 거하시는 하나님의 임재의 개념에 관한 더 많은 논의는 본서 4장 "성령"을 보라.

일되는 목적은 하나님을 영화롭게 하며, **영원토록 그를 즐거워하는 것이다.**[12] 우리는 이 마지막 부분에 좀 더 집중할 필요가 있다. 만약 하나님이 우리에게 이와 같이 완전히 새로운 세상을 주시려고 이만큼 수고하고 애쓰셨다면, 우리는 그분이 우리와 친밀한 관계를 맺고 살기 원하신다는 사실을 받아들여야 할 것이다. 이것은 하나님의 거대한 계획의 중요한 한 부분을 차지한다.

하나님은 승리하신다!

지난 2년 동안 나는 두 학생의 죽음을 경험했다. 나는 그들을 잘 알고 있었고, 그 상실감은 내게 이루 말할 수 없는 깊은 상처를 안겨주었다. 나는 죽음을 미워한다. 사도 바울이 죽음을 "마지막 원수"라고 부른 것을 나는 다행으로 생각한다(고전 15:26). 죽음과 죄, 그리고 사탄과 그와 짝하는 이들이 아직 우리 주위에 있는 한, 하나님의 거대한 계획은 완성되지 않을 것이다. 당신은 종종 "주여! 오셔서 이 고장난 세상을 고쳐주소서. 오셔서 이 모든 것을 새롭게 하소서"라고 절규하지 않는가? 하나님이 창세기에서 시작하셔서 예수의 십자가와 부활을 통해 성취하신 것을 이제 요한계시록이 완성할 것이다. 이야기의 결말이 새 나가는 것을 주의하라. 하나님은 승리하신다!

---

12   웨스트민스터 소요리문답 제1문(강조는 추가된 것임).

요한계시록 대부분은 악에 대한 하나님의 심판을 다룬다. 6-16장에는 인, 나팔, 대접 등 세 종류의 심판이 등장하는데, 각 심판은 일곱 부분으로 구성되어 있다. 숫자 7과 3은 완전함을 나타내기 때문에 일곱 가지가 세 종류씩 있다는 것은 하나님이 정말로 완벽하게 악을 제거하실 것을 의미한다. 그리고 17-18장에서는 하나님이 이교도 세력의 중심을 상징하는 큰 성 바벨론을 심판하신다. 초기 그리스도인들은 로마를 바벨론으로 불렀다(벧전 5:13). 20장에서는 하나님이 사탄을 비롯해 그의 모든 악한 추종자와 사악한 인간을 심판하신다. 그리고 마지막으로 하나님은 죽음을 심판하신다. "사망과 음부[무덤 혹은 죽은 자들의 영역]도 불 못에 던지우니"(20:14). 요한계시록에는 이처럼 많은 심판이 등장한다. 과연 이 모든 것이 필요한 것일까?

악에 대한 하나님의 심판은 바로 자기 백성을 향한 그분의 언약적 사랑과 그 정의로우시고 거룩하신 성품에서 나온다. 이러한 사실이 요한계시록에 어떻게 나타나 있는지를 설명하기 이전에 나는 먼저 이야기 하나를 소개하고자 한다. 나와 내 아내 주디에게는 세 딸이 있다. 그들이 어릴 적에 어느 날 이 세 딸 중 하나가 혼자서 집에 있는데 낯선 사람이 현관문을 두드리기 시작했다. 내 딸은 두려움에 떨며, 학교에 있던 나에게 전화를 걸어 낯선 사람이 집으로 난입하려 한다고 말했다. 나는 딸에게 모든 것이 나아질테니 공포에 떨지 말라고 안심시키고, 문 두드리는 소리에 반응하지 말 것을 당부했다. 나는 방문판매원은 응답이 없으면 곧 돌아갈 거라고 생각했다. 2분쯤 후에 또다시 딸에게 전화가 왔다. 그가 계속 문을 두드리고 있으며, 이제는 더 세게 두드린다는 것이었다. 딸은 울고 있었고, 나는 걱정이 되기 시작했다. 딸에게서 세 번째 전화가 걸려왔을 때 나는 집을 향해 가는 중이라고 충분히 설명했다. 나는 더 속력을 냈고, 집이 가까워질수록 점점 더 화가 치밀어 올랐다. 나는 나의 귀한 딸을 해치려는 이 낯선 자를 가만히 두지 않겠다고 속으로 다짐했다. 내가 그 (멍청하고 집요한) 판매원과 충돌한 사건은 전혀 그리스도를 닮은 모습이 아니었다. 나는 손에 힘을 꽉 쥐고 악수를 했고, 그의 바보 같은 행동에 대해 말로 따지기도 전에 가슴으로 그와 쿵하고 부딪히기까지 했던 것 같다. 그러나 나는 그 경험으로부터 무언가를 배웠다. 나는 그 판매원이 나의 딸을 위협했다고 생각했기에 모든 분노를 그에게 퍼부었다. 그 판매원에 대한 나의 판단은 내 딸을 향한 나의 깊은 사랑을 보여주는 동전의 또 다른 한 면이었다. 하나님도 마찬가지다. 물론 하나님은 언제나 정의롭고 올바르게 심판하신다는 것을 제외하곤 말이다.

하나님은 우리를 사랑하시기 때문에, 그리고 거룩하시고, 공의로우시며, 악이 승리하는 것을 용납할 수 없기 때문에, 악을 반드시 심판하시지 않으면 안 된다. 하나님께서 의로우시다고 말하는 것은 그분은 항상 옳은 일만 행하시고, 또한 그분의 거룩하신 속성과 일치하는 행동만 하신다는 것을 의미한다. 천사들은 하나님을 "거룩하다! 거룩하다! 거룩하다!"라고 찬송한다(4:8). 15장의 구속받은 자들의 노래에는 다음과 같은 가사가 나온다. "누가 주의 이름을 두려워하지 아니하며, 영화롭게 하지 아니하오리까? 오직 주만 거룩하시니이다"(15:4). 16장에서는 한 천사가 이렇게 외친다. "거룩하신 이여! 이렇게 심판하시니 의로우시도다"(16:5). 요한계시록은 반복해서 우리에게 하나님은 의로우시며 거룩하신 분이라고 말한다. 하나님이 이런 분이시기 때문에 그분은 독단적으로 혹은 임의로 심판하시는 분이 아니라 언제나 공정하게 심판하신다.

하나님이 그에게 대항하는 자들을 심판하신다는 것은 많은 사람에게 두려움을 준다. 피상적으로 보면 이것은 사랑이 없고, 비열하게도 보인다. 그러나 나는 동료 신자들이 단지 그리스도의 이름을 부른다는 이유만으로도 살해되는 곳에 사는 그리스도인들은 왜 이런 하나님의 심판이 필요한지를 쉽게 이해하리라 생각한다. 실제로 악은 이 세상에 존재하며, 여러분 가운데도 많은 사람이 이를 경험했을 것이다. 하나님은 당신을 정말로 사랑하시고, 귀한 자녀인 당신에 대한 최종 결정권을 악한 세력이 차지하도록 허락하지 않으실 것이다.

요한계시록 6장에서는 순교자들이 "거룩하고 참되신 대 주재여, 땅에 거하는 자들을 심판하여 우리 피를 신원하여 주지 아니하시길 어느 때까지 하시려 하나이까?"(6:10)라고 외친다. 하나님은 그들에게 조금만 더 기다리라고 말씀하신다. 그는 오래 참으시는 분이시지만 (그가 오래 참으시는 이유에 관해서는 벧후 3:8-9을 읽어보라), 악이 승리하도록 내버려두시지는 않는다. 하나님은 언젠가 그의 자녀들에게 해를 입힌 악한 자들과 사탄의 세력을 심판하실 것이다(예. 11:18; 16:6; 18:20;

19:1-2). 악은 결코 승리하지 못한다. 하나님이 승리하신다!

결론

요한계시록은 하나님이 통치하고 계시며, 다른 어떤 신들보다 더 강하고, 우리를 깊이 사랑하시며, 이 망가진 세상을 고치실 계획을 갖고 계시고, 최종적으로 악을 완전히 물리치실 것이라고 말한다. 우리는 우리 자신이나 다른 것 또는 사람을 우리 삶의 중심에 놓을 때 반드시 인생에서 실패한다. 전능하신 하나님만이 인생의 참된 중심이며 근원이 되신다.

하나님은 인생이 다음과 같이 작동하도록 만드셨다.[13]

하나님은 인생의 참된 중심이며 근원이 되신다. 그는 우리를 만드셨고, 우리를 깊이 사랑하신다(롬 5:8).

우리가 하나님을 참된 중심으로 인정할 때 우리는 그분의 사랑을 경험한다. "예수가 사랑하신 제자"가 우리의 가장 중요한 정체성이며, 하나님의 인정을 받기 위해 우리가 해야 할 일은 아무것도 없다.

우리는 하나님이 항상 우리를 사랑하시고 돌보신다는 것을 믿기

---

[13] 이 사상에 대한 보다 더 상세한 논의는 다음을 보라. "Seeing the Big Picture," in Henry Cloud and John Townsend, *How People Grow: What the Bible Reveals about Personal Growth* (Grand Rapids: Zondervan, 2009).

때문에 우리에게 필요한 사랑은 이미 충족되었고, 우리는 이제 다른 사람들을 사랑하고 돌볼 수 있게 되었다.

하나님은 우리가 다른 사람에게 무언가를 베풀 때 기뻐하시며, 우리의 인생도 최고의 방향으로 나아가게 된다. 또한 다른 이들도 우리에게 베풀고 섬기기 때문에 우리도 그들로부터 사랑을 받게 되며, 이는 성경적으로 아름다운 공동체를 조성한다.

인생이란 우리 자신이 우리 인생의 중심이 되기에는 너무나도 깨지고 부서지기 쉬운 존재다. 그것이 죄의 본질이다. 요한계시록은 전능하신 하나님만이 유일하고 참된 중심이라고 말한다. 우리가 진심으로 이것을 깨닫고 받아들일 때 우리는 엎드려 하나님을 경배하게 된다. 이것이 바로 다음 장에서 다룰 주제다.

그룹 토론 문제

1. 오늘날 사람들은 인생의 참된 중심을 어디에서 찾고자 노력하는가?

2. 하나님이 단지 역사 속 사건에 대한 주권뿐만 아니라 그 어떤 악의 세력보다 더 강하시다는 사실을 아는 것은 우리에게 어떤 도움을 주나?

3. 당신을 향한 하나님의 사랑을 받아들이기 위해 갈등해본 적이 있다면 그분의 사랑을 받고 그분의 사랑 안에서 살 수 있도록 당신에게 가장 큰 도움을 준 것은 무엇인가?

4. 악에 대한 하나님의 심판은 당신이 하나님의 사랑을 더 깊이 이해하도록 어떤 도

움을 주었나? 악에 대한 하나님의 심판은 왜 필요한가?

5. 신자들조차도 우리 자신이 우주의 중심이라는 생각에 빠질 때가 종종 있다. 무엇이 우리가 그런 생각을 하도록 만드는가?

6. 우리 자신이 우리 삶의 중심이 되려는 노력이 결국에는 우리 인생을 어떻게 더 어렵고 힘들게 만드는가?

7. 당신이 전능하신 하나님을 유일한 참된 중심으로 신뢰하도록 공동체가 도울 수 있는 부분은 무엇인가?

....

핵심 구절: 요한계시록 1:4-8; 4:1-11; 11:17-18; 21:7
참고 본문: 요한계시록 1장, 4장

2장
예배

"주는 존귀하시다"

우리는 하나님을 예배하기 위해 지어졌으며, 우리는 항상 무언가를 예배하는 방법을 모색하며 살아갈 것이다. 아마도 우리가 던져야 할 질문은 "우리는 과연 올바른 것, 아니 더 정확히 말하자면 올바른 누군가를 예배할 수 있는가?"가 되어야 할 것이다. 요한계시록은 우리가 참되신 한 분 하나님을 예배하도록 돕기 위해 커다란 지혜와 격려를 제공해준다. 요한계시록은 우리에게 여러 형태의 우상숭배를 거부하라고 말하고 있지만, 우상숭배는 경고나 금지만으로는 해결될 수 없다. 우리는 보다 나은 것을 받아들이지 않고서는 결코 어떤 것을 거부할 수 없는 존재로 만들어졌다. "우상숭배는 예배로 대체되어야 한다."[1] 우상 대신 참되신 한 분 하나님을 예배한다는 것은 우리로 하여금 우상숭배라는 중독에서 벗어나게 해준다.

우리는 예배의 대상을 어디서나 만날 수 있다. 2011년 가을에 아칸소 대학의 레이저백스(Razorbacks) 팀은 루이지애나 주립대학교의 타이거즈(Tigers) 팀과 전국 챔피언십의 출전 여부를 결정할 미식축구 경기를 하기 위해 이동했다. "죽음의 계곡"으로 알려진 타이거즈 팀의 홈 경기장은 팬들이 드세고 과격하기에 원정팀이 경기를 치르기에는 너무나도 어렵고 힘든 경기장이었다. 바로 이 경기에서 한 장내 아나

1　G. K. Beale and Mitchell Kim, *God Dwells among Us: Expanding Eden to the Ends of the Earth* (Downers Grove, IL: InterVarsity, 2014), 118.

운서는 자기가 아는 것 이상의 말을 내뱉었다. "오해하지 마십시오. **바로 지금 여기서 예배가 벌어집니다.**" 미국 남동부에 사는 사람들은 한결같이 대학 미식축구에 대한 열정은 마치 예배와도 같다고 말한다. 그들은 두 손을 들고 정신을 집중하고 말로 마음을 표현하며 감정을 다해 그 경기에 참여한다. 더 최근의 일인데, 나는 2014년 8월 말에 텍사스 에이엔엠(Texas A&M)과 사우스캐롤라이나(South Carolina) 간의 미식축구 경기를 관람했다. 베테랑 장내 아나운서 브렌트 머스버거(Brent Musburger)는 "이 지역[미국 남부] 사람들이 말하는 것처럼 대학 미식축구는 단지 종교가 아니라 그 이상의 것입니다. 왜냐하면 이것이 종교보다 훨씬 더 중요하기 때문입니다"라고 말했다. 우리는 예배를 위해 창조되었으며, 앞으로도 계속 예배할 것이다.[2]

아마도 신약성경에서, 아니 성경 전체에서 예배를 가장 중요하게 다루는 책인 요한계시록은 하나님만이 우리의 예배를 받으시기에 합당하시다고 말한다. 우리의 마음은 참되신 하나님을 예배하는 가운데 안식을 얻기까지는 결코 안식을 얻지 못한다.[3] 오직 그분만이 우리의 사랑과 흠모를 받으시기에 합당하신 분이다. 우리는 앞장에서 하나님이 다스리고 계시며, 그분은 만왕의 왕이시며 우리의 신실하신 아버지

---

2 나는 머스버거가 이날 한 말을 이 경기를 보면서 직접 들었다. SEC Network, August 28, 2014.

3 아우구스티누스, 『참회록』, 1권.

시며, 위대한 계획을 갖고 계시며, 언젠가는 악을 멸하실 것이라는 것에 대해 배웠다. 유진 피터슨(Eugene Peterson)이 말한 것처럼 "예배는 통치하시고, 말씀하시고, 드러내시고, 창조하시고, 구속하시고, 명령하시고, 복을 주시는 살아 계신 하나님께 집중하는 행위다."[4]

요한계시록이 던지는 커다란 질문은 과연 사람들이 하나님과 어린양을 예배할 것인가, 아니면 용과 짐승을 예배할 것인가 하는 것이다. 13:4은 "용이 짐승에게 권세를 주므로, 용에게 경배하며 짐승에게 경배하여 가로되 '누가 이 짐승과 같으뇨? 누가 능히 이로 더불어 싸우리요?' 하더라"고 말한다. 15:4은 "주여, 누가 주의 이름을 두려워하지 아니하며 영화롭게 하지 아니하오리까? 오직 주만 거룩하시니이다. 주의 의로우신 일이 나타났으매 만국이 와서 주께 경배하리이다 하더라"고 말한다. 예배라는 단어가 하나님을 예배하는 것과 사탄을 예배하는 것을 묘사하는 데 모두 동일하게 사용된다. 예배는 하나님과 악의 세력 간의 우주적 충돌의 중심에 서 있다. 우리는 예배하기 위해 지음을 받았고, 앞으로도 우리는 계속 예배할 것이다. 이번 장에서 우리는 요한계시록이 예배에 관한 많은 것, 특히 우리에게 예배의 대상에 관해 가르치고 있다는 사실을 발견하게 될 것이다.

---

4 Eugene Peterson, *Reversed Thunder: The Revelation of John and the Praying Imagination* (New York: HarperSanFrancisco, 1988, 『묵시: 현실을 새롭게 하는 영성』, IVP 역간), 59.

예배, 천국의 심장박동

요한은 **예배를 드리는 가운데** 요한계시록에 기록된 환상을 받는다. "주의 날에 내가 성령에 감동하여 내 뒤에서 나는 나팔소리 같은 큰 음성을 들으니, 가로되 '너 보는 것을 책에 써서 일곱 교회에 보내라'"(1:10-11). 초기 그리스도인들은 한 주의 첫째 날인 일요일을 죽음에서 부활하신 예수께 영광을 돌리며 예배하는 날, 즉 "주의 날"로 정했다. 요한계시록이 큰 소리로 처음 낭독되는 것을 듣던 이들도 그 당시 성령이 인도하시는 예배에 참여하고 있었다(1:3). 다른 신자들과 함께 모여 드리는 우리의 예배는 천국의 예배의 모형이라는 점에서 아주 중요한 일이다. 예배는 일이며 활력소이자 천국의 심장박동이다. 오늘날 우리가 이 땅에서 드리는 성령이 인도하시는 예배는 그 어느 것도 우리에게 줄 수 없는 천국을 맛보게 해준다.

최근에 나는 우리 대학의 학생들과 이스라엘을 여행하던 중 예루살렘의 성 안나(St. Anne) 교회에 들어갔다. 그 건물에는 놀라운 소리의 울림이 있었는데, 거기서 우리가 "우리를 향한 아버지의 깊은 사랑"이라는 찬송을 불렀을 때 성령은 마음속 깊은 곳에서 진심으로 우러나오는 경배를 통해 우리의 마음을 하나로 묶으셨다. 우리는 그곳에서 하루 종일 있을 수 있었다. 함께 예배드리면서 우리는 그 몇 분 동안 예배의 참 대상인 우리 주님을 온전히 중심에 모실 수 있었다.

요한계시록은 예배로 시작하듯이 예배로 끝난다. 21장은 하나님의 백성이 그의 임재 안에서 영원한 삶을 시작하는 것을 통해 천국의 예배가 영원하다는 것을 보여준다. 22장에서는 하나님의 백성이 그를 "섬긴다"라고 말하고 있는데, 이 용어는 예배의 일부로서 드려지는 종교 행위를 강력히 시사한다(7:15; 22:3을 보라).[5] 요한계시록에서 예배는 단지 처음과 끝에만 등장하지 않는다. 우리는 여러 예배 장면을 통해 예배가 반복적으로 나타나는 것을 본다(4-5장, 7장, 8장, 11장, 14장, 15장, 16장, 19장).

요한계시록의 예배 장면은 모두 지상의 예배가 아니라 천국의 예배다. 오늘날 우리가 예배 문제로 종종 갈등을 겪듯이, 2-3장에 등장하는 일곱 교회는 예배 문제로 고군분투하고 있었다. 그들은 소위 예배 전쟁을 벌이고 있었기에 예배 스타일을 가지고 다투는 오늘날의 "전투"는 어린애들 장난과 같다. 그들의 전쟁은 어떤 하나님/신을 예배해야 하는가에 관한 것이었다. 이것이 바로 그들이 하늘의 보좌가 있는 방에서 예배가 어떻게 드려지고 있는지 보고 들어야만 했던 이유다. 우리 역시 마찬가지다. 우리도 그 예배가 어떻게 영원히 멈추지 않는지 볼 필요가 있다. 우리는 그 예배의 순수함을 보아야 하며, 그 예배의 힘을 느껴야 한다. 우리는 우리 주님을 예배하는 것이 온 우주에 존재하는 것 중에 가장 실제적인 것임을 기억해야 한다. 우리는 우

---

5 그리스어 *latreuō*("serve")는 신약성경의 다른 본문에서는 "예배"로 번역된다. 눅 2:37; 행 7:7, 42; 24:14; 히 9:9; 10:2; 12:28.

리의 지상 예배에 힘을 불어넣어줄 뿐 아니라 그 예배가 우리의 유일한 예배의 대상이신 삼위일체 하나님께로 향하게 하려면 천국의 심장박동이 필요하다.

우리의 관심과 사랑을 빼앗아가는 우상으로부터 벗어나기 위해우리는 참된 예배가 무엇인지를 보여주는 천국의 환상이 필요하다. 우리는 왜 예배가 중요한지 알아야 한다. 우리는 요한계시록의 여러 예배의 그림이 우리의 눈을 열어 하나님이 누구신지, 그분이 우리를 위해 무엇을 하셨는지, 그리고 또 앞으로 그분이 무엇을 하실지를 보아야 한다. 왜냐하면 하나님에 대한 분명한 환상만이 열정적인 예배를 유발하기 때문이다. 그렇기 때문에 우리 예배 인도자들은 탁월한음악가일 뿐만 아니라 순전한 마음과 예리한 통찰력을 지닌 뛰어난성서신학자가 되어야 한다. 그들이 하나님을 깊이 알고 사랑할 때에만그들은 우리가 하나님을 또렷하게 보고 그분을 깊이 예배할 수 있도록 우리를 인도할 수 있다.

예배, 하나님의 성품에 대한 화답

나는 그동안 조부모가 되는 것이 최고의 행복이란 것을 말로만 들어왔다. 나는 작년에 줄리엣과 핼리가 태어나면서 우리의 삶을 완전히뒤집어놓기 전까지는 이에 별 관심을 두지 않았다. 나는 우리 두 손녀의 반응에 즐거워하는 내자신을 발견한다. 그들이 미소를 짓고, 웃으며, 호기심 어린 눈빛을 보내거나, 혹은 나를 안아 주고 알아듣지 못하는 옹알이로 나에게 말을 할 때 나는 정말 순수한 기쁨을 맛본다.

손자 손녀가 할아버지 할머니와 좋은 관계를 유지할 때 반응하는 것처럼 참된 예배는 언제나 하나님께 대한 우리의 반응을 수반한다. 그러나 우리는 하나님께 반응하기 이전에 그분이 어떤 하나님인지를 이해할 필요가 있다. 나의 두 손녀가 나에게 긍정적으로 반응하기 전에 나는 그들을 부드럽게 안아주고, 웃어주며, 말을 걸고 돌봐주어야 한다. 하나님과도 마찬가지다. 하나님이 얼마나 사랑이 많으시고, 아름다우시며, 능력이 크시고, 긍휼이 많으시며, 거룩하시고, 진실하시며, 베풀기를 좋아하시는지를 알고 느끼게 된다면 우리 역시 그분에게 반응하고 그분을 사랑하게 될 것이다.

나는 가끔 예배가 반응이란 것을 잊어버리고는, 예배가 무언가에 도달하도록 나의 감정을 고조시키고자 노력하는 덫에 걸려든다. 나는 예배당에 들어가 찬송을 부르기 시작한다. 대개 예배 후반부로 갈수록 찬송은 더욱 뜨거워진다. 비록 "예배에 도달"하려는 의도가 나에게는 없지만, 순간 내 감정에 휩쓸려 "예배를 만들어낼" 책임이 내게 없다는 사실을 종종 잊어버릴 때가 있다. 예배는 내가 하나님께 집중하고, 하나님이 누구신지, 또 무엇을 행하셨는지에 반응할 때 자연스럽게 이루어진다.

요한계시록 4장은 예배가 하나님이 어떤 분이신지를, 즉 그의 성품에 대한 반응을 수반한다는 사실을 상기시킨다. 요한은 2-3장에 나타난 일곱 교회 환상에 이어 4장에서 이와는 아주 다른 환상을 보기 위해 하늘로 초대를 받는다. 이 환상은 하나님이 그의 모든 영광과 광채 가운데 그의 보좌에 좌정하신 채 경배하는 이들에게 둘러싸여 있는 모습을 보여준다. 이 환상은 요한계시록 전반에 걸쳐 나타나는 다른 모든 환상의 기초이자 중심이 된다.

두 그룹의 천사—네 생물과 이십사 장로—는 하늘 전체가 하나님께 찬양하고 영광을 돌리는 일에 앞장선다. 이 네 생물은 "거룩하다! 거룩하다! 거룩하다! 주 하나님, 곧 전능하신 이여, 전에도 계셨고, 이제도 계시고, 장차 오실 이시라"는 말을 쉬지 않는다(4:8). 그들은 "보좌에 앉으사 세세토록 살아 계시는 이에게 영광과 존귀와 감사를" 돌린다(4:9). 이십사 장로는 하나님 앞에 엎드려 다음과 같이 외친다. "우리 주 하나님이여, 영광과 존귀와 능력을 받으시는 것이 합당하오니, 주께서 만물을 지으신지라. 만물이 주의 뜻대로 있었고, 또 지으심을 받았나이다"(4:11).

요한계시록 4장은 자신의 보좌에 앉아 계신 하나님을 보여주고, 하나님은 절대 주권자이시며, 위엄이 넘치고, 영광스러우신 분임을 상기시킨다. 그분은 빛이시며 완전한 영광과 광채 가운데 거하신다(요일 1:5; 딤전 6:16). 하나님 안에는 어떠한 어두움도 존재하지 않는다. 그분은 거룩하시고, 순전하시며, 악을 철저히 대적하신다. 그분은 전능하시며, 영원하시다. 그분의 계획은 반드시 성취될 것이다. 그분은 자신의 선하심을 자기 혼자 독점하지 않으시고 세상과 공유하기 위해 세상을 창조하신 창조주시다. 또한 하나님은 창조주로서 생명을 주시고 이를 지탱하는 분이시다.

요한계시록 15장은 예배하는 이들이 노래로 화답한다는 점에서 요한계시록 4장과 유사한데, 여기서 그들은 모세와 어린양의 승리에 관한 노래로 화답한다. "주 하나님, 곧 전능하신 이여! 하시는 일이 크고 놀라우시도다. 만국의 왕이시여! 주의 길이 의롭고 참되시도다. 주여! 누가 주의 이름을 두려워하지 아니하며 영화롭게 하지 아니하오리까? 오직 주만 거룩하시니이다. 주의 의로우신 일이 나타났으매 만국이 와서 주께 경배하리이다"(15:3-4). 그들은 절대 주권자이시며, 악을 심판하시고, 그의 백성을 구원하시는 우주의 신실한 통치자이신 하나님을 찬양한다. 하나님만이 거룩하시고, 의로우시며, 영광과 경외를 받기에 합당한 분이시다. 그는 모든 사람들의 찬양을 받기에 합당하신 분이시다.

당신은 하나님이 바로 이러한 분이시기에 그분을 신뢰할 수 있다. 하나님께는 아주 작은 악도 없으시며, 당신에게 인생을 시작하도록 생명을 주셨으며, 언젠가는 당신에게 부활의 생명을 주실 것이다. 그분은 항상 올바른 일만 행하시고, 당신을 속이거나 배반하지 않으실 것이다. 당신은 그분이 당신을 악에서 구하시고, 그분의 임재 안에 거할 영원한 집을 당신에게 주실 계획을 갖고 계심을 확신할 수 있다. 당신이 "하나님! 감사합니다"라고 말하는 것이 바로 예배인 것이다.

예배, 하나님의 능하신 행위에 대한 화답

나의 신학교 동료 교수 중 하나인 버트 도미니(Bert Dominy) 박사는 "우리는 하나님이 행하신 일을 보면 그분이 어떤 분이신지를 알 수 있다"고 말하곤 했다. (이것은 인간의 수준에서도 마찬가지다. 우리는 어떤 사람의 행동을 통해 그의 성격을 알 수 있다.) 우리는 그분의 존재와 그분이 행하신 일, 즉 이 두 가지 모두 때문에 하나님을 예배한다. 이 둘은 항상 나란히 동행한다. 요한계시록은 하나님의 능하신 행위─과거와 현재와 미래─에 대한 적절한 반응으로 예배할 것을 우리에게 촉구한다.

하나님의 첫 번째 능하신 행위는 창조의 행위다. 요한계시록 4장에서 하나님은 창조주로서 찬양을 받으신다. "우리 주 하나님이여! 영광과 존귀와 권능을 받으시는 것이 합당하오니 주께서 만물을 지으신지라"(4:11). 10:6에서는 능력 있는 천사가 하늘과 땅과 바다를 창조하신 하나님을 가리켜 맹세한다. 14:7에서는 한 천사가 모든 민족과 종족과 방언과 백성에게 "하나님을 두려워하며 그에게 영광을 돌리라. 이는 그의 심판의 시간이 이르렀다"라고 말하며, "하늘과 땅과 바다와 물들의 근원을 만드신 이를 경배하라"고 촉구한다.

창조주이신 하나님을 예배하는 것은 우리가 그분의 피조물임을 시인하는 것이다. 우리의 존재는 그분에게 달려 있다. 하나님 없이 우리는 이곳에 있을 수 없다. 그분은 우리를 만드셨다. 우리는 전적으로 그분에게 달려 있다. 나는 비행기 여행을 좋아하지 않으며, 매번 비행기에 오를 때마다 "주님! 내 생명은 전적으로 주님의 손에 있습니다"라고 기도한다. 그때 나는 내가 하늘에 있든지 땅에 있든지 간에 이것이 항상 진리임을 기억한다. 나의 인생은 언제나 하나님의 손에 달려 있다. 그분은 나를 창조하셨고 나를 지탱하고 계신다. 매순간의 호흡과 심장박동이 다 하나님 덕분이다. 그럼에도 내가 비행기를 탈 때 나는 내가 전적으로 하나님께 달려 있음을 깨닫는다. 왜냐하면 이러한 깨달음이 나를 전적으로 신뢰할 만한 장소로 데려가기 때문이다. 기도 외에 내가 나의 안전을 위해 할 수 있는 것은 아무것도 없다. 하나님을 창조주로 예배하는 것은 전적인 신뢰와 의존을 요구하는데, 이것은 매우 바람직한 일이다.

하나님을 창조주로서 예배하는 것은 우리가 우상숭배에서 떠나도록 만든다. 예배 인도자 밥 코플린(Bob Kauflin)은 우상숭배를 일탈한 사랑으로 본다.

우리는 하나님을 다른 것보다 더 많이 사랑하지 않는 한, 그 어떤 것도 올바르게 사랑할 수 없다. 우리의 욕망은 고장나고 말 것이다. 우리는 우리의 영원한 욕구를 채우려고 일시적인 쾌락, 즉 콘서트, 비디오게임, 스포츠 등을 찾아나설 것이다. 마땅히 사랑을 받으셔야 할 하나님보다 가치 없는 것을 사랑하게 될 것이다. 내가 가장 사랑하는 것이 무엇인지 어떻게 알 수 있을까? 일요일 아침을 제외한 나의 나머지 삶을 들여다보면 알 수 있다. 내가 가장 즐거워하는 것이 무엇인가? 나는 가장 많은 시간을 무엇을 하며 보내는가? 내가 할 일이 없을 때 내 마음은 어디로 향하는가? 나는 어떤 일에 열정을 갖고 있나? 나는 무엇에 돈을 지출하는가? 나는 무엇을 얻지 못했을 때 가장 화가 나는가? 나는 무엇이 결핍되었을 때 우울해지는가? 나는 무엇을 잃는 것을 가장 두려워하는가? 이런 질문에 대한 우리의 답변이 우리를 하나님께로 혹은 우리가 사랑하고 경배하는 우상에게로 인도할 것이다.[6]

참되고 한 분이신 하나님과 우상들 사이의 가장 큰 차이점은 우리는 우상을 만들고, 참되고 한 분이신 하나님께서는 우리를 만드셨다는 것이다. 오직 창조주 하나님만이 우리의 예배를 받으시기에 합당하신 분이시다.

한때 천지를 창조하신 하나님이 언젠가 이를 재창조하실 것이라는 생각은 상당히 충격적이다. 하나님이 하늘과 땅을 만드신 것처럼(14:7) 그분은 모든 것을 새롭게 만드실 것이다(21:5). 신약학자 리처드 보컴(Richard Bauckham)은 "창조주 하나님에 대한 믿음이 작아지면 필연적으로 부활에 대한 소망도 작아지고, 만물의 새 창조는 더 말할 것도 없다. 알파이신 하나님은 오메가도 되실 것이다"라고 말했다.[7] 하나

---

6   Bob Kauflin, *Worship Matters: Leading Others to Encounter the Greatness of God* (Wheaton: Crossway, 2008), 26.

7   Richard J. Bauckham, *The Theology of Revelation* (Cambridge: Cambridge University Press, 1993, 『요한계시록 신학』, 한들출판사 역간), 51.

님이 미래에 만물을 새롭게 만드실 것이라는 소망은 하나님이 창조주 시라는 사실로부터 나온다. 우리를 만드신 분은 우리가 죽은 이후에도 우리를 "다시 만드실" 것이다.

하나님이 창조주로서 경배를 받으시듯이 하나님의 어린양이신 예수도 구속자로서 경배를 받으신다. 요한계시록 4장은 어린양이 보좌의 중앙에 서 있고, 네 생물과 이십사 장로에게 둘러싸여 있는 것을 묘사하는 5장으로 이끈다(5:6). 그가 아버지로부터 두루마리(악을 멸하시고 자기 백성을 구원하실 하나님의 계획)를 받으실 때 천사들은 열광적인 예배를 드린다(5:7-10). 그들은 예수를 예배한다. 왜냐하면 그는 십자가에서 죽임을 당하심으로써 하나님을 위해 모든 족속, 방언, 백성, 나라로부터 온 이들을 피로 값주고 사셨기 때문이다.

"사다"(그리스어 "아고라조"[*agorazō*], 5:9)라는 말은 "속량하다" 혹은 "되사다"라는 의미를 갖고 있다. 고대 사회의 시장에서 노예들은 새 주인에게 팔리거나 속량되었다. 초기 그리스도인들은 이것이 예수가 우리를 위해 하신 일을 표현하기에 적절한 단어라고 생각했다. 비록 우리는 죄와 죽음, 공허함과 절망의 노예였지만, 예수는 우리의 새 주인이 되시며 우리에게 자유를 주기 위해 자기 목숨으로 값을 치른 것이다. 그리스도의 귀하신 피로 우리를 사신 것이다(14:3-4; 참조. 고전 6:19-20; 벧전 1:18-19). 우리는 아버지께 순종하며 십자가로 향한 우리의 구속자이신 예수를 예배한다. 겟세마네 동산에서 다른 길이 없음을 깨달았을 때 그는 쉬운 길을 택하기보다는 올바르고, 선하며, 필요한 길을 택하고 이를 행동으로 옮겼다. 그는 우리의 죄 값을 치르기 위해 자신을 희생했다. 우리에게 생명을 주기 위해 자신의 생명을 내어 준 것이다. 요한계시록 5장은 수많은 천사와 모든 피조물이 우리의 구속자이신 어린양을 찬양하는 것으로 끝을 맺는다(5:11-14).

바로 이런 이유에서 그분이 이미 행하신 일뿐만 아니라 앞으로 행하실 일로 인해 하나님을 예배할 수 있다는 사실은 우리에게 큰 위안을 준다. 우리의 예배는 단지 뒤를 돌아보거나 주위를 둘러보는 것이 아니다. 이것은 또한 앞을 바라보는 것이다. 우리는 견디기 어려운 현재의 상황 가운데서도 하나님이 미래에 능하신 일을 행하실 것이라는 기대 가운데 그분을 예배한다.

하나님이 장차 행하실 일로 인해 그분을 예배한다는 이 주제는 요한계시록 전반에 걸쳐 나타난다. 5장은 하나님의 백성을 나라와 제사장으로 삼으신 예수를 예배한다. 그들은 미래에 하나님을 섬기며, 그와 함께 다스릴 것이다. 11장에서는 일곱 번째 나팔소리가 날 때 하늘에서 큰 음성이 "세상 나라가 우리 주와 그리스도의 나라가 되어"(11:15)라고 선포하며, 이로 인해 이십사 장로는 영원한 통치를 시작하시는 하나님을 예배한다.

미래에 하나님이 행하실 가장 놀라운 일은 우리가 상상하는 것보다 훨씬 더 인격적인 것이다. 그것은 실제로 거행되는 결혼식이다. 결혼이란 이미지는 그분의 백성을 향한 하나님의 언약적 사랑과 그들과 함께 영원히 살기 원하시는 하나님의 열망을 생생하게 나타낸다.

요한계시록은 예수를 신랑으로 묘사하고, 교회를 신부로 묘사한다 (19:7; 21:2, 9; 22:17). 19장은 어린양과 교회의 혼인을 성사시키시는 하나님께서 찬양받으실 것을 보여준다. "할렐루야! 주 우리 하나님, 곧 전능하신 이가 통치하시도다. 우리가 즐거워하고, 크게 기뻐하며, 그에게 영광을 돌리세. 어린양의 혼인 기약이 이르렀고, 그의 아내가 자신을 준비하였으므로"(19:6-7).

나는 1982년에 한 멋진 여성과 결혼해서 지금까지 함께 살고 있는데, 이것은 멋진 일이다. 결속력이 강한 결혼은 아마도 하나님이 우리와 맺고 싶어 하는 깊은 사랑의 관계를 표현하는 최고의 그림일 것이다. 그러나 심지어 이러한 관계가 최상의 상태에 있을 때에라도, 우리를 향한 하나님의 무한한 사랑에 비하면, 이것은 바다에 있는 한 방울의 물에 불과하다. 우리를 사랑하시고 우리와 함께 있기를 원하시므로 하나님은 우리를 위해 아름답고도 영광스러운 미래를 계획하셨다. 바로 이것이 그분이 마지막으로 행하실 놀라운 일이 될 것이며, 우리는 우리에게 주신 그분의 약속으로 인해 그를 예배한다.

예배, 악을 물리치신 하나님의 승리에 대한 화답

당신은 선한 이들이 악한 이들을 이기고, 선이 악을 이기는 서사적인 영화의 결말을 보고 기뻐해본 경험이 있는가? 우리의 마음속 깊은 곳에는 진실과 정의가 승리하고, 올바른 것이 잘못된 것을 이기며, 선이 악을 이기는 것을 보기 원하는 욕망이 있다. 놀랍게도 요한계시록에서 하나님을 예배하는 가장 중요한 이유 중 하나가 바로 그분이 이런 일을 가능하게 하시는 존재라는 것이다.

하나님이 자신의 영원한 통치를 시작하실 때 장로들은 엎드려 경배하며 악한 자를 심판하시는 하나님께 감사를 드린다.

> 감사하옵나니, 옛적에도 계셨고, 지금도 계신 주 하나님, 곧 전능하신 이여! 친히 큰 권능을 잡으시고 왕 노릇 하시도다. 이방들이 분노하매, 주의 진노가 내려 죽은 자를 심판하시며, 종 선지자들과 성도들과 또 작은 자든지 큰 자든지 주의 이름을 경외하는 자들에게 상주시며, 또 땅을 망하게 하는 자들을 멸망시키실 때로소이다 하더라(11:17-18).

요한계시록 15장에서는 승리한 이들에게 거문고가 주어지고, 그들은 새 노래 곧 그들을 구해주신 하나님을 예배하는 노래를 부른다. "주 하나님, 곧 전능하신 이시여! 하시는 일이 크고 놀라우시도다. 만국의 왕이시여! 주의 길이 의롭고 참되시도다. 주여! 누가 주의 이름을 두려워하지 아니하며 영화롭게 하지 아니하오리이까? 오직 주만 거룩하시니이다. 주의 의로우신 일이 나타났으매 만국이 와서 주께 경배하리이다 하더라"(15:3-4). 하나님의 백성의 축하 행사에는 원수를 정복하신 하나님에 대한 찬양도 포함된다. 하나님은 승리하시고, 우리는 그분의 승리를 찬양한다!

만약 악을 멸하시는 하나님을 찬양하는 것이 당신에게 다소 생소하거나 거부감을 준다면 아마도 그것은 우리 문화권에 속한 대다수 그리스도인이 박해를 받지 않기 때문일 것이다. 오직 악이 주는 공포에 익숙한 이들만이 그 공포로부터 구해주시는 하나님을 찬양하게 될 것이다.

하나님은 악을 심판하시는데, 그의 심판은 항상 참되고 정의로우시다(16:5-7). 어두움의 세력은 결코 승리할 수 없다. 그들은 하나님의 백성에게 해를 입히고 무사히 빠져나갈 수 없다. 이 악한 세력들은 모두를 속이고, 조작하고, 학대하고, 죽음을 가져다준다. 그러나 오래가지는 못한다. 요한계시록은 우리 하나님이 악을 멸하시는 하나님임을 찬양하라고 가르친다. 18장에서 이교도 세력의 거대한 중심을 상징하는 도시 바벨론이 멸망한 후에 하나님의 백성은 하나님이 마침내 그 도시를 심판하셨으므로 즐거워하라는 명령을 받는다. "하늘과 성도들과 사도들과 선지자들아! 그로 말미암아 즐거워하라. 하나님이 너희를 위하여 그에게 심판을 행하였음이라"(18:20). 18:20의 즐거워하라는 명령은 우리 역시 곧이어 등장하는 할렐루야 합창에 동참하도록 준비시키는데, 거기서 하나님의 백성은 이 악한 도시를 심판하신 "야웨를 찬양한다"(히브리어 "할렐루야"[hallelu-jah]).

"할렐루야! 구원과 영광과 능력이 우리 하나님께 있도다. 그의 심판은 참되고 의로운지라. 음행으로 땅을 더럽게 한 큰 음녀를 심판하사 자기 종들의 피를 그 음녀의 손에 갚으셨도다" 하고 두 번째로 "할렐루야" 하니 그 연기가 세세토록 올라가더라. 또 이십사 장로와 네 생물이 엎드려 보좌에 앉으신 하나님께 경배하여 이르되 "아멘 할렐루야" 하니(19:1-4).

하나님은 찬양을 받으시기에 합당하신 분이다. 왜냐하면 그분의 심판은 공정하고 의로우신 성품으로부터 나오기 때문이다(참조. 3:7; 15:3; 16:7)). 그분은 악을 참아주고 간과하지 않았으며, 고난당하는 자신의 백성을 구원하는 일에 결코 실패한 적이 없다. 결국 6:10의 울부짖음은 응답을 받았다. "참되고 거룩하신 대 주재여! 땅에 거하는 자들을 심판하여 우리 피를 갚아주지 아니하시기를 어느 때까지 하시려 하나이까?"(참조. 16:6-7; 시 70:1) 간음하고 타락한 음녀에 대한 하나님의 심판은 정의롭고, 단호하며, 최종적이다(참조. 14:11; 사 34:8-10).

예배란 하나님이 악을 물리치실 때 기뻐하는 것이지만, 이것은 복수하고자 하는 욕망을 채우거나 악한 이들의 고통을 즐거워하는 것과는 다르다. 하나님은 그를 거부하는 사람들이 그에게로 다시 돌아오기를 원하신다. 그러나 그들은 종종 이를 거부한다(참조. 3:3, 19; 9:20-21; 16:9, 11). 사람들이 반항할 때 하나님의 마음은 찢어지신다. 그럼에도 우리가 여기서 기뻐하는 것은 악에 대한 하나님의 승리와 고난을 당하는 자신의 백성을 향한 그분의 신실하심 때문이다. 하나님은 마침내 억울함을 풀어달라는 그들의 기도에 응답하셨다(6:9-11). 악은 결코 승리하지 못한다! 이것은 당연히 찬양받아 마땅하다.

당신은 현재 어떤 종류의 악과 직면하고 있는가? 불의, 학대, 조롱, 중독, 질병, 배신, 혹은 사랑하는 이의 죽음 중 어느 것인가? 당신이 드리는 예배의 일부는 언젠가 모든 악을 완전히 멸하실 하나님을 찬양하는 것이 될 수 있다.

예배, 총체적인 화답

요한계시록은 왜 우리가 예배해야 하는지를 가르쳐줄 뿐만 아니라 우리가 어떻게 예배해야 하는지도 가르쳐준다. 이 책에서 "예배"에 대한 가장 중요한 용어 중 하나는 "엎드리다"(그리스어 "프로스퀴네오"[*proskyneō*])다. 이는 일반적으로 고대 사회에서처럼 요한계시록에서도 예배가 사람의 신체적 자세와 연관이 있기 때문이다. 예배는 예배의 대상에게 겸손과 존경을 표현하기 위해 엎드리거나 무릎꿇는 것을 의미했다. 요한은 두 차례나 천사들 앞에 무릎을 꿇었지만, 천사들은 그를 책망하며 오히려 그에게 "하나님을 예배하라"고 말했다(19:10; 22:8-9). 다시 말하면 천사들은 요한이 무릎꿇은 것을 예배로 해석한 것이다.

우리는 모든 사람이 알아들을 수 있도록 몸의 언어를 통해 우리가 무엇을 믿는지, 그리고 하나님을 예배하는 것에 대해 어떻게 생각하는지를 말한다. 내가 단정치 못하고 축 처진 자세로 있거나 팔짱을 끼고 있을 때 나는 지금 드려지고 있는 예배에 관심이 없음을 보여준다. 다른 이들은 산만한 몸짓으로 통제 불가능한 감정을 드러냄으로써 예배에 대한 각자의 신념을 나타낼 수 있다. 우리는 몸의 언어로 온갖 종류의 신호를 보낸다. 요한계시록은 우리의 몸을 통해 주님께 대한 순수하고도 진심 어린 마음으로 진정성 있는 예배를 드릴 것을 촉구한다. 우리는 온 우주를 다스리는 하나님을 예배하는 것이므로 지루한 강의를 듣거나 일요일 오후에 골프 시합을 시청하듯이 느슨한 태도로 예배드리는 것은 결코 바람직하지 않다.

2009년 가을, 나는 영국 케임브리지에 있는 틴데일 하우스(Tyndale House)에서 한 달을 보냈다. 나는 에덴 침례교회에서 정기적으로 예배를 드렸으며, 거기서 예배드리는 것을 좋아했다. 에덴 교회에서 드린 첫 예배에서 나는 모든 사람이 열렬히 찬송을 부르는 것에 크게 놀랐다. 정말로 모두 다 그랬다. 내 경험상 미국 다수의 복음주의 교회에서 부르는 찬송은 산발적이며 무기력하다. 영국의 성도들은 그렇지 않았다. 이 그리스도인들은 자신이 속한 문화에 숫자적으로 밀려 매주 동료 신자들과 함께 모여 목청을 다해 하나님을 찬송하지 않으면 안 된다는 듯이 절실함을 가지고 한 사람도 빠짐없이 모두 찬송을 불렀다.

예배란 찬송을 부르는 것 그 이상이다. 그러나 요한계시록에서는 예배가 찬송을 통해 이루어진다. 이 책에는 다수의 찬송(또는 찬송의 일부)이 나온다(참조. 4:8-11; 5:9-14; 7:10-12; 11:15-18; 12:10-12; 15:3-4; 16:5-7; 19:1-5, 6-8). 이 찬송들은 예배의 표현으로서 항상 하나님 혹은 예수 그리스도께 드려진다. 찬송을 부르는 자 중에는 요한, 네 생물, 이십사 장로, 다른 천사들, 하나님의 백성, 다른 하늘의 소리, 모든 피조물 등이 모두 포함된다. 이것은 거의 모든 사람을 포함하는 것이다. 이들은 이 찬송을 부르기도 하고, 말로 읊기도 하고, 소리치기도 하며, 엎드려서 부르기도 하고, 울부짖기도 하고, 악기를 연주하기도 했다. 이 찬송은 송영, 찬양, 아멘, 승리 찬송, 감사 찬양 등 다양한 형태로 이루어진다. 이 찬송은 하나님과 어린양의 성품(예. 거룩, 영광, 능력, 힘, 지혜)과 능하신 행위(창조, 도살당함, 구원, 심판, 상 주심, 악 물리침)를 찬양한다.[8]

우리는 예배 중 찬송을 부를 때 하나님이 어떤 분이신지에 대한 믿음과, 그분이 행하신 모든 일에 대한 우리의 믿음을 고백한다. 우리는 또한 하나님께 대한 우리의 소망과 그분이 앞으로 행하실 모든 일에 대한 소망도 함께 고백한다. 노래로 예배하는 것은 우리가 무엇을 믿고 있는지를 상기시킨다. 그것은 우리의 주의를 집중시키고, 가장 중요한 것에 우리의 사랑이 집중되도록 만든다. 그것은 우리가 어려운 시간을 잘 견뎌내도록 만든다. 그것은 우리를 강하게 만들고, 우리에게 용기를 준다. 그것은 두려움을 신앙으로 바꾼다. 그것은 어두움과 사탄을 물리친다. 그것은 우리가 계속 살아가도록 해준다. 우리는 우리 주님을 찬양할 때 비로소 다름 아닌 천국의 언어를 말한다.

---

8   참조. J. Scott Duvall, *Revelation*, Teach the Text Commentary Series (Grand Rapids: Baker Books, 2014), 120.

결론

로마 제국에서 사람들이 로마 황제를 찬양하는 노래를 불렀지만, 황제를 예배하는 데 사용된 음악은 요한계시록이 묘사한 참되고 한 분이신 하나님을 예배하는 것에는 결코 비교할 수 없다. 예배는 하나님이 행하신 일과 그의 성품에 대한 우리의 가장 친밀하고도 경건한 화답이다. 다른 중요한 것은 모두 멈출지라도 예배는 영원토록 지속될 것이다.

요한계시록은 예배에 관해 다섯 가지 중요한 사실을 가르쳐준다. 첫째, 예배는 천국의 심장박동이다. 요한계시록은 천국을 묘사할 때 주로 천국의 주요 행위인 예배에 초점을 맞춘다. 둘째, 우리는 하나님의 존재 자체를 예배해야 한다. 하나님은 하나님이시며, 거룩하시고 최고의 주권을 갖고 계신 창조주이시자 우주의 중심이시다. 오직 그분만이 우리의 예배를 받기에 합당하시다. 셋째, 우리는 하나님의 존재 때문만이 아니라 그분이 행하신 모든 일과 그분이 장차 우리를 위해 행하실 일로 인해 그분을 예배한다. 넷째, 우리는 하나님이 악을 심판하시고 멸하시므로 그분을 예배한다. 다소 놀랍게도 요한계시록에서는 예배의 바로 이 측면이 강하게 부각된다. 다섯째, 예배는 우리의 적절한 태도(하나님을 경외하는)와 행위(찬송하며 엎드리는)를 수반하는 우리의 온전하고 총체적인 응답을 요구한다. 우리가 예배를 위해 창조되었고 앞으로도 계속 예배를 드릴 것이므로 우리는 예배에 대한 올바른 이해를 얻기 위해 요한계시록이 절실히 필요하다.

결론적으로 예배는 우리가 하나님을 얼마나 사랑하며 또한 하나님이 모든 실재의 참된 중심이 되신다는 사실을 인식하고 있음을 고백하는 것이다. 우리는 예배에 실패할 때 초점을 잃고, 두려워하며, 놀라고, 이 세상의 힘에 흔들리는 이기적인 사람이 된다. 우리는 예배를 통해 모든 것이 하나하나 제자리를 찾아가고 다시 온전해진다. 예배를 통해 우리는 우리 자신이 삶의 중심이 되려는 욕망을 버리고, 사랑받는 피조물이라는 올바른 자리를 찾아간다. 예배할 때 우리는 비로소 우리의 참 모습을 발견할 수 있으며, 오직 하나님 안에서만 우리의 불안함이 멈추고 참된 안식을 누린다.

1. 당신이 가장 선호하는 예배의 정의는 무엇인가? 예배에 관해 요한계시록에서 읽은 내용이 당신의 예배에 대한 이해를 어떻게 향상시켰는가?

2. 나는 본장에서 우리가 스포츠를 어떻게 예배하는지에 대해 언급했다. 우리 문화에서 무가치하지만 우리의 예배 대상이 되는 것은 무엇인가?

3. 예배가 천국의 심장박동이라는 사실이 당신을 흥분시키는가, 아니면 실망시키는가? 다시 말하면 당신은 우리가 영원히 찬송을 부를 것이라고 생각하는가? 그렇다면 그 이유가 무엇이며, 그렇지 않다면 왜 그런가?

4. "현재 우리가 드리는 예배의 질(quality)은 궁극적으로 하나님에 대한 우리의 시

각(vision)의 선명도를 좌우한다." 당신은 이 진술에 대해 어떻게 생각하는가?

5. 우리가 하나님의 하나님 되심, 그분이 행하신 일, 그리고 장차 행하실 일로 인해 그분을 예배한다는 것을 알고 난 후 당신의 예배는 어떻게 깊어졌는가?

6. 요한계시록은 악을 멸하시는 하나님을 찬양하는 것을 대단히 중요하게 여긴다. 당신은 이것에 대해 어떻게 생각하는가?

7. 당신의 몸 언어는 당신이 예배에 대해 믿고 있는 바에 관해 무엇이라고 말하는가? 정말로 열정적인 예배를 드리기 위해 당신에게 필요한 것이 있다면 그것은 무엇인가?

....

핵심 구절: 요한계시록 4:11; 5:9 - 14; 11:15 - 19; 19:1 - 8
참고 본문: 요한계시록 15장, 19장

3장
하나님의 백성

"하나님께서 부르시고 택하신
그분의 신실한 추종자들"

요한은 예수 그리스도의 신실한 증인이라는 이유로 로마 정부에 의해 밧모라는 작은 섬에 유배되었다(1:9). 나는 밧모섬에 가본 적이 있다. 이 섬은 넓은 바다 한 가운데 위치한 아주 작은 섬이다. 그렇기 때문에 나는 요한이 그곳에서 얼마나 고립감을 느꼈으며, 자신이 얼마나 쓸모없는 사람으로 느껴졌을지 어느 정도 짐작할 수 있다. 그럼에도 그는 어느 일요일에 나팔과 같은 소리가 그가 곧 보게 될 것을 두루마리에 써서 소아시아에 있는 일곱 교회에게 보내라고 말하는 것을 들었을 때에도 하나님을 신실하게 예배하고 있었다. 이러한 일련의 환상이 바로 요한계시록이란 책이 되었다. 또한 이 환상들은 주로 이 교회들을 위한 것이었지, 요한을 위한 것이 아니었음을 주목하라. 그는 이 교회에 메시지를 전달하는 하나님의 예언자적 도구였다. 일곱이라는 숫자(요한계시록에서는 완전함을 상징함)는 이 교회들이 모든 교회를 상징함을 말해준다. 요한계시록에 등장하는 환상은 모든 하나님의 백성을 위한 것이다.

하나님께서 그의 백성이 이 책을 제대로 이해하기를 원하시는 이유 중 하나가 바로 이 책이 우리에 관해 많은 것을 가르쳐주기 때문이다. 요한계시록에서 그리스도인은 종, 제사장, 형제, 환난 가운데 함께한 자, 교회(들), 신실한 증인, 성도, 인치심을 받은 자, 십사만 사천, 큰 무리, 어린양을 따르는 자, 첫 열매, 내 백성, 신부 등 수많은 이름으로 불린다. 성경에서 하나님의 백성에 관해 이렇게 많은 것을 가르쳐주는 책은 없다. 이 주제는 우리로 하여금 영적인 거울을 잘 들여다보고 "우리는 하나님의 백성으로서 어떤 사람이며, 이 세상에서 어떻게 살아야 하는지"에 대한 질문에 답하기 위해 자신의 마음속을 들여다보게 한다.

어려움 가운데서도 신실하게 살기

초기 교회에 대한 우리의 이상적인 그림과는 달리 완벽한 교회는 단 하나도 없었고, 각기 다양한 문제와 어려움을 안고 있었다. 그들도 우리와 똑같은 사람이었다. 요한계시록 1장에 등장하는 요한의 환상에서 그는 일곱 교회를 상징하는 일곱 촛대 사이로 거니시는 예수를 본다. 예수는 대다수의 교회를 칭찬하지만, 모든 교회가 다 칭찬을 받은 것은 아니다. 또한 그는 많은 교회의 죄를 책망하시고 경고하신다. 오늘날의 신자들처럼 이 교회의 신자들에게도 문제점이 있었다. 그들의 사랑은 점차 식어가고 있었다. 그들은 우상숭배와 음행에 굴복하고 있었다. 그들은 거짓된 가르침을 돈을 주고 샀으며 위선자처럼 행동했다. 그들은 무관심이라는 영적 바이러스에 감염되어 있었다. 나는 이것이 우리가 초기 교회에 대해 항상 들어왔던 것과는 사뭇 다르다는 것을 잘 알고 있다. 그러나 이것은 예수의 입에서 직접 나온 실상이다. (요한계시록의 저자가 요한이긴 하지만, 그는 1:17-3:22에서 예수의 말씀을 기록한다.) 이들 중 많은 신자는 신실하게 살기 위해 갈등을 겪고 있었다.

하나님의 백성은 언제나 어두움의 세계로부터 유혹을 받는다. 우리는 영적 전쟁을 치르고 있다. 누구나 다 갈등한다. 우리는 세상에 굴복하라는 유혹을 받는다. 왜냐하면 이 세상은 편안함과 즐거움과 권세를 약속하기 때문이다. 또한 우리는 이 세상의 힘 있는 지도자들과 체계로부터 압력은 물론, 심지어 위협까지 받는다. 이러한 유혹은 자기만족을 위한 미끼일 뿐 아니라 때로는 위험한 덫이 되기도 한다. 어떤 사람이 어떤 종류이든지 간에 지상의 제국에 자기 영혼을 팔면 그 제국은 더 이상 그에게 신의를 지키지 않으며, 결국에는 그들에게 등을 돌리고, 그들을 이용하려 할 것이다.

이교도 세력의 중심인 바벨론은 다음과 같은 구체적인 네 가지 죄를 범한다. (1) 우상숭배를 통해 하나님을 거부한 죄, (2) 음행을 조장한 죄, (3) 자신의 번영을 위해 다른 사람들과 나라들을 이용한 죄, (4) 예수 그리스도를 따르는 자들을 학대하고 심지어 죽인 죄(17:1-6을 보라).

그렇다면 그리스도인들은 왜 자신을 유혹하고 마침내 학대할 바벨론의 편에 서기를 원했을까? 이것은 아주 좋은 질문인데, 사실 그런 일은 이미 과거에도 일어났고, 지금도 일어나고 있다. 왜 사람들이 결국 자신에게 해를 끼칠 세력에게 동조하는지는 수수께끼다. 간단히 답하자면 우리는 망가진 세상에 살고 있고, 우리의 원수들은 우리를 속이고 꾀는 데 명수다. 죄는 근본적으로 거짓말에 속아 넘어가는 것이며, 이 미혹하는 세력이 약속하는 거짓말은 모두 그것이 하나님이 우리에게 공급하시고 약속하신 것보다 훨씬 더 좋다는 것이다. 맞다. 죄는 어리석은 것이다.

하늘의 음성은 요한계시록 18:4에서 이렇게 명령한다. "내 백성아! 거기서[바벨론] 나와 그의 죄에 참여하지 말고 그의 받을 재앙들[하나님의 심판]을 받지 말라." 예언자 예레미야는 아주 오래전에 이와 아주 유사한 말을 했다. "나의 백성아! 너희는 그[바벨론] 중에서 나와 각기 여호와의 진노를 피하라"(렘 51:45). 물론 이 명령에 순종하는 것이 물리적인 분리를 수반할 수도 있지만 영적인 분리를 가리킬 개연성이 더 높다. 이교도 세력의 중심인 바벨론과의 관계를 끊으라는 이 명령은 거룩한 삶을 살라는 우리의 소명을 함축적으로 보여준다. 즉 우리는 이 세상의 악한 길에서 구별되어 우리 하나님께 대한 충성과 순종의 삶을 살도록 구별되라는 소명을 받았다.

우리는 갈등하는 사람들이다. 우리는 스포츠, 오락, 돈과 같은 거짓 신을 숭배하는 것과 구별되기 위해 갈등한다. 우리는 음행을 피하기 위해 갈등한다. 우리는 우리 자신을 만족시키고, 재산을 끌어모으기 위해 사람을 이용하지 않으려고 애를 쓴다. 우리는 어떤 방식으로든지 다른 신자에게 피해를 주지 않으면서 공동체 안에서 그들과 함께 살기 위해 애쓴다. 초기 그리스도인들처럼 우리의 삶도 엉망이다. 그러나 감사하게도 이것이 전부는 아니다. 우리 가운데 많은 이들은 (어쩌면 우리 대부분은) 예수를 신실하게 따라 살 것이다.

우리는 요한계시록 2-3장에서 예수가 일곱 교회를 얼마나 칭찬했는지 놓쳐서는 안 된다. 예수는 그들이 교리적 순수성을 지키고, 박해(예. 가난, 비방, 투옥)를 견디어내고, 세속적인 환경 속에서도 예수의 증인으로서 신실하게 살고자 노력하며, 성숙한 섬김의 삶을 사는 것에 대해 칭찬을 아끼지 않았다.

요한계시록에서 참된 신자들은 그들의 신실함에 의해 규정된다. 즉 하나님의 백성은 "하나님의 계명을 지키며 예수의 증거를 가진 자들"이며, "하나님의 계명과 예수에 대한 믿음을 지키는 자들"이다. 예수는 이 책에서 유일하게 이름이 명시된 순교자인 안디바를 "내 충성된 증인"이라고 부른다(2:13). 6장에서 심판을 위한 다섯 번째 인을 뗄 때 요한은 천상의 제단 아래에서 하나님의 말씀과 그들의 증언으로 인해 죽임을 당한 영혼들을 본다(6:9; 참조. 20:4). 그들은 하나님이 자신을 박해한 자들을 심판하길 기다린다. 요한도 그 많은 신실한 자들 가운데 하나다(1:9; 19:10; 22:9). 결국 어린양은 그의 원수들을 물리치고 승리할 것이며, 그의 백성 곧 "그의 부르심을 받고 택하심을 받은 신실한 자들"(17:14)과 동행할 것이다. 한 마디로 요약하면 하나님의 백성은 "어린양이 어디로 인도하든지 따라가는 자들"이다(14:4).

많은 사람들이 신실하게 살아갈 것이지만, 이러한 신실함은 저절로 생기는 것이 아니다. 우리는 언제나 유혹에 굴복하는 삶과 예수께 충성하는 삶 사이에서 갈등할 것이다. 우리는 이와 매우 흡사한 갈등을 요한계시록 전반에 걸쳐 발견한다. 이런 이유에서 예수는 일곱 메시지의 마지막 부분에서 승리한 자들에게 약속하신다. 끝까지 견디고 이겨낼 것인지, 그렇지 않을 것인지에 대한 선택은 우리의 몫이다. "승리하다"(그리스어 "니카오"[nikaō]는 "이기다" 또는 "정복하다"라는 뜻)는 원래의 독자들에게 매우 친숙한 단어였다. 그리스 여신 니케는 승리의 여신이었다. 이 여신은 흔히 승리의 상징인 종려나무 가지와 화관을 갖고 날아다니는 날개 달린 여인의 모습을 띠고 동전이나 또는 돌로 된 조각상에 새겨져 있었다.[1] 요한계시록에서 승리한다는 것은 어떤 대회에서 이기는 것을 의미하기보다는 끝까지 신실하게 남는 것을 의미한다. "니케" 그리스도인이 된다는 것은 신실한 그리스도인이 되는 것을 의미한다.

따라서 이 경기의 이름은 "오래 참음" 혹은 "인내"다. 요한계시록에서 "인내"(그리스어 "휘포모네"[hypomonē])라는 단어는 일곱 번 등장하는데(1:9; 2:2, 3, 19; 3:10; 13:10; 14:12), 이 단어는 우리의 소명과 직결되어 있다.[2] 우리는 하나님의 은혜로 경주를 계속해야 한다. 이것은 백미터 단거리 경주가 아니라 초장거리 마라톤이다.

승리의 비결은 12:11에 나와 있다. "또 우리 형제들이 어린양의 피와 자기들이 증언하는 말씀으로써 그를 이겼으니["승리

---

1   Mark Wilson, "Revelation," in *Zondervan Illustrated Bible Backgrounds Commentary*, edited by Cinton E. Arnold (Grand Rapids: Zondervan, 2002), 4:265.

2   요한계시록에 나타난 "인내"에 관한 더 자세한 논의는 본서 10장을 보라.

하다"(*nikaō*)라는 동일한 그리스어 사용], 그들은 죽기까지 자기들의 생명을 아끼지 아니하였도다." 우리는 그리스도가 십자가상에서 치르신 희생을 믿고, 고난이나 죽음을 직면한 상황에서조차 끝까지 신실하게 그리스도의 증인으로 살 때 어두움의 세력을 극복할 수 있다. 이겨내기 위해서는 생명이 다할 때까지 어린양을 따라가야 한다.

박해를 받으면서도 보호를 받는 백성

우리 그리스도인들은 때로는 남을 성가시게 하고 자기도취적인 성향으로 인해 불신자로부터 조롱을 받기도 한다. 이런 경우에 우리가 받는 비난은 예수와 우리의 관계와는 전혀 상관이 없다. 우리는 단지 불쾌하고 교제하기 힘든 사람일 뿐이다. 하지만 시대에 따라 상황은 전혀 다를 수 있다. 요한계시록이 기록될 당시 그리스도인들은 사악한 제국을 따르도록 압력을 받거나, 소외를 당하고, 경제적 어려움과 투옥 혹은 죽음까지도 감수해야 했다. 당대 그리스도인들은 각 지방 당국자들로부터 예배에 준하는 다양한 방식으로 로마 황제를 섬기도록 압력을 받았다. 그러나 이러한 행위에 참여한다는 것은 "예수는 주(主)시다"(참조. 2:13; 17:6; 18:24; 19:2)라는 그리스도인에게 가장 기본적인 신앙고백과 충돌을 일으키는 것이었다. 이런 행위에 참여하기를 거부하는 이들은 보통 사회적·경제적(그리고 아마도 신체적)으로 박해를 받았다. 요한계시록에는 하나님의 백성이 겪은 어려움과 사회의 적대적 분위기에 대한 언급이 자주 등장하지만, 그 원천은 명시되어 있지 않다(예. 1:9; 2:3; 6:9-10; 16:6; 20:4). 요한계시록은 당시 초기 그리스도인들이 처해 있던 상황이 절대로 좋지 않았고, 더욱 악화 일로에 있었다는 인상을 준다(3:10; 6:11; 12:11; 13:7, 10, 15).

오늘날 세계 도처의 그리스도인들이 초기 교회가 직면했던 것과 비슷한 압력과 저항을 경험하고 있다. 『박해받는 자: 그리스도인들을 향한 세계적인 공세』(*Persecuted: The Global Assault on Christians*)란 책의 저자인 폴 마샬, 리라 길버트, 니나 쉐아는 "그리스도인들은 오늘날 전 세계에서 가장 광범위하게 박해를 받는 단일 종교 집단"이라고 말한다.[3] 보다 구체적으로 말하자면 세계 도처에서는 현재 다음과 같은 것이 금지되어 있다(이것은 단지 샘플 목록임).

- 기독교로 개종하기
- 예배, 설교, 기도 등과 같은 평화적인 종교 활동을 위한 모임 갖기
- 기독교 신앙에 대해 자유롭게 말하기
- 성경을 포함한 종교 서적을 배포하거나 소유하기
- 자녀에게 예수를 따르라고 가르치기

---

3 Paul Marshall, Lela Gilbert, and Nina Shea, *Persecuted: The Global Assault on Christians* (Nashville: Nelson, 2013), 4, 목록과 그에 따른 대가는 6-7을 보라.

만약 어떤 사람이 위에 나열한 것 중 어떤 하나를 행하다가 적발되면 그 사람은 체포되어 심문을 받고, 벌금형에 처해지고, 강제 노동 수용소 또는 교도소로 보내지거나, 강제 이주를 당하거나, 고문을 당하거나, 노예가 되거나, 최악의 경우에는 사형에 처해질 수도 있다.

이러한 사실은 "세상은 왜 교회를 미워할까"라는 질문을 하게 만든다. 요한계시록 12장은 이 질문에 대한 답을 준다. 12장에서는 어떤 여자가 아들(예수)을 낳는다. 이 여자는 예수의 어머니 마리아가 아니다. 왜냐하면 12:17에는 모든 사람을 가리키는 "그 여자의 나머지 자손"에 관한 언급이 나오기 때문이다. 그 여자는 메시아인 예수 그리스도를 낳은 하나님의 백성 공동체를 상징하는 것으로 보인다. 붉은 용(사탄)은 그 아이가 태어날 때 죽이려 하지만 실패하고 만다. 그 아이는 보호를 받고, 결국 하나님이 앉아 계신 하나님의 보좌로 올라간다. (이 이야기는 예수의 삶과 죽음과 부활을 암시하지만 이를 서술하지는 않는다.) 한편 하늘에서는 전쟁이 일어나고, 천사장 미가엘은 사탄을 무찌르며, 사탄은 이제 지상으로 쫓겨난다. 하늘에서는 사탄이 멸망한 것을 기뻐하지만, 이제 땅에서는 하나님의 백성이 맹렬한 분을 내뿜는, 상처 입은 원수와 맞서야 하기 때문에 애통해한다. 사탄은 남자 아이 예수를 없애는 데 실패했으므로 그 여자의 나머지 자손들—하나님의 계명을 지키며 예수에게 계속 신실하게 남아 있는 자들(즉 교회)—에게 자신의 분노를 폭발시킨다(17절). 따라서 우리는 요한계시록 12장에서 세상이 교회를 미워하는 모습을 본다. 그 이유는 우리가 이 세상의 왕자인 마귀와 영적 전쟁을 치르는 예수의 추종자이기 때문이다(요 12:31; 16:11).

　이런 이야기들은 우리에게 섬뜩하게 들릴 수 있지만, 다행인 것은 우리가 우리의 영적 원수들을 두려워하며 살거나 그들이 받게 될 하나님의 심판을 무서워할 필요가 없다는 것이다. 우리는 박해를 받는 사람일 수 있지만, 또한 보호를 받는 사람이기도 하다. 요한계시록 6장은 장차 도래할 하나님과 어린양의 진노에 관한 경고와 더불어 "그들의 진노의 큰날이 이르렀으니 누가 능히 서리요?"(6:17)라는 질문으로 끝을 맺는다. 요한계시록 7장은 바로 이 질문에 오직 살아 계신 하나님의 인을 가진 자만이 악을 심판하시는 하나님의 진노를 피할 수 있다고 답변한다. 신자들은 박해를 받을 수 있지만 절대로 하나님의 진노의 대상이 되지 않을 것이다. 사도 바울은 다음과 같이 말한다. "그러므로 이제 그리스도 예수 안에 있는 자에게는 결코 정죄함[하나님의 진노 또는 심판]이 없"다!(롬 8:1)

　요한계시록 7장에서 하나님은 그의 종들(모든 신자)에게 "살아 계신 하나님의 인"을 치신다(7:2-8). 고대 세계에서는 두루마리를 말아서 줄로 묶은 후 그 줄을 제자리에 고정시키기 위해 뜨거운 밀랍을 붓고, 그 위에 표식을 남기기 위해 인장 반지로 봉인을 한다. 이렇게 찍힌 도장은 이것이 진짜 서류이며, 정말로 주인이 보내는 것이며, 그 안의 메시지가 법적으로 신뢰할 만한 것임을 보여준다. 하나님은 그의 백성을 그의 영으로 인 치심으로써(고후 1:22; 엡 1:13; 4:30을 보라) 우리를 보호할 것을 약속하셨다. 그는 자신의 소유권을 나타내는 인으로 우리에게 도장을 찍으셨다. 우리는 진실로 그분의 백성이며, 그 어떤 것도 우리를 주님으로부터 끊을 수 없다.

　이 모든 것이 의미하는 바를 정리하자면 다음과 같다. 하나님은 우리를 물리적인 박해나 고난으로부터 면제해줄 것을 약속한 적은 없지만, 우리가 하나님의 진노와 심판을 결코 받지 않을 것임을 약속하셨다. 그분은 우리가 악한 세력에 영적으로 패하지 않도록 우리를 인치셨다. 하나님의 영은 우리가 끝까지 그리스도에게 충성하도록 우리에게 능력을 주셨다. 우리는 사탄이나 마귀나 악을 두려워할 필요가 없다. 요한1서 4:4은 다음과 같이 말한다. "너희 안에 계신 이[성령]가 세상에 있는 자[사탄]보다 크심이라." 심지어 두려움과 의심이 우리를 공격해 올 때에도 우리는 우리가 그리스도에게 속해 있고, 하나님이 영원토록 우리를 인 치셨다는 것을 알고 있다. 성령 하나님은 하나님이 우리 안에서 시작하신 것을 온전히 이루실 것임을 약속하는 우리의 보증이다(고후 5:5; 엡 1:14). 극심한 영적 갈등 속에서도 우리는 우리가 하나님께 속하였고, 장차 예수께서 재림하여 우리에 대한 소유권을 주장하실 때까지 우리를 보호하실 것을 알고 있다(빌 1:6). 우리는 승리하도록 부르심을 받았지만, 우리의 인내는 살아 계신 하나님의 인 곧 성령의 능력을 통해 우리의 삶속에서 실제로 역사하시는 하나님의 은혜에 뿌리를 두고 있다. 우리는 박해를 받지만 보호 또한 받는다.

예언자적 사명을 가진 백성

우리가 요한계시록에서 고난당하는 그리스도인들에 대해 읽고, 오늘날 박해를 받는 교회에 관해 들으면 때로는 예수의 재림 때까지 어디론가 도망쳐 숨어버리고 싶을 때가 있다. 물론 우리가 논란이 되는 발언을 하거나 혹은 별로 인기 없는 하나님의 진리 편에 서지 않는다면 우리는 결코 큰 어려움에 처하지 않을 것이다. 물론 우리는 조심할 수 있다. 우리는 기독교 신앙으로 다른 사람의 기분을 상하게 하지 않을 수 있고, 쓸데없는 논란을 피할 수도 있다. 그러나 이런 비슷한 상황에 처할 때마다 항상 누가복음 6:26에 나타난 예수의 말씀이 나를 사로잡았다. "모든 사람이 너희를 칭찬하면 화가 있도다. 그들의 조상들이 거짓 선지자들에게 이와 같이 하였느니라." 예수의 이 말씀은 문맥을 무시하고 인용되기 쉽다. 우리는 그렇게 하지 않도록 주의해야 한다. 그러나 요한계시록이 명확히 밝히는 것이 한 가지 있다. 하나님의 백성은 위축되어 뒤로 물러서서 숨고 항상 안전을 꾀해서는 안 된다는 것이다. 하나님은 우리에게 담대함과 용기를 요구하는 사명을 주셨다.

하나님이 그의 백성에게 주신 사명은 그의 구속사 즉 예수 그리스도의 삶과 죽음과 부활이 중심이 되어 백성을 구원하고, 악을 멸하며, 피조물을 다시 새롭게 하는 것으로 마무리되는 이야기를 증언하는 것이다. 요한계시록 11장은 이 사명에서 중요한 역할을 담당하는 두 증인에 관해 이야기한다. 이 장은 아마도 책 전체에서 가장 해석하기 어려운 난해한 본문일 것이다. 그러나 요점은 이 두 증인이 바로 증언하는 교회를 상징한다는 것이다.[4] 이 증인들의 사명은 옛 예언자들처럼 담대하고 확실하게 하나님의 진리를 삶으로 보여주고 전하는 것이다. 하나님은 그들이 사명을 완수하도록 그들에게 힘과 능력을 주신다. 그들은 영적으로 보호를 받았지만, 그들의 사명을 수행하는 과정에서 박해와 심지어 순교까지 면제받은 것은 아니었다. 하나님은 산 자의 하나님이시자 죽은 자들 가운데서 다시 일으키시는 하나님이시기 때문에 심지어 죽음조차도 이 증인들을 이길 수 없다.

오늘날 "순교자"(martyr)라는 단어는 그리스도를 위해 죽는 것을 가리키지만, 요한계시록이 쓰일 당시 그리스어 "마르튀리아"(*martyria*)와 "마르튀스"(*martys*)는 단순히 "증인"(witness) 또는 "증언"(testimony)을 의미했다. 요한계시록에서 이런 단어들은 믿음을 위해 목숨을 바친 그리스도인들과 연관되어 있다(예. 2:13; 17:6). 다시 말하면 예수께 변함없이 신실하다는 것은 신실한 증인이 되는 것과 직결되어 있으며, 신실한 증인이 되는 것은 하나님이 우리에게 주신 사명의 핵심이다.

우리에게는 열정적으로 참여할 수 있는 수많은 "기독교" 사역이 있다. 그리고 그중 다수는 하나님의 이야기를 삶으로 살고 전하는 우

---

4 요한계시록 11장에 관한 상세한 내용은 다음을 보라. J. Scott Duvall, *Revelation*, Teach the Text Commentary Series (Grand Rapids: Baker Books, 2014), 148-53. 보다 더 상세한 내용은 나의 친구의 우수한 저서를 보라. Rob Dalrymple, *Revelation and the Two Witnesses* (Eugene, OR: Wipf & Stock, 2011).

리의 사명과 맥을 같이한다. 그러나 이 중 일부는 우리가 사명으로부터 멀어지게 만들기도 한다. 우리는 가끔씩 스스로에게 중요한 질문을 던져야 한다. 내가 하는 모든 일에 있어 나는 과연 정말 하나님이 주신 사명에만 집중하고 있는가? 좋은 일이긴 하지만 그럼에도 핵심을 놓치게 만드는 것이 나에게 있는가? 하나님의 이야기를 삶으로 살고 전하는 일에 어떻게 더욱 몰두할 수 있는가? 나는 용기 있게 사명을 감당하면서 고난을 당할 것도 예상하는가? 선교적인 삶을 살면서 나는 하나님의 힘과 능력을 의지하고 있는가?

수년 전 나는 뉴욕 타임스 베스트셀러인 로라 힐렌브랜드의 『언브로큰』(Unbroken)을 읽은 적이 있다. 이 책은 제2차 세계대전 때 총상을 입은 후 바다에서 표류하다가 일본군 포로수용소에 끌려가 무서운 고통을 당한 올림픽 선수이자 전쟁 영웅인 루이스 잠페리니(Louis Zamperini)에 관한 이야기다. 나중에 안젤리나 졸리가 감독한 같은 제목의 영화도 좋지만, 이 영화는 전체 이야기를 다루지는 않는다. 종전 이후 잠페리니는 자신을 억류했던 자들과 악몽, 알코올 중독, 난폭한 성격, 그리고 실패한 결혼으로 인해 고통스런 나날을 보냈다. 1949년에 그의 아내 신시아는 로스앤젤레스에서 빌리 그레이엄 전도 집회에 참석하게 되었고, 거기서 그녀는 처음으로 복음을 듣고 그리스도께 나오게 되었다. 그녀는 회심 이후 이전에 준비했던 이혼 서류를 찢어버렸고, 루이스를 설득해 같은 전도 집회에 참석할 것을 권했다. 빌리 그레이엄의 설교를 처음 듣고 루이스는 그냥 밖으로 나갔다. 그러나 며

칠 후 루이스는 다시 참석해 분명하게 선포되는 복음을 들었고, 자신의 마음을 그리스도께 드렸다. 그의 삶은 변화되었다. 악몽, 알코올 중독, 난폭한 성격, 긴장된 관계 등 모든 것이 차츰씩 사라지고, 그는 그리스도를 위해 살기 시작했다. 그는 심지어 그를 학대했던 일본인들과도 화해하려고 노력했다. 루이스 잠페리니와 그의 아내는 그레이엄이 설교한 복음으로 말미암아 변화되었다. 빌리 그레이엄은 복음 사역자로서 예수 그리스도의 이야기를 삶으로 살아내고 전하는 그의 핵심 사명을 결코 놓치지 않았다.

하나님은 우리도 이 사명에 동참하도록 부르셨다. 왜냐하면 하나님은 사람들을 사랑하시고, 더 많은 사람이 영원한 시간을 그와 함께하기를 원하시기 때문이다. 요한계시록 전반에 걸쳐 족속들은 하나님의 구원 메시지를 듣는다. 다수는 하나님의 제안을 거부하고 심판을 받지만, 일부는 이에 긍정적으로 반응하고 하나님 나라에 들어간다(5:9; 7:9; 15:4; 21:24-26; 22:2). 대위임령(Great Commission)은 예수가 모든 민족을 제자로 삼는 일에 그의 백성을 부르는 것이다(마 28:18-20). 성령은 하나님의 이야기를 우리가 삶으로 보여주고 전할 수 있도록 힘을 주신다. 왜냐하면 하나님은 모든 민족을 사랑하시기 때문이다. 예수는 "잃어버린 자를 찾아 구원하기 위해" 오셨다(눅 19:10). 나는 우리가 창조주이신 하나님과의 올바른 관계를 절실히 필요로 하는 사람들에게 더 큰 관심을 갖게 되기를 기도한다.

하나님의 임재 앞에 서게 될 다문화적 큰 무리

오늘날 미국 교회에서 들을 수 있는 가장 커다란 거짓말 가운데 하나는 말세를 사는 그리스도인들은 어떠한 박해나 시련도 피할 수 있다는 것이다. 우리는 이런 사상을 그리스도인들이 박해와 시련에 직면하게 될 것이라고 분명히 밝히는 요한계시록에서 얻는 것이 아니라 대중 소설이나 할리우드 영화로부터 얻는다.[5] 말세는 사실 예수와 함께 이미 시작되었고, 그 이후로부터 그리스도인들은 줄곧 박해를 경험해왔다. 그러나 동시에 요한계시록은 하나님의 백성에게 더 나은 소식을 전한다. 고난이 하나님의 위대한 이야기의 마지막 장이 아니라는 것이다. 구약성경에 나타난 하나님의 백성과 같이 우리도 노예의 삶에서 해방되었고, 이제 마지막 목적지인 천상의 약속의 땅을 기대하며 광야를 통과하는 긴 여정에 올라 있다.

약속의 땅에 관한 이야기를 읽기 전에 누가 이 긴 순례의 길을 우리와 함께 여행할지 살펴보는 것은 아주 흥미롭고 멋진 일이다. 하나님의 백성은 세계 각처에서 온다. 요한계시록 5장에서 우리는 이 책에 일곱 번 등장하며 그때마다 매번 다른 순서로 배열되는 어구를 발

---

5   "박해"/"환난"(*thlipsis*)이라는 용어는 그리스도인들이 당하는 물리적 고난을 언급하는 2:9-10에서 사용되었다. 1:9에서 요한은 그가 "환난"에 동참하는 자라고 말한다. 7:14에서 요한은 교회, 즉 큰 무리가 "큰 환난"에서 나와 이제는 하늘에서 하나님을 찬양하고 있는 것을 본다. 이세벨의 환난을 언급한 2:22에서도 이 용어가 사용된다.

견한다. 바로 "각 족속과 방언과 백성과 나라 가운데서 온 사람들"(5:9; 참조. 7:9; 10:11; 11:9; 13:7; 14:6; 17:15)이다. 이 어구는 언제나 참신자만을 가리키지는 않지만(11:9; 13:7; 17:15), 여러 다른 종류의 사람으로 구성된 무리를 가리킨다는 점에서 항상 보편성을 나타낸다. 5:9과 7:9에서처럼 이 어구가 그리스도를 따르는 자를 가리킬 경우, 그것은 하나님께서 한결같이 그분의 백성이 세계 각국에서 온 사람으로 구성되기를 원하셨음을 보여준다. 다시 말하면 하나님은 언제나 다문화 사람들을 갈망하신다. 그분은 모든 백성과 나라와 방언과 족속에게서 예배를 받으시기를 간절히 원하신다. 결국 그분은 그들을 창조하셨고, 그들이 허락한다면 그들을 구원하길 원하신다.

당신은 그리스도인들이 당신이 이해하지 못하는 언어로 예배하는 것을 본 적이 있는가? 나는 니카라과의 한 작은 도시에서 주변 지역 목사들에게 성경을 가르치려고 그곳을 방문했던 것을 생생하게 기억한다. 그 주간 내내 나는 통역을 통해 가르쳤고, 나는 내가 가르친 것에 대해 꽤 만족해했다. 그러나 내가 말하고 싶은 것은 내가 가르친 내용이 아니라 그들이 부른 노래였다. 내가 스페인어를 조금 알긴 하지만 그것이 중요한 게 아니었다. 그들의 열정적인 예배가 나에게 깊고 크나큰 감동을 준 것이다. 이 경험은 또한 그리스도의 몸이 정말 거대하다는 사실을 나에게 상기시켜주었다. 그리스도의 몸은 나의 교회나 국가나 민족이나 인종이나 언어나 심지어 역사 속의 내 시간보다 훨씬 더 크다.

요한계시록 7장에는 지상에서 고난을 당한 후 하늘에서 하나님과 어린양 앞에 선 "큰 무리"가 등장한다. 7:1-8에서 우리는 인침 혹은 보호를 받고 영적 전쟁을 치르기 위해 준비를 마친 하나님의 백성을 발견한다. 이어서 7:9-17은 똑같은 무리를 다른 시각에서 보여준다. 여기서 그들은 승리를 자축한다. 이 큰 무리는 하나님이 아브라함에게 하신 축복에 대한 약속의 성취로서, 모든 종류의 사람으로 이루어진 것이다(창 15:5-6; 16:10; 17:4; 참조. 갈 3:6-8). 하나님은 한결같이 세계 각처의 모든 사람으로 구성된 자기 백성을 원하셨다.

당신은 천국에서 문화적 독특성이 훼손되지 않는다는 사실이 놀라운가? 오히려 천국은 우리의 창조주와 구속자를 찬양하기 위한 오케스트라로 변모할 것이다. 천국에 모인 무리는 그들을 구원하시고 안전하게 그의 임재 안으로 인도하신 하나님을 찬양할 것이다. 하나님은 그들을 "보호"하시거나 그들의 "성막"이 되실 것이다. 이것은 그분의 백성이 이집트의 노예 상태로부터 벗어나 약속의 땅에 이르기까지 광야를 여행하는 동안 자신의 백성 가운데 거하시는 영광스럽고 찬란하게 빛나는 하나님의 임재, 곧 그분의 쉐키나로 덮으심으로써 그들을 보호하고 인도하신 것을 상기시킨다(예. 출 40:34-38).

요한계시록 21-22장은 바로 이러한 하나님의 임재 안에서의 삶이라는 주제를 한층 더 깊이 설명한다. 성경 전체에서 가장 큰 위로를 주는 본문 중 하나가 바로 요한계시록 21:1-7이다.

또 내가 새 하늘과 새 땅을 보니 처음 하늘과 처음 땅이 없어졌고, 바다도 다시 있지 않더라. 또 내가 보매 거룩한 성 새 예루살렘이 하나님께로부터 하늘에서 내려오니 그 준비한 것이 신부가 남편을 위하여 단장한 것 같더라. 내가 들으니 보좌에서 큰 음성이 나서 이르되 "보라! 하나님의 장막이 사람들과 함께 있으매 하나님이 그들과 함께 계시리니, 그들은 하나님의 백성이 되고, 하나님은 친히 그들과 함께 계셔서 모든 눈물을 그 눈에서 닦아 주시니, 다시는 사망이 없고, 애통하는 것이나, 곡하는 것이나, 아픈 것이 다시 있지 아니하리니 처음 것들이 다 지나갔음이러라." 보좌에 앉으신 이가 이르시되 "보라! 내가 만물을 새롭게 하노라" 하시고, 또 이르시되 "이 말은 신실하고 참되니, 기록하라" 하시고, 또 내게 말씀하시되 "이루었도다. 나는 알파와 오메가요, 처음과 마지막이라. 내가 생명수 샘물을 목마른 자에게 값없이 주리니 이기는 자는 이것들을 상속으로 받으리라. 나는 그의 하나님이 되고, 그는 내 아들이 되리라."

하나님의 백성에게는 놀랄 만큼 밝은 미래가 펼쳐져 있다. 하나님이 창세기 1-2장에서 시작하신 것이 사탄과 죄에 의해 엉망이 된 후 이제 요한계시록의 결말에서 다시 온전해진 것이다. 이것은 나쁜 것, 즉 "다시는 사망이 없고, 애통하는 것이나, 곡하는 것이나, 아픈 것"이 전혀 없는 완전히 새로운 세상을 의미하는 것이다. 모든 것이 완전히 새롭게 될 것이다. 하나님 자신이 우리의 눈물을 닦아주실 것이며, 우리는 그의 사랑스러운 임재와 풍성한 공급을 영원히 누릴 것이다. 요한계시록의 메시지는 사도 바울의 말로도 요약될 수 있다. "생각건대 현재의 고난은 장차 우리에게 나타날 영광과 비교할 수 없도다"(롬 8:18).

결론

당신은 모든 사람이 어떤 공동체의 일원이 되길 얼마나 원하는지 주목해본 적이 있는가? 여러 시즌을 거듭하며 방영된 〈치어스〉, 〈프렌즈〉 또는 〈사인필드〉와 같이 오래된 시트콤은 공동체에 초점을 맞추고 있다. 우리는 공동체를 위해 창조되었다. 나는 내성적인 사람이다. 1부터 10까지 점수를 매길 때 1이 가장 내성적인 것을 나타낸다면 아마 나는 2나 3 정도가 될 것이다. 그러나 이런 나에게도 공동체는 필요하다. 인간은 공동체 안에서 살기 위해 창조되었다.

요한계시록은 하나님께서 미국의 고전 시트콤이 보여주는 모든 우정을 능가하는 공동체인 교회를 창조하셨음을 상기시킨다. 이 책에서 우리는 그리스도의 공동체에 대해 많은 것을 배운다. 요한계시록 2-3장의 일곱 교회에 보내는 메시지에서 우리는 세상과 타협하라고 강하게 유혹받는 사람들을 본다. 예수께 신실하기보다는 이 세상을 지배하는 자들에게 동조하며 사는 것이 훨씬 더 쉽고 안전하다. 그러나 이것은 얼마 오래가지 못한다. 우리는 예수께 신실하게 남아 있는 많은 교회와, 하나님이 그들을 보상하기 위해 어떤 계획을 갖고 계신지에 대해 읽었다. 또한 요한계시록은 이러한 갈등 속에서 우리가 결코 혼자가 아님을 상기시키며 우리를 격려한다. 우리는 인내하면서 감내해야 하는 어려움 속에서도 예수께 신실하게 남아 있는 큰 무리의 일원이다.

요한계시록은 우리의 기대치를 수정하는 데 도움을 준다. 서구에 사는 많은 그리스도인들은 어떤 방식으로든 그리스도 때문에 고난을 받는 것을 예상치 않는다. 그러나 초기에 예수를 따랐던 이들은 박해를 당했고, 역사적으로 하나님의 백성은 적대와 반목으로 고통을 당했으며, 심지어 순교까지 당했다. 왜 우리는 이와 다른 것을 기대해야 하는가? 예수는 십자가에 달리기 전날 밤 자기 제자들에게 이렇게 말했다. "이것을 너희에게 이르는 것은 너희로 내 안에서 평안을 누리게 하려 함이라. 세상에서는 너희가 환난[그리스어로는 *thlipsis*, "시련/고난"]을 당하나 담대하라. 내가 세상을 이기었노라"(요 16:33). 그러나 우리는 세상이 준 고난과 하나님의 진노 사이에는 커다란 차이가 있음을 명심해야 한다. 신자들은 결코 하나님의 진노를 받지 않을 것이다. 왜냐하면 예수가 십자가의 죽음을 통해 우리가 받을 심판을 대신 받았기 때문이다. 하나님은 모든 영적 해악으로부터 우리를 보호하시고 인 치셨다. 우리는 우리를 보호하시는 하나님의 사랑 안에서 두려움 없이 살 수 있다.

요한계시록은 우리가 해야 할 매우 중요한 일이 있으며, 장차 다가올 놀라운 미래가 있음을 우리에게 상기시킨다. 하나님은 사람들을 구원하기를 원하신다. 그리고 그분은 우리를 부르셔서 자신의 계획을 널리 전하는 일에 참여하게 하신다. 우리의 사명은 하나님의 위대한 구원 이야기를 전하고, 그것을 삶으로 사는 것이다. 그 메시지는 모든 사람을 위한 것이다. 모든 사람은 하나님이 승리하실 것임을 깨달아야 한다. 사탄과 죄는 아름다운 세상에서 그분의 백성 가운데 살기를 원하시는 하나님의 바람을 잠시 지연시켰지만, 그 방해 공작은 곧 끝날 것이다. 언젠가 하나님은 모든 것을 새롭게 만드시고, 우리를 위협하는 악을 멸하실 것이다. 그리고 우리는 완전한 치유를 경험하며, 어떠한 악도 존재하지 않는 곳에서 하나님의 임재를 어떤 방해도 없이 경험하게 될 것이다. 우리는 하나님의 사랑스럽고 영광스러운 임재 안에서 지속적으로 보호받을 것이며, 완전한 안전과 평안과 기쁨 속에서 살게 될 것이다.

사실 하나님은 우리를 창조하실 필요가 없으셨다. 그렇지만 우리를 창조하셨다. 그리고 예수는 우리를 구원하실 필요가 없으셨다. 그러나 우리를 구원하셨다. 그리고 성령은 이 위험천만하면서도 흥분되는 새 예루살렘까지의 여정을 우리와 함께 걸을 필요가 없으시다. 그러나 그는 우리와 함께 걷고 있다. 요한계시록은 하나님의 언약 공동체의 일원이 된다는 것이 인생의 가장 큰 특권 중 하나임을 상기시킨다.

1. 서머나 교회가 경험한 것에 관한 내용이 담긴 요한계시록 2:9-10을 읽어보라. 당신은 이 신자들과 같이 고난당하는 것을 진심으로 기대하는가? 고난당할지 말지에 따라 당신의 기대는 어떻게 달라지는가?

2. 당신은 육체적 고난을 면제해주시기보다는 고난을 통해 우리를 영적으로 보호해주시는 하나님의 전략에 대해 어떻게 생각하는가?

3. 오늘날 세계 곳곳에서 박해받고 있는 교회에 대해 더 알 수 있는 방법은 무엇인가? 고난당하는 믿음의 형제들을 위해 우리는 무엇을 기도해야 하는가?

4. 박해와 하나님의 진노의 차이는 무엇인가?

5. 우리가 그리스도인으로서 행하는 많은 일은 그의 이야기를 말로 전하고 삶으로 살아내야 하는 우리의 사명과 무관한 것처럼 보인다. 어떻게 하면 그런 생각을 바꿀 수 있을까?

6. 요한계시록 22:17을 읽어보라. 그리스도의 재림이 책 전반에 걸쳐 강조되고 있지만, 전후 문맥은 17절에 나타난 네 가지 명령("오라"와 "받으라")이 그리스도의 재림을 재촉하기보다는 듣는 이들에게 그리스도께 긍정적으로 응답할 것을 촉구하는 것으로 해석하는 것이 더 타당함을 암시한다. 이 사실은 우리의 사명의 중요성을 어떻게 더욱 부각하는가?

7. 이 책은 후반부에서는 새 하늘과 새 땅에 관해 한 장 전체를 할애할 것이지만, 이 새로운 창조 안에서 경험하게 될 삶에 관하여 당신이 가장 크게 기대하고 있는 것은 무엇인가?

....

핵심 구절: 요한계시록 5:9; 12:17; 21:1-7
참고 본문: 요한계시록 2-3장, 21장

4장

성령

"하나님의 보좌 앞의 일곱 영"

아마도 당신은 "성 삼위일체 우리 주로다"로 끝을 맺는 오래된 찬송 "거룩 거룩 거룩 전능하신 주님"(새찬송가 9장)을 불러본 적이 있을 것이다. 당신은 요한계시록을 통해 전능하신 하나님과 어린양 예수에 관해 많은 것을 읽게 되겠지만, 성령에 대해서는 많이 접하지 못할 것이다. 성령은 그동안 적절하게 "삼위일체의 수줍으신 일원"으로 불려왔다.[1] 이것은 부끄러움이나 소심함에서 비롯된 수줍음이 아니라 겸손과 이타심에서 비롯된 수줍음이다. 성령의 사명은 자신에게 관심을 집중시키는 것이 아니라 사람들의 관심을 예수께 향하도록 하는 것이다. 그리고 성령은 성부와 성자만큼 두드러지지는 않지만 그럼에도 요한계시록에서 놀라우리만큼 중요한 역할을 담당한다(참조. 요 14:26; 15:26; 16:13-14).

우리는 일상의 삶에서 덜 뛰어난 것도 여전히 매우 중요한 것이 될 수 있다는 사실을 경험한다. 예를 들면 운전할 때 당신은 휘발유 탱크에 휘발유가 충분히 들어있는지, 쾌적한 온도가 유지되고 있는지 점검하고, 좋은 라디오 방송을 찾고, 백미러를 바르게 맞추는 데 집중할 것이다. 하지만 나는 당신이 타이어에 얼마나 많은 관심을 가질지는 모르겠다. 지난번에 내가 자동차 엔진 오일을 교체할 때 그 직원은

---

1   Frederick Dale Bruner and William Hordern, *Holy Spirit: Shy Member of the Trinity* (Eugene, OR: Wipf & Stock, 2001).

내 차의 타이어 압력이 15파운드밖에 되지 않는다고 말해주었다(정상은 25-30파운드). 하지만 "타이어 고무와 도로 바닥이 만나는 부분"은 당신의 차가 얼마나 안정적으로 주행할 수 있는지에 절대적인 영향을 미친다. 나쁜 상태의 타이어로도 얼마간은 달릴 수 있지만, 아주 멀리 가지는 못할 것이다. 나는 성령을 새 타이어에 비유하려는 것이 아니다. 나는 자동차의 결정적인 부품과, 잘 드러나지는 않지만 필수적이면서도 근본적인 성령의 중요한 역할을 비교하는 것이다. 이번 장에서는 요한계시록에서 성령이 얼마나 중요한 임무를 수행하는지 살펴보고자 한다.

일곱 영: 세상에서 강하게 역사하는 하나님의 임재

우선 우리는 요한계시록을 시작하는 인사말에서 성령을 암묵적으로 언급한 것을 발견한다. "이제도 계시고, 전에도 계셨고, 장차 오실 이와, 그의 보좌 앞에 있는 일곱 영과, 또 충성된 증인으로 죽은 자들 가운데에서 먼저 나시고 땅의 임금들의 머리가 되신 예수 그리스도로 말미암아 은혜와 평강이 너희에게 있기를 원하노라"(1:4-5). 이것은 삼위일체 하나님, 곧 성부("이제도 계시고, 전에도 계셨고, 장차 오실 이")와 성령("그의 보좌 앞에 있는 일곱 영")과 성자("예수 그리스도")의 인사말이다. 하나님의 영은 성부와 성자의 은혜와 사랑을 갖고 우리의 삶에 손을 내미시는 분이다.

요한은 왜 성령을 가리켜 "그의 보좌 앞에 있는 일곱 영"이라고 했을까? 이것은 성령을 이상한 방식으로 표현한 것처럼 보이지만, 사실은 상징적인 표현을 통해 성령을 생동감 넘치는 분으로 묘사한 것이다. "보좌 앞"은 단순히 하나님의 권세와 능력이 드러나는 곳, 하나님이 세상과 직접 접촉하는 장소라고 말할 수 있다. 흥미롭게도 "일곱 영"이라는 어구는 이 책에서 네 번 나온다(1:4; 3:1; 4:5; 5:6). 요한계시록에서 4라는 숫자는 창조를 나타내고, 7이라는 숫자는 완전함을 나타낸다.[2] 따라서 "일곱 영"은 창조를 통해 드러난 하나님의 충만하고도 완전한 능력과 행동을 나타낸다. 이것이 바로 하나님의 영이 수행하는 역할이다. 하나님은 이 세상에서 활동하기 위해 그의 영을 통해 자신을 확대하신다.

네 본문에서 사용된 "일곱 영"이란 어구는 1:4에서 삼위일체의 일원인 성령을 가리킨다. 3:1에서는 예수가 주권자로서 "하나님의 일곱 영"을 들고 사데 교회에 말씀하신다. 이 교회는 소생시키는 성령의 능력을 경험하는 것이 절실하게 필요했다. 오직 성령을 통한 예수의 능력과 주권만이 죽음 직전에 있는 이들을 소생시킬 수 있다. 4:5에서는 보좌 앞에 있는 일곱 등불이 "하나님의 일곱 영"이다. 5:6에서는

---

2   요한계시록에 나타난 숫자의 중요한 의미에 관해서는 다음을 보라. J. Scott Duvall, *Revelation*, Teach the Text Commentary Series (Grand Rapids: Baker Books, 2014), 163.

일곱 눈이 있는 어린양이 "온 땅에 보내심을 받은 하나님의 일곱 영"이다.

"일곱 영"이란 어구의 배경은 "이 일곱은 온 세상에 두루 다니는 여호와의 눈"(슥 4:10)이라고 말하는 구약성경의 스가랴서이며, 또한 이사야 11:1-10도 가능성이 있다. 가장 중요한 것은 우리가 스가랴서를 통해 이 세상에서 하나님이 어떻게 일하시는지를 배우게 된다는 것이다. "만군의 여호와께서 말씀하시되, 이는 '힘으로 되지 아니하며, 능력으로 되지 아니하고, 오직 나의 영으로 되느니라'"(슥 4:6). 성령은 하나님의 창조를 보존하고, 그의 백성과 함께 행하시며, 그들의 죄를 깨닫게 하시고, 악과 싸우는 등 이 세상 안에서 역사하시는 하나님의 눈과 임재라고 할 수 있다.

성부는 하늘의 보좌에 앉아 계시고, 성자는 이 땅에서 승리한 후 지금은 하늘에 있는 성부의 보좌를 공유하시고, 성령은 지금도 이 땅에서 하나님의 사역을 계속 수행하신다. 성부와 성자는 지금도 이 세상에서 성령을 통해 일하신다.

오늘날 우리가 기술과 발전이 커다란 역할을 하는 사회에 살고 있기 때문에 나는 하나님이 자신의 사역을 완성하기 위해 인간의 능력이나 영리함 또는 지적 능력에 의존하지 않으신다는 사실을 종종 잊곤 한다. 그는 자신의 영을 통해 일하신다. 이 세상에서 가장 바꾸기 어려운 것이 사람의 마음인데, 성령은 바로 이 분야의 전문가다. 간단한 질문 하나를 던져보자. 당신의 삶 속에서 하나님의 뜻을 행하고자 노력하면서 당신은 가끔 성령의 능력을 배제한 채 하나님의 일을 하려고 하지 않는가? 일반적으로 더 철저하게 계획하고, 더 효율적인 사람이 되고, 더 다양한 지식을 쌓고, 더 많은 교육을 받고, 더 요긴한 사람이 되려고 노력하는 것은 좋은 일이다. 그러나 우리가 성령이 역사하시기를 간절히 원하고, 그가 역사하시길 기대하며, 그가 역사하실 때 함께 협조하지 않는 한, 우리는 하나님이 원하시는 바가 성취되는 것을 보지 못할 것이다. 여러 가지 일이 순조롭게 진행되고 사람들이 깊은 감동을 받을 수도 있다. 그러나 하나님의 진정한 사역은 성령을 떠나서는 결코 나타나지 않는다.

예수는 십자가에 달리시기 전날 밤 그의 제자들에게 오순절에 성령이 오실 때 놀라운 일을 보게 될 것이라고 말씀하셨다(요 14:26; 15:26; 16:7-15을 보라). 성령 강림과 함께(사도행전을 보라) 하나님의 백성은 이 세상에서 하나님이 행하시는 선교에 동참하기 위해 권능을 받았다. 요한계시록의 맨 마지막 부분에서 우리는 "성령과 신부가 말씀하시기를 '오라' 하시는도다. '듣는 자도 오라' 할 것이요, '목마른 자도 올' 것이요, 또 '원하는 자는 값없이 생명수를 받으라' 하시더라"(22:17)는 말씀을 읽는다. 나는 처음 이 말을 들었을 때 그리스도가 재림하시길 기도하는 것으로 이해했다(물론 그렇게 해석할 수도 있다). 비록 예수의 재림이 요한계시록의 중요한 주제이긴 하지만, 이 구절은 다른 것을 의미하는 것으로 보인다. 신부와 성령은 듣는 자들, 즉 생명수에 목마른 자들에게 예수께로 "오라"고 말씀하신다. 성령이 예수께 재림해달라고 외치는 것이 아니라, 성령이 생명을 필요로 하는 자들에게 "예수께로 오라! 그리고 생명수를 값없이 받으라!"고 호소하는 것이다. 또한 성령은 예수께로 나아와 생명을 얻는 데 사람들을 초대하는 일에 동참할 수 있도록 우리에게 힘과 능력을 주신다. 신부 역시 "오라"고 말한다. 하나님이 이 세상에서 그의 사역을 할 수 있도록 힘을 주시려고 우리 안에 성령을 부어주셨다니 이 얼마나 놀라운 일인가! 하지만 우리는 성령의 음성을 듣는 법을 배워야 한다.

성령이 교회들에게 하시는 말씀을 들으라!

어떤 관계에서든 소통은 매우 중요하다. 그것이 교우 관계이든, 고용 관계이든, 혹은 결혼 관계이든 간에 관계가 건강하기 위해서는 서로 이해하고 또한 이해받기 위해 서로 듣고 말하는 소통이 필요하다. 하나님과의 관계에서도 마찬가지다. 우리는 건전한 관계를 맺기 위해 소통해야 한다. 감사하게도 성령은 하나님의 백성에게 말씀하시는 말씀의 영이다. 우리가 해야 할 일은 그의 말씀을 듣는 것이다.

우리는 요한계시록에서 먼저 요한에게 환상을 보여주시고, 요한계시록이라는 책으로 엮인 이 예언에 영감을 불어넣어 말씀하시는 성령을 만난다. 요한은 요한계시록에서 네 번 "성령에 감동되어"라고 말하고, 그때마다 그는 하늘의 환상을 본다(1:10; 4:2; 17:3; 21:10). 1:10에서 그가 하나님을 예배하고 있을 때 성령은 그에게 요한계시록의 환상을 보여준다. 그는 2-3장에서 어려움을 당하는 교회들에 대한 이야기를 들은 후, 4-5장에 나타난 모든 실재의 중심을 보기 위해 두 번째 환상 가운데 하늘로 들려 올라간다. 그는 하늘 보좌에 앉으신 하나님과 유일하게 그분의 계획을 수행할 자격이 있는 어린양을 찬양하는 모습을 목격한다. 17장에서 성령은 하나님이 어떻게 큰 음녀인 바벨론을 심판하실지 요한에게 보이시며 환상을 이어나가신다. 다시 말하면 하나님은 악을 멸하실 것임을 우리에게 말씀하시며, 악에 빠지지 말 것을 경고하신다. 21:10에서 성령은 요한에게 완전히 다른 여자 또는 도시, 즉 그리스도의 신부 혹은 새 예루살렘을 보여주신다. 이것은 마치 요한이 그리스도의 신부인 교회가 그의 신랑을 만나기 위해 긴 통로를 걸어가는 모습을 보는 것과 같다.

성령은 하나님의 마음과 계획을 드러내기 위해 이 환상에 영감을 불어넣어 주신다. 이 환상들을 통해 하나님은 그의 백성에게 음녀와 불장난을 하지 말고, 삶이 정말 힘들어질 때에도 하나님을 신뢰하며 신실한 신부로 남아 있을 것을 당부하신다. 19:10에서 요한은 "예수를 증언하는 분은 예언의 영"이라는 말을 듣는다. 성령 하나님은 예수에 관한, 그리고 예수로부터 나온 이 예언의 메시지의 원천이다. (여기서 우리는 성령의 "수줍음"을 다시 한번 목격한다.) 성령은 예수에 관한 말씀, 즉 예수에 관해 설명하고 예수께 영광을 돌리는 말씀에 영감을 불어넣으신다. 성령은 요한에게 하나님의 계획을 그림으로만 보여준 것이 아니라 하나님의 계획이 어떤 방식으로 예수께 초점이 맞추어져 있는지를 설명하는 말씀도 주셨다.

당신은 하나님이 당신에게 아주 명확하게 말씀하시듯 보였던 경험을 기억하는가? 솔직히 어떤 경우에는 당신이 하나님의 음성을 들었는지, 아니면 다른 어떤 음성을 들었는지 정확히 알 수 없을 때가 있다. 그러나 가끔은 아주 명확할 때가 있다. 몇 년 전에 원인 모를 질병 으로 인해 나는 각종 건강 검진을 받은 적이 있다. 그 긴 과정의 끝자락에서 나는 하나님께 부르짖었고, 나는 성령이 시편 103편을 읽도록 감동을 주셨던 것을 기억한다. 그 시편의 첫 다섯 절을 읽고 묵상하면서 나는 하나님이 직접 나에게 말씀하신다고 분명하게 느꼈다. 성령은 하나님의 말씀을 통해 말씀하셨으며, 몹시 괴로운 내 심령에 지혜와 위로를 주시고 올바른 시각을 갖게 해주셨다.

요한에게 환상을 주고 예언에 영감을 준 것과 더불어 성령은 일곱 교회에도 말씀하시고, 더 나아가서는 모든 시대의 모든 교회에 말씀하신다. 재차 말하지만, 우리가 할 일은 하나님의 말씀을 통해 성령의 음성에 귀를 기울이는 일이다. 사실은 예수가 이 일곱 교회에 말씀하신 것이긴 하지만, 아마도 당신은 각 메시지 끝부분에 하나님께서 성령이 우리에게도 말씀하고 계심을 알아차렸을 것이다(2:7, 11, 17, 29; 3:6, 13, 22). 우리는 이 말씀을 통해 예수가 말씀하시는 것이 곧 성령이 말씀하시는 것임을 알 수 있다. 예수의 말씀과 성령의 말씀은 결코 서로 충돌하는 법이 없다. 또한 요한계시록에 기록된 예수의 말씀을 여러 교회에 읽어줄 때 성령께서도 함께 그들에게 계속해서 말씀하고 계신 것이다. 귀로 듣는 것과 영적으로 듣는 것은 별개의 것이다. 영적으로 듣는 것은 완전히 차원이 다르다. 하나님이 말씀하시는 것을 진심으로 듣는다는 것은 그가 말씀하신 것을 실천하는 일에 우리가 진지하게 반응한다는 것을 의미한다(마 13:1-23에 나오는 예수의 비유를 보라). 요한계시록 2-3장에서 성령이 특별히 말씀하고 계신 것은 무엇인가?

언젠가 어떤 고령의 설교자가 말했듯이 성령은 괴로워하는 자를 위로하고, 마음이 편한 자를 괴롭힌다. 나는 하나님의 위로가 수시로 필요하며, 그분의 권면도 필요하다. 당신이 수련회의 상담 사역이나 어린이 사역을 해본 경험이 있거나, 부모로서의 경험이 있다면 이런 일이 어떻게 이루어지는지 잘 알고 있을 것이다. 어린이들은 꾸중을 듣고 나서 금방 위로와 격려를 받아야 한다. 우리는 방금 야단을 치고 곧이어 껴안아주어야 하는 두 극단의 상황에서 자주 흔들리곤 한다. 소아시아의 교회들도 마찬가지였다. 성령이 이 교회들에 말씀하신 내용을 들여다 보면 우리는 성령이 우리에게도 동일하게 말씀하고 계심을 알 수 있다.

성령은 이 교회들을 향해 경고와 책망의 말씀을 주셨다. 성령은 처음 그리스도인이 되었을 때 갖고 있던 사랑을 저버린 한 교회를 책망하신다. 몇몇 교회는 거짓 가르침과 그 가르침이 조장하는 부도덕과 우상숭배를 쫓는다. 어떤 교회는 그 도시에서 명성이 높았지만, 예수는 그들이 영적으로 죽었다고 말씀하신다. 또 어떤 교회는 영적 자만과 타협이라는 죄에 **빠졌다**. 그들에게 하나님은 정말로 필요한 존재가 아니었다. 전반적으로 예수는 많은 그리스도인이 하나님의 진리를 붙들고 그 진리대로 사는 데 실패하게 만드는 이교도 문화에 너무 익숙해진 것을 크게 우려하신다.

그런데 성령은 이 교회들을 향해서도 위로와 격려의 말씀을 전한다. 일부 교회는 거짓된 가르침과 그 가르침이 조장하는 불경한 삶을 거부했다. 또 어떤 교회는 예수께 끝까지 충성하기 위해 어려움과 시험과 박해를 받아야만 했다. 다른 이들은 매우 살기 힘들고 암울한 도시에서 신실하게 살았다. 어떤 이들은 세상의 시각에서 볼 때 매우 약하고 무기력하게 느낄 수 있었지만 그럼에도 하나님이 원하시는 것을 사랑하고, 실천하며, 자기 자신을 드렸다.

예수는 "나의 계명을 지키는 자라야 나를 사랑하는 자"(요 14:21)라고 말씀하셨다. 이 구절은 요한계시록의 메시지를 잘 반영한다. 우리는 하나님께 순종하기 이전에 먼저 하나님이 우리에게 무슨 말씀을 하시는지를 알아야 한다. 하지만 우리는 그의 말씀에 순종하지 않고도, 다시 말해 그의 말씀을 진심으로 듣지 않고서도 그가 뭐라고 말씀하시는지 알 수는 있다. 우리는 성령이 말씀하시는 것을 진심으로 귀를 기울여 들을 때에야 비로소 그 말씀을 마음에 새기고, 그것이 우리가 내리는 결정에 영향을 미치는 것을 허용할 것이다. 그럴 때에야 비로소 우리가 시간과 돈을 사용하는 방법, 사람들과 관계를 맺는 방식, 그리고 우리가 주님께 기도하는 방법이 모두 바뀔 것이다. 우리 가운데 대다수는 의도적으로 성령의 말씀에 귀를 막거나 듣기를 거부하지는 않는다. 우리는 그저 다른 것에 주의를 빼앗기고 있을 뿐이다. 당신을 산만하게 만들어 당신이 성령의 음성을 듣지 못하도록 방해하는 음성은 어떤 것인가?

하나님의 보호하시고 위로하시는 임재

성령은 하나님의 백성을 보호하시고 위로하신다. "살아 계신 하나님의 인"은 이 주제와 관련해서도 중요한 역할을 한다. 요한계시록에서 요한은 성령을 인으로 명시적으로 언급하지는 않지만, 이것은 가장 개연성이 있는 해석이며. 성령은 신약성경의 다른 본문에서도 이런 이미지로 묘사된다(고후 1:21-22; 엡 1:13-14; 4:30). 하나님이 그의 백성을 인 치신다는 개념은 아마도 구약성경에서 하나님이 장차 바벨론을 향해 부어질 자신의 진노로부터 참 신자들을 보호하기 위해 그들에게 표식을 주도록 천사들에게 명령하는 에스겔의 말씀에서 비롯된 것으로 보인다(겔 9:4, 6). 이러한 표식을 받지 못한 신실하지 않은 이스라엘 백성도 하나님의 심판을 받는다(겔 9:5-10). 요한계시록 6:17의 질문(누가 하나님의 진노를 이겨내겠는가?)에 대한 대답은 7:1-4(살아 계신 하나님의 인을 가진 자)에 나타나 있다. 성령의 임재, 곧 하나님의 인은 당신이 결코 하나님의 진노를 받지 않을 것임을 의미한다. 우리는 하나님의 마음이 변하여 우리를 지옥에 보내실까 두려워하면서 살 필요가 없다. 왜 그런가? 그 이유는 하나님이 그분의 성령을 우리 안에 두셨기 때문이다. 다시 말하면 재판관이 우리 편이라는 의미다. 그는 우리 안에서 우리의 변호인이자 위로자로 사신다.

우리가 그리스도인이 되었을 때 정확히 우리의 어떤 것이 새로워졌는지 잠시 생각해본 적이 있는가? 우리는 여전히 계속 죄를 짓는다. 우리는 여전히 망가진 세상에서 살고 있다. 우리는 여전히 죽을 것이다. 그리스도인과 비(非)그리스도인들 사이에 무슨 차이가 있는가? 몇 가지 차이점이 있다. 우리는 용서받았기 때문에 우리의 과거는 해결되었고, 최후의 심판 때 우리에게 책임을 묻지 않을 것이다. 새 창조 안에서 우리에겐 새 집이 있으므로 우리의 미래는 안전하다. 그러나 현재는 어떠한가? 현시점에서 진짜 차이점은 바로 우리 안에 하나님의 영이 거하신다는 것이고, 믿지 않는 자들은 그렇지 않다는 것이다. 사도 바울이 쓴 것처럼 우리의 몸은 성령의 전이며, 우리는 한 공동체로서 하나님의 성령의 전을 이루고 있다(고전 3:16; 6:19; 엡 2:22). 하나님은 우리와 함께 계시고 결코 우리를 떠나지 않으신다.

요한계시록에서 하나님의 인을 갖는 것과 하나님의 이름을 지니는 것이 같다는 사실은 매우 흥미롭다. 곧 인과 그리스도와 하나님의 이름을 모두 사람의 이마에 둔다(7:3; 9:4; 14:1; 22:4). 이 둘은 모두 하나님께 속한 백성, 곧 하나님의 언약 공동체의 진정한 일원임을 식별하기 위함이다. 하나님의 공동체의 일원이 아닌 사람들은 그들의 이마에 짐승의 표를 받는다(13:16; 14:9; 20:4). 하나님의 인은 짐승의 표와 대조를 이룬다. 이 둘은 모두 사람의 이마에 표시되며, 각각 하나님과 어린양의 이름 혹은 짐승의 이름과 관련이 있기 때문에(7:3; 13:16-17을 보라) 소유권을 나타낸다. 한 무리는 구원을 위한 인 치심이고, 또 다른 무리는 심판을 위함이다.

이것은 아마도 문자적인 표가 아니며, 성령의 열매나 육체의 일(갈 5:19-24을 보라) 같이 한 사람의 최종적인 충성과 헌신을 나타내는 영적 지표일 것이다. 나는 참 신자들을 많이 알고 있지만 그중 누구도 이마에 표를 갖고 있지 않다. 또한 요한계시록에서 이 표나 인은 언제나 자발적인 선택에 의한 것이다. 우연히 혹은 뭔지도 모른 채 그것을 받지는 않는다. 아무것도 모르고 짐승의 표를 받게 될까 두려워할 필요는 없다. 인침은 그런 식으로 주어지는 것이 아니다. 다시 말하지만, 서로 대조를 이루는 이 표시는 바코드나 컴퓨터 칩과 같은 것이 아니라 한 사람의 충성심과 헌신에 대한 영적 표지다. 하나님의 인과 이름을 가진 자들은 하나님의 가족의 일원이기 때문에 그의 영원한 집으로 인도함을 받게 될 것이다(14:1-5; 딤후 2:19).

하나님의 성령은 육체적 고난이 아니라 영적 패배로부터 하나님의 백성을 보호하신다. 우리는 요한계시록 전반에 걸쳐 신자들이 박해당하는 것을 본다. 심지어 성령은 14:13에서 그리스도를 신실하게 따르는 자로서 죽임을 당한 자들에게 주어진 복에 대해 "아멘" 또는 "그러하다"라고 말씀하신다. "또 내가 들으니 하늘에서 음성이 나서 이르되 '기록하라. 지금 이후로 주 안에서 죽는 자들은 복이 있도다' 하시매 성령이 이르시되 '그러하다. 그들이 수고를 그치고 쉬리니, 이는 그들의 행한 일이 따름이라' 하시더라."

얼마 전 에릭 메택시스가 쓴 디트리히 본회퍼의 훌륭한 전기를 읽었다. 독일 목사이자 학자인 본회퍼는 1945년 4월 플로센부르크 수용소에서 나치에 의해 처형당했다. 그가 순교하게 될 수용소로 이감되기 바로 전날 밤, 그는 동료 죄수들과 함께 드리는 예배를 인도했다. 예배를 마무리할 즈음에 교도관이 들어와 그를 데리고 가려고 예배를 중단시켰고, 그는 그것이 무엇을 의미하는지 잘 알고 있었다. 그는 다음과 같은 말로 그의 친구들을 위로했다. "이것은 끝이다." 그는 말했다. "나에게는 새로운 삶의 시작이다." 플로센부르크 수용소의 담당 의사는 본회퍼 인생의 마지막 몇 분에 관해 다음과 같은 이야기를 남겼다.

> 그날 아침 5시부터 6시 사이에 카나리스 제독, 오스터 장군, 토마스 장군, 자크 판사(Reichgeritsrat)를 포함한 죄수들이 독방에서 끌려나갔고, 군법 회의의 판결문이 그들에게 낭독되었다. 임시 막사에 있는 한 방의 반쯤 열린 문을 통해 나는 본회퍼 목사가 그의 죄수복을 벗기 전에 바닥에 무릎을 꿇고, 그의 하나님께 뜨겁게 기도하는 모습을 보았다. 나는 이 사랑스러운 사람이 기도하는 모습에 깊은 감동을 받았기 때문에 그의 기도에 하나님이 응답하실 것을 확신했다. 그는 처형장에서 짧은 기도를 다시 드린 후, 교수대를 향한 계단을 용감하고도 침착하게 올라갔다. 그

는 몇 초 후 죽었다. 나는 의사로 거의 50년간 일해오면서 하나님의 뜻에 그렇게 전적으로 순종하며 죽은 사람을 결코 본 적이 없다.[3]

하나님의 영의 인을 갖고 있다는 사실이 우리를 육체적 고난으로부터 면제시켜주지는 않지만, 성령은 사탄과 그의 악한 영의 세력이나 인간 앞잡이들에 맞서 대항할 수 있는 영적 보호와 능력을 보장해주신다 (9:4). 하나님의 영은 우리가 그리스도께 끝까지 신실할 수 있도록 도 우실 것이며, 적대적인 세력이 그를 부인하도록 압력을 가할 때에도 우리가 그를 부인하지 않도록 힘을 주실 것이다.

천성에 계신 성령

당신이 어린이 사역을 해본 경험이 있다면 그들이 정말로 얼마나 신 학적으로 어려운 질문을 던질 수 있는지 잘 알 것이다. 우리는 다섯 살 난 아이가 "엄마, 하나님은 어디서 사셔?"라고 물어보는 것을 쉽게 상상할 수 있다. 명확하게 설명하려면 최소한 몇 단락이 필요하겠지 만, 요한계시록은 우리가 이 질문에 아주 멋지게 대답할 수 있도록 해 준다.

---

3   Eric Metaxas, *Bonhoeffer: Pastor, Martyr, Prophet, Spy* (Nashville: Nelson, 2010), 528, 532.

구약성경의 출애굽 이야기에서 우리는 백성 가운데 계신 하나님의 영광스러운 임재에 관해 읽어보았다. "여호와께서 그들 앞에서 가시며, 낮에는 구름 기둥으로 그들의 길을 인도하시고 밤에는 불기둥을 그들에게 비추사, 낮이나 밤이나 진행하게 하시니"(출 13:21). 그때 주님은 자신이 백성 가운데서 거하실 수 있도록 이동 가능한 장소를 만들 것을 그들에게 지시하셨다. "내가 그들 중에 거할 성소를 그들이 나를 위하여 짓되"(출 25:8). 하나님은 광야 여정 동안 성막 안에서 백성들 가운데 거하셨다. 하나님의 임재가 성막에 충만했다. "구름이 회막에 덮이고, 여호와의 영광이 성막에 충만하매"(출 40:34). 하나님의 "쉐키나"("거주하다"라는 의미의 히브리어 동사 "샤칸"에서 유래했으며, 이 동사에서 "성막"["미쉬칸"]이 파생되었다)는 그의 백성 가운데 있는 그의 빛나고 영광스러운 처소 혹은 임재를 가리킨다. 성막 안의 거룩한 임재는 그들이 광야에서 방랑하는 생활을 하던 내내, 그리고 약속의 땅을 정복하는 동안 백성들과 함께 이동했다. 그리고 마침내 예루살렘 성전이 하나님의 임재를 위한 성막을 대체했다.

이제 당신은 어째서 요 1:14이 기막히게 놀라운 말씀인지를 깨닫게 될 것이다. "말씀[예수 그리스도]이 육신이 되어 우리 가운데 거하시매[문자적으로는 "텐트를 치다" 혹은 "장막을 치다"], 우리가 그의 영광을 보니 아버지의 독생자의 영광이요, 은혜와 진리가 충만하더라." 거하심과 영광의 관계에 주목하라. 예수와 동행한 자들은 실은 영광스러운 하나님의 임재, 즉 쉐키나를 경험한 것이다.

우리는 어떠한가? 우리는 어떻게 그 영광스러운 하나님의 임재를 경험하고 있는가? 요한계시록 21:3은 마침내 하나님이 우리를 새 하늘과 새 땅으로 데리고 가셔서 우리와 함께 영원히 사실 것을 말씀하신다. "내가 들으니 보좌에서 큰 음성이 나서 이르되 '보라! 하나님의 장막[명사 "장막"]이 사람들과 함께 있으매 하나님이 그들과 함께 계시리니[동사 "장막을 치다"] 그들은 하나님의 백성이 되고, 하나님은 친히 그들과 함께 계셔서'." 7:15에서도 우리는 하나님이 하늘에서 그의 임재를 통해 그의 백성을 덮거나 보호하실 것임을 본다. "그러므로 그들이 하나님의 보좌 앞에 있고, 또 그의 성전에서 밤낮 하나님을 섬기매 보좌에 앉으신 이가 그들 위에 장막을 치시리니[또는 "보호하시리니"]."

따라서 하나님의 임재는 새 창조 안에서 우리를 덮고 보호하실 것이다. 흥미롭게도 요한계시록은 우리가 하나님의 보호하시는 임재를 "그의 보좌 앞에서" 경험하게 될 것이라고 말한다(1:4). 우리는 앞에서 (일곱 영으로 불리는) 하나님의 영이 보좌 앞에 있는 것을 보았다(1:4; 4:5). "그의 보좌 앞"이라는 표현은 하나님의 임재를 나타낸다. 이와 똑같은 표현이 짐승이 하나님을 비방하고, 그의 이름과 "그의 장막, 곧 하늘에 사는 자들을" 욕되게 한다는 내용이 나오는 13장에서는 부정적으로 언급된다(13:6; 참조. 12:12). 우리의 영원한 집은 하나님의 쉐키나, 곧 그의 영광스러운 임재 안에 있다. 그것이 바로 새 예루살렘이 고대 성전의 지성소와 같은 정육면체 모양으로 된 이유 중 하나다

(21:16). 우리는 아무것도 두려워하지 않고 모든 것을 즐거워하면서 하나님의 임재 안에서 영원히 살 것이다.

결론적으로 새 하늘과 새 땅에 있는 하나님의 보좌 앞에서 우리를 보호하시고 덮어주실 성령은 지금 이 땅에서 우리 가운데, 그리고 우리 안에 거하시는 성령과 동일한 분이시다. 우리를 지키시고, 보호하시고, 위로하시는 하나님의 임재는 우리가 예수를 따르는 자가 될 때 우리를 보호해주신다. 하나님은 이제 성령, 즉 하나님의 "보좌 앞에서" 쉐키나로 임재하는 영을 통해 우리에게 오셨다. 와! 우리는 하나님의 천상의 임재를 이제 인격적으로, 그리고 신자들의 공동체 안에서 성령과의 관계를 통해 경험하고 있는 것이다.

당신은 하나님의 영광스러운 임재를 체험하고 있다는 사실을 느끼고 있는가? 그렇지 않다면 바로 지금이 당신이 죄, 특히 성령의 전인 육체의 죄를 고백해야 할 시간일지 모른다. 어쩌면 하나님과 정직한 대화를 통해 깊은 참회라는 해독의 과정이 필요한 때일지도 모른다. 바울이 쓴 고린도전서 6:18-20이 매우 적절해 보인다.

음행을 피하라. 사람이 범하는 죄마다 몸 밖에 있거니와 음행하는 자는 자기 몸에 죄를 범하느니라. 너희 몸은 너희가 하나님께로부터 받은바, 너희 가운데 계신 성령의 전인 줄을 알지 못하느냐? 너희는 너희 자신의 것이 아니라 값으로 산 것이 되었으니 그런즉 너희 몸으로 하나님께 영광을 돌리라.

만일 성적인 죄가 당신의 삶에 뿌리박혀 있다면 당신은 이 중독에서 벗어나기 위해 누군가에게 이 사실을 털어놓고 도움을 요청해야 할 수도 있다.

교회 또한 그리스도의 몸이므로 당신은 당신이 속한 공동체를 향해 지은 죄를 고백할 필요가 있다. 나는 최근 "우리와 예수의 관계가 깊어지면 깊어질수록 우리는 우리의 원수를 더 많이 용서하게 될 것"이라는 내용의 트윗을 읽었다. 하나님은 그의 자녀들이 불화하는 것을 매우 심각하게 생각하신다. 왜냐하면 우리가 하나가 되는 것은 하나님께 매우 중대한 일이며, 우리가 상처 입은 세상을 향해 예수와의 올바른 관계가 우리의 삶을 더 낫게 만든다고 외치는 방법 중 하나기 때문이다(연합의 중요성에 관해서는 요한복음 17장과 에베소서 4장을 보라).

요한계시록 마지막 장에서 우리는 성령을 가리키는 다양한 이미지에 관해 읽을 수 있다.

- 천성에는 성전이 없을 것이다. 왜냐하면 하나님과 어린양이 성전이 될 것이기 때문이다(21:22). 다시 말하면 우리는 하나님의 영이 영원히 거하시는 곳에서 살게 될 것이다.
- 천성에는 해와 달이 없을 것이다. 왜냐하면 주 하나님의 영광이 그곳을 밝게 비출 것이기 때문이다(21:23-25; 22:5). 우리가 이미 4:5에서 확인했듯이 일곱 등불(하나님의 일곱 영 또는 성령)이 하늘에 빛을 공급해준다.

- 예수는 사람들에게 생수의 강을 찾기 위해 자신을 따르라고 말하는데, 그는 이를 성령이라고 밝힌다(요 4:4-26; 7:37-39). 천성에서 우리는 이 생수를 마실 것이다(7:14-17; 21:6; 22:1-2, 17).

천성에서 성령은 빛과 생명수와 같은 중요한 실재들을 드러낼 것이다. 이 실재들은 현재 우리가 갈망하고 있는 것이다. 우리는 빛을 원하며, 더 이상의 어두움과 고통과 죽음이 존재하지 않기를 원한다. 우리는 치유와 공급과 풍요를 의미하는 생명수를 원한다. 우리는 죽음보다 삶을 원한다. 우리가 예수께로 향하면 성령은 우리 안에서 거하시려고 오신다. 하나님은 우리에게 자신의 영을 주시며 이렇게 말씀하신다. "지금 여기에 생명과 치유와 공급이 있고, 장차 올 궁극적인 생명에 대한 약속이 있다."

결론

나는 성령에 큰 관심을 보이지 않는 교회 전통에서 자랐다. 사실 나는 내 인생의 대부분을 성령을 "그분"이라고 독립해서 부르지 않고, 삼위일체 하나님의 세 번째 인격체로 부르는 데 전념해왔다. 성경은 성령을 하나님의 영(예. 마 3:16; 12:28) 혹은 그리스도의 영(롬 8:8; 빌 1:19; 벧전 1:11)으로 부를 때가 있다. 여기서 요점은 우리가 성령을 통해 하나님을 경험한다는 것이다. 하나님은 신자인 우리 안에 거하시고, 그의 영을 통해 이 세상에서 일하신다. 만일 우리가 성령을 무시한다면 그것은 하나님을 무시하는 것이다. "영적"이라는 것은 성령의 편에 서는 것이며, 성령이 주시는 복을 받은 것을 의미하므로 성령 없이 당신은 결코 "영적"인 사람이 될 수 없다.

우리는 요한계시록에서 성령이 여전히 살아 계시고 건재하시다는 사실을 확인했다. 하나님은 이 세상에서 중요한 일이 이루어지는 동안 단순히 그의 보좌에서 쉬고 계신 것이 아니다. 그는 자신의 영을 통해 이 세상에서 역동적으로 일하신다. 우리가 성령의 역할에 주목할 때 비로소 우리는 요한계시록의 메시지를 더욱 온전하게 파악하게 될 것이다. 우리가 성령의 역할에 주목하면 우리는 하나님의 임재를 종교적 체험이나 또는 카리스마적인 인물에게서 찾을 필요가 없이 하나님이 우리 안에서, 그리고 우리 공동체 안에서 어떻게 거하시는지를 이해하게 될 것이다. 우리는 인간의 위대한 창의력에 의지하기보다는 하나님이 이 세상에서 어떻게 일하시는지에 대한 온전한 시각을 얻게 될 것이다. 하나님은 인간의 약점이라는 아둔함을 통하여 놀랍게 드러나는 성령을 통해 위대한 일을 행하신다. 우리는 성령의 영감으로 된 하나님의 말씀을 경청함으로써 하나님의 음성을 들을 수 있다. 우리는 보호하시고 위로하시는 성령의 임재를 신뢰할 때 비로소 각종 두려움으로 인해 흔들리거나 갈팡질팡하지 않을 것이다. 마지막으로 우리는 앞으로 성령이 천성에서 담당하게 될 역할을 기대할 수 있다. 이것은 매우 중요하다. 왜냐하면 우리는 새 하늘과 새 땅에서 온전히 경험할 것의 일부분을 이미 성령 안에서 지금 경험하고 있기 때문이다. 성령은 언젠가 하나님이 우리에게 주시려고 예비하신 것을 맛보기로 보여주신다.

1. 성령과 관련하여 당신의 신앙 배경은 어떠한가? 전적인 무시와 철저한 집착이라는 양극의 스펙트럼에서 당신은 어디에 속하는가? 당신의 배경이 현재 당신이 성령을 보는 시각에 어떠한 영향을 주는가?

2. 하나님은 이 세상에서 성령을 통해 일하신다. 성령이 공급하시는 힘과 능력을 떠나 당신 자신의 힘으로 그리스도인의 삶을 살고자 노력할 때는 언제인가? 무엇이 우리가 하나님의 성령을 떠나서도 살 수 있다는 생각을 갖도록 미혹하는가?

3. 당신이 성경을 읽고 공부하면서 성령의 음성을 들을 수 있도록 당신을 돕는 것은 무엇인가? 이 부분에서 당신에게 가장 큰 도전이 되는 것은 무엇인가?

4. 당신이 하나님의 성령으로 인 치심을 받았다는 것을 아는 것이 당신으로 하여금 어떻게 용기를 갖고 담대하게 살아가도록 격려하는가?

5. 당신은 언제 성령이 주시는 위로를 받는가?

6. 오늘날 무엇이 그리스도인들이 하나님의 영광스러운 임재를 경험하는 것을 방해하고 있는가? 당신의 공동체는 어떻게 사람들이 여기서 벗어날 수 있도록 도울 수 있는가?

7. 우리는 성령이 새 창조 안에서 하실 일에 관해 이야기했다. 그리고 현재 우리는

이러한 실재의 일부를 이미 경험하기 시작했다고 말했다. 당신은 당신의 삶 속에서 이러한 일들이 이미 일어나고 있음을 경험하고 있다고 말할 수 있는가? 그렇다면 어떤 식으로 경험하고 있는가?

....

핵심 구절: 요한계시록 1:4; 4:5; 5:6; 14:13-14; 19:10
참고 본문: 요한계시록 7장

5장

우리의 원수들

"용이 바다 모래 위에 서 있더라"

우리는 좋든 싫든 간에 영적 전쟁에 참전하고 있다(엡 6:10-20). 하나님의 원수가 우리의 원수다. 요한계시록은 마귀, 악마, 적그리스도, 거짓 예언자, 사악한 인간, 사악한 제국 등 신자들에게 무자비한 공격을 가하는 초자연적인 원수와 인간 원수에 관해 이야기한다. 이 사악한 세력은 우주의 궁극적인 지배권을 차지하기 위한 전쟁에서 이미 패했기 때문에, 마치 상처를 입고 진퇴양난에 빠진 짐승처럼 작은 전투에서 잔인하게 싸운다(12:12). 이러한 우주적 대립에 중립은 없다. 당신은 어느 한편을 선택해야만 한다. 가끔 전투에 정전(停戰)이나 휴전(休戰)이 있을 수는 있지만, 새 창조가 완성되기 이전에는 우리는 항상 영적 전쟁 속에서 살 수밖에 없다. 우리는 교전 지역에서 살고 있다고 말할 수 있다.

요한계시록은 비난, 속임수, 유혹, 박해 등 우리의 원수들이 주로 사용하는 각종 전술과 전략을 보여준다. 이 책은 우리에게 하나님이 예수 그리스도의 십자가와 부활로 말미암아 이 전쟁의 핵심 전투에서 이미 승리하셨음을 확신시켜준다. 아마겟돈은 미래의 일이지만, 그것은 역사의 최종 결과를 판가름할 전쟁이 아니라 마귀의 최후의 반항에 불과하다. 비록 전쟁에서 이미 승리하긴 했지만, 아직 싸워야 할 전투가 많이 남아 있고, 요한계시록은 우리가 이 전투를 어떻게 싸워야 하는지를 가르쳐준다. 우리는 인간의 군사적·경제적·정치적 무기에 의지하여 이 전투에서 이기는 것이 아니다. 우리는 그리스도가 행하신 일에 의지하여 어떠한 대가를 치르는 한이 있어도 주님께 순종함으로써, 그리고 하나님이 끝까지 자기 백성을 지키실 것을 믿음으로써 전투에서 이기는 것이다(12:11). 다시 말해 우리는 예수를 신실하게 따르고, 하나님의 진리를 증언함으로써 이 전투에 임하는 것이다.

이 땅의 주민들과 제국들

미국의 "바이블 벨트"라고 불리는 지역에서 신앙생활을 하며 자라난 나는 어떤 사람이 하나님과 동행하는 삶을 살면 모두가 그를 존경할 것이라는 이상한 생각을 갖게 되었다. 다시 말해 헌신적인 그리스도인에게는 오직 친구만 있고 원수는 없어야 한다는 것이다. 이러한 신념은 성경공부를 통해 얻은 것이 아니다. 이것은 내가 속해 있는 문화에서 흡수한 생각일 뿐이었다. 의로운 삶이 좋은 평판을 얻게 한다는 것은 어느 정도 사실이지만, 그것은 순진한 생각이며, 신실한 그리스도인인 우리에게는 결코 원수가 없을 것이라는 생각은 명백히 잘못된 것이다. 우리에게는 원수가 있을 수밖에 없다. 예수께도 원수가 있었으며, 그는 또한 우리에게도 원수가 있을 것이라고 말씀하셨고, 어떻게 그들에게 대응해야 하는지도 가르쳐주셨다. 우리는 요한계시록에서 신자들이 인간 원수를 마주하는 많은 예를 볼 수 있다.

우리는 일곱 교회를 향한 메시지 안에서 마치 모든 것을 할 수 있는 자유를 누리는 매우 영적인 신자로 자기 자신을 가장한 거짓 교사들을 만난다(2:2). 요한계시록은 발람의 가르침을 받은 니골라당(2:6, 15)과 이세벨과 그 추종자들(2:20-23)을 언급한다. "니골라당"이란 용어는 "사람에게 이긴" 혹은 "승리한 사람"이란 의미를 갖고 있으며, 아마도 이 책 전반에 걸쳐 사용된 중요한 단어 "니카오"(*nikaō*, "이기다" 혹은 "승리하다")에 대한 언어유희로 보인다(2:7, 11, 17, 26; 3:5, 12, 21; 5:5; 6:2; 11:7; 12:11; 13:7; 15:2; 17:14; 21:7). 이처럼 서로 다른 그룹들도 유사한 신앙 체계를 갖고 있었던 것 같다. 즉 그리스도인들은 당대의 문화 속에 내재된 이교도 행위(예. 음행과 거짓 신 숭배)에 동참하면서도 여전히 신실한 그리스도인으로 살 수 있었다. 이와는 대조적으로 예수는 죄로 물든 우리의 습관에 우리 몸을 내어주고서는 하나님으로부터 칭찬을 받을 수 없다고 가르치신다(2:16, 20-25을 읽어보라). 우리가 우리 몸을 가지고 무엇을 하는지는 매우 중요한 사안이며, 이것은 실제로 우리의 영성을 그대로 반영한다.

일곱 교회의 신자들은 그들의 공동체에 속해 있는 일부 유대인의 반대에 직면하게 되었다. 유대인들은 유대교가 고대 유일신 종교로 용인되었기 때문에 로마 황제 숭배에서 면제되었다. 1세기 거의 전반에 걸쳐 그리스도인들과 유대인들은 서로 동일시되었고, 그 결과 그리스도인들도 어느 정도 보호를 받을 수 있었다. 그러나 60년대 중반 네로 황제 통치 기간에 일어난 박해와 더불어 로마 당국은 기독교를 더 이상 용인해서는 안 될 새로운 종교로 보기 시작했다. 그 결과 일부 유대인은 그리스도인들을 "중상모략"(*blasphēmia*, 2:9)하는 발언을 하거나,

그들을 로마 당국에 고소하여 박해를 받도록 만들었다. 유대인들이 이렇게 한 이유는 아마도 그들이 예수를 메시아로 인정하지 않았거나, 그들의 친구 중 다수가 기독교로 개종했거나, 혹은 그리스도인들이 유대교 율법을 잘못 해석하고 있다고 느꼈기 때문일 수도 있다. 아무튼 예수는 그의 제자들을 박해하는 유대인들은 절대로 참된 유대인이 아니라고 말씀하신다. 실제로 그들은 하나님의 참된 백성이기보다는 "사탄의 회당"이다(2:9). 예수는 다른 교회에 "보라! 사탄의 회당, 곧 자칭 유대인이라 하나 그렇지 아니하고 거짓말하는 자들 중에서 몇을 네게 주어 그들로 와서 네 발 앞에 절하게 하고, 내가 너를 사랑하는 줄을 알게 하리라"(3:9)고 말씀하신다.

그리스도인들을 향한 유대인들의 비난은 유대인들이 사도 요한의 제자이자 서머나의 주교였던 폴리카르포스를 배신하여 그로 하여금 순교하게 만든 2세기까지 지속되었다. 그의 죽음에 관한 이야기는 신약성경 외에 나오는 그리스도인의 순교에 관한 기록 가운데 가장 오래된 이야기다.

폴리카르포스가 원형극장으로 끌려 들어갈 때 하늘에서 그에게 음성이 들렸다. "폴리카르포스! 담대하고 사나이답게 싸워라!" 누가 말했는지는 아무도 보지 못했지만, 거기에 있던 우리 형제들은 그 음성을 들었다. 폴리카르포스가 붙잡혔다는 소식을 듣자 관중들은 떠들썩했다. 총독은 그에게 폴리카르포스인지 물었다. 그렇다는 말을 듣고 총독은 그를 설득하고자 "카이사르의 이름으로 맹세하시오. 당신이 고령인 점을 생각하시오. 회개하고, '무신론자들은 물러가라'고 말하시오"라고 하면서 배교하도록 그를 종용했다. 폴리카르포스는 경기장에 모인 사악한 이교도 군중을 엄숙하게 바라보았고, 그는 "무신론자들은 물러가라!"고 말했다. 총독은 "맹세하라"고 말하면서 "예수를 비난하라. 그러면 내가 너를 풀어주겠다"고 재촉했다. 폴리카르포스는 "나는 86년 동안 그분을 섬겨왔습니다"라고 말했다. 그리고 "그분은 나를 한 번도 버리신 적이 없습니다. 그런데 내가 어떻게 나의 왕이시며 구원자이신 그분을 모독하겠습니까?"라고 말했다.[1]

교회를 대적했던 이 두 그룹(거짓 교사들과 거짓 유대인들) 모두 매우 종교적이었다는 점을 주목해야 한다. 거짓 교사들과 거짓 유대인들은 도덕성과 지배적인 문화에 대한 시각에서는 서로 차이가 있었지만 그럼에도 그들은 모두 종교적이었다. 사람들은 자신들이 하는 일을 하나님이 싫어하시는데도 불구하고 마치 하나님이 자신들의 편인 것처럼 느낀다. 자신이 참된 신자라고 주장하는 사람들이 언젠가 당신의 삶에서 당신에게 적대감을 나타내더라도 놀라지 말라. 요한계시록은 모든 종

---

1   *The Martyrdom of Polycarp* 9 (trans. J. B. Lightfoot, ed. Stephen Tomkins; see "#103: Polycarp's Martyrdom," ed. Dan Graves, Christian History Institute, https://www.christianhistoryinstitute.org/study/module/polycarp/).

교가 하나님으로부터 온 것이 아니며, 하나님을 증언한다고 주장하는 사람 모두가 실제로 다 그런 것은 아니라는 것을 상기시켜준다. 우리의 신앙에 적대적인 반응을 보이는 이들과 대립할 때 우리에게 필요한 것은 예수의 가르침으로 되돌아가기 위한 겸손과 그를 기쁘시게 하는 방식으로 대응할 지혜와 용기다.

요한계시록은 또한 인간의 적대감이 불신자들로부터 나올 것임을 가르친다. "땅에 거하는 자들" 또는 "땅에 사는 자들"이란 표현은 요한계시록에서 열 번 나오고(3:10; 6:10; 8:13; 11:10; 13:8, 12, 14[2회]; 17:2, 8), 항상 불신자 즉 항상 하나님께 직접 반항하는 이들을 가리킨다. 그들은 짐승을 예배하고 큰 음녀와 간음한다(13:8, 12, 14; 17:2, 8). 그들은 하나님의 백성을 조롱하고 박해한다(6:10; 11:10). 그 결과 그들의 이름은 생명책에 기록되지 않고, 그들은 하나님의 진노를 받을 것이다(3:10; 8:13; 17:8). 성경은 예수를 따르는 이들이 예수를 따르지 않는 이들의 증오와 적대감의 대상이 될 수 있음을 명확히 보여준다. 예를 들어 예수는 "나로 말미암아 너희를 욕하고, 박해하고, 거짓으로 너희를 거슬러 모든 악한 말을 할 때에는 너희에게 복이 있나니"라고 말씀하시고(마 5:11), 사도 바울은 "무릇 그리스도 예수 안에서 경건하게 살고자 하는 자는 박해를 받으리라"고 경고한다(딤후 3:12).

물론 이것은 모든 비(非)그리스도인이 그리스도인들을 미워한다는 의미는 아니다. 이것은 이 세상이 박해하는 것 때문에 놀라지 말라는 뜻이다. 우리가 박해를 추구할 필요는 없지만, 그런 일이 발생할 때

충격을 받지 말아야 한다. 일반적으로 미국 그리스도인들은 오늘날 전 세계에 흩어져 있는 믿음의 동료들이 어떠한 박해를 받고 있는지에 대해 무지하다. 최근 로마에서 "국제적 종교의 자유와 가치관의 세계적 충돌"이라는 제목의 컨퍼런스가 열렸는데, 거기서 프란치스코 교황은 "전 세계 그리스도인들이 이러한 차별을 가장 많이 받는다는 사실은 매우 고통스럽다. 오늘날 그리스도인들이 받는 박해는 첫 수 세기 동안 교회가 당한 것보다 훨씬 더 심하고, 오늘날에도 순교 당하는 그리스도인들이 그 어느 시대보다 훨씬 더 많다"고 말했다.[2] 이러한 고난을 추적하는 복음주의 신학자들과 단체들은 대체로 이에 동의한다.[3]

요한계시록은 하나님과 그의 백성을 대적하는 사악한 제국에 대해서도 말한다. 요한계시록에서 가장 큰 이교도 세력의 중심은 "큰 성바벨론" 혹은 "큰 음녀"로 불린다. 이 표현은 1세기에 의심의 여지 없이 로마 제국을 가리켰지만, 거의 모든 세기마다 반(反)그리스도교 제국이 있었다. 17-19장에서 요한은 바벨론, 곧 사악한 1세기 제국의 특징과 행동에 대해 상세히 기록한다. 하나님은 이 큰 음녀가 저지른 네 가지 죄로 인해 그녀를 심판하신다. (1) 그녀는 교만함과 우상숭배

---

2 Cindy Wooden, "Persecution of Christians Worse Than in Early Church, Says Francis," *Catholic Herald*, June 23, 2014, http://www.catholicherald.co.uk/news/2014/06/23/persecution-of-christians-worse-than-in-early-church-says-francis/.

3 오늘날 그리스도인들이 어떠한 박해를 받고 있는지, 그리고 어떻게 그들을 도울 수 있는지에 관해서는 다음 웹사이트를 참조하라. http://www.persecution.com 또는 http://www.persecution.org.

를 통해 자신에게 영광을 돌리고, 하나님을 거부한다. (2) 그녀는 음행을 조장한다. (3) 그녀는 인간의 필요를 무시하며, 지나친 사치와 물질주의에 탐닉한다. (4) 그녀는 예수 그리스도를 따르는 이들을 학대하고 죽인다.[4] 어떤 사회 혹은 사회의 일면이 이러한 특징들을 재현한다면 그것이 종교적인지 아닌지의 여부를 떠나 그것은 바벨론의 일부라고 할 수 있다. 당신은 아마도 끓는 물 속의 개구리에 관한 이야기를 들어본 적이 있을 것이다. 당신이 끓는 물 속에 개구리를 넣으면 그 개구리는 당장 밖으로 뛰쳐나갈 것이다. 그러나 찬물에 개구리를 넣고 천천히 물을 덥힌다면 개구리는 밖으로 뛰쳐나오지 않고, 그냥 거기 앉은 채로 물이 끓어 죽고 말 것이다. 이 이야기는 사람들이 중요하지만 서서히 일어나는 변화에는 대부분 반응하지 않는다는 사실을 보여준다. 불경한 제국들은 중독성이 있다. 그것이 우리에게 주는 기쁨과 혜택은 우리를 매혹시키며, 그것이 무엇인지 알기도 전에 수많은 방법으로 우리를 지배한다. 우리는 우리 앞에 있는 제국(들)에 얼마나 마음을 빼앗기고 있는지 자문해야 한다. 우리는 스포츠나 유흥 오락에 얼마나 많이 중독되어 있는가? 우리는 언론을 통해 노출되는 죄에 둔감해지지 않았는가? (우리는 성경이 명시적으로 금지하는 제국의 부도덕성을 묵과하거나 눈감아주기 위해 때때로 농담을 사용하지는 않는가?) 우리는 이기적

---

4   참조. J. Scott Duvall, *Revelation*, Teach the Text Commentary Series (Grand Rapids: Baker Books, 2014), 223-24.

인 목적으로 부(富)를 추구하고 있는가, 아니면 타인에게 너그럽게 희생하며 베풀고 있는가?

하나님은 우리보다 죄를 훨씬 더 심각하게 다루신다. 요한계시록에 의하면 바벨론에 대한 하나님의 심판은 모든 것을 초토화시킬 만큼 충격적이며, 백 퍼센트 확실하게 일어날 것이다. "그러므로 하루 동안에 그 재앙들이 이르리니 곧 사망과 애통함과 흉년이라. 그가 또한 불에 살라지리니, 그를 심판하시는 주 하나님은 강하신 자이심이라"(18:8). 그렇기 때문에 하나님은 그의 교회에 분명히 말씀하신다. "내 백성아! 거기서 나와 그의 죄에 참여하지 말고, 그가 받을 재앙들을 받지 말라"(18:4).

불경스러운 삼위일체

인간 원수들과 세상의 제국들은 훨씬 더 영구적이며 강력한 사탄의 제국으로부터 능력과 동기부여를 받고 그들의 노예가 된다. 이와 관련하여 사도 바울은 다음과 같이 말한다. "우리의 씨름은 혈과 육을 상대하는 것이 아니요, 통치자들과 권세들과 이 어둠의 세상 주관자들과 하늘에 있는 악의 영들을 상대함이라"(엡 6:12). 성부, 성자, 성령의 거룩한 삼위일체가 있듯이 요한계시록은 용(사탄)과 두 짐승의 불경스러운 삼위일체에 대해 묘사한다.

붉은 용 또는 사탄은 하나님과 그의 백성의 최대의 적이다. 우리는 요한계시록 2-3장에서 사탄이 어떻게 배후에서 하나님의 백성이 당하는 박해를 주도하는지 보았다. 그러나 우리는 붉은 용(사탄)이 남자아이(예수)를 집어삼키고자 기다리는 내용이 담긴 12장을 읽기 전에는 결코 이에 대한 완전한 그림을 볼 수 없다. 그는 아이를 죽이는 데 실패한 후 여자와 그의 자식(하나님의 백성)을 공격한다. 그는 그들도 잡을 수 없다. 왜냐하면 그와 그의 악한 천사들이 하늘에서 미가엘과 그의 천사들과 벌인 전쟁, 즉 그가 지상에서 예수의 십자가와 부활을 통해 맛보아야 했던 패배를 반영하는 전쟁에서 이미 패배했기 때문이다. 최후의 심판 때 사탄과 그의 악한 세력들은 영원한 고통의 형벌을 심판으로 받게 될 것이다(21:7-10; 마 25:41). 그러나 그는 그러는 사이에 엄청난 해를 입히고, 성도들의 박해에 대한 궁극적인 근원이 된다.

마귀는 영적으로 하나님의 백성을 이길 수 없으며, 그들을 하나님으로부터 빼앗을 수 없다. 왜냐하면 성령이 그의 보호하시는 임재로써 그들을 인 치셨기 때문이다. 그 결과 그는 신자들을 속이거나, 비난하거나, 또는 박해하려고 애쓴다. "마귀"라는 용어는 "고소인" 혹은 "중상자"를 의미하며, 하나님 앞에서 우리를 참소하고(12:10), 우리를 기만하여 하나님으로부터 돌아서게 하는(12:9) 그의 주요 전략을 반영한다. 기만과 참소는 모두 거짓말에 기반한다. 사탄이 우리를 지배하기 위해서는 최소한 우리가 잠시라도 하나님의 진리로부터 벗어나서 그의 거짓말을 믿어야 한다. 따라서 우리는 하나님이 말씀을 통해 우리에게 주신 그분의 진리를 잘 알아야 한다. 하나님의 진리를 우리의 피난처로 삼는다는 것은 성경에 기록된 하나님의 이야기를 아는 것, 성경의 여러 단원을 어떻게 해석하고 적용하는지를 아는 것, 하나님의 말씀을 존중하고 잘 가르치는 공동체의 일원이 되는 것, 성경 말씀을 지속적으로 외우고 묵상하고 기도하는 것을 포함한다.

나는 한 번도 스쿠버 다이빙을 해본 적은 없지만 그것이 아주 재미있다는 말을 들은 적은 있다.[5] 산소통에 의지하여 해저에 있는 물의 세계를 탐험한다는 것은 아주 신나는 일일 것이다. 물론 모든 것이 다 재미있고 그저 단순한 놀이에 불과한 것만은 아니다. 예전에 해군 잠수부였던 이는 너무 깊고 어두운 물속에서 방향 감각을 잃고 난감해했던 경험을 나에게 말해주었다. 나는 바로 앞에 있는 손조차 보이지 않고 공포에 압도되어 어느 방향이 위인지도 알 수 없는 물속에서 자신을 삼킬 만큼 무서운 공포를 그가 느꼈다는 것이 얼마나 무서운 것인지 충분히 짐작할 수 있었다. 나는 즉시 친구의 말을 가로막고 물었다. "그런 일이 생길 때 너는 어떻게 해?" 나는 그가 내 앞에 서서 나에게 말하고 있었으므로 당연히 그러한 어려운 상황을 극복하고 살아남은 것에 대해 잘 알고 있었다. 그는 "기포를 더듬어서 느끼지"라고 말했다. "칠흑 같이 어둡고 어디로 가야 할지 모를 때 손을 뻗어 기포를 더듬어서 느껴야 해. 기포는 언제나 수면 위로 이동하면서 떠다니

---

5 이 예화는 다음의 책에서 인용했다. J. Scott Duvall, *Experiencing God's Story of Life and Hope: A Workbook for Spiritual Formation* (Grand Rapids: Kregel, 2008), 19.

거든. 네 느낌이나 판단을 신뢰할 수 없을 때, 너는 너 자신을 다시 위로 데려다줄 기포를 언제나 신뢰할 수 있어." 우리의 느낌이나 직관을 신뢰할 수 없을 때, 우리에게 무엇이 진짜이고 사실인지를 판단할 수 있는 방법이 필요하다는 점에서 인생은 스쿠버 다이빙과 유사하다. 성경은 마귀의 기만적인 술책을 피하도록 우리를 돕고, 무엇이 진짜고 사실인지를 알도록 돕는 하나님의 놀라운 선물이며, 현실과 똑같은 실전의 책이다.

비록 사탄은 패배했지만 그는 여전히 우리가 계속 대항해야 할 위험한 원수다(약 4:7; 벧전 5:9). 나는 오늘날 사탄이 그리스도인들을 기만하기 위해 사용하는 방법 중 하나가 바로 주의를 산만하게 만드는 것이라고 생각한다. 우리는 무엇이 중요하고, 또 무엇이 우리가 해야 할 일인지를 단순히 잊어버리고 산다. 우리는 방향을 잃어버리고, 탈선하고, 떠돌아다니면서 중요하지도 않은 어리석은 일을 위해 인생을 허비한다. 우리는 소셜 미디어로부터 지나친 자극을 받고, 극도로 산만해진다. 우리가 오랜 시간에 걸쳐 이렇게 우리 주의를 산만하게 만드는 사소한 것에 계속 굴복할 때 그것들은 우리의 인생에 큰 비극을 초래할 수 있다. 그리고 우리는 기만당하고 방황하게 된다. 이것이 사탄이 일하는 방식이다. 우리의 주의를 산만하게 만드는 것에 대해 "아니오"라고 말하는 것도 중요하지만, 사실 우리는 하나님께서 우리가 실천하길 기대하시는 몇 가지에 대해 "예"라고 말하는 것에 더 집중해야 한다. 우리가 긴박감을 갖고 우리의 삶 속에서 주님과 그분이 주신 사명을 따라갈 때 비로소 우리를 산만하게 만드는 것들이 사라진다.

요한계시록 12:11은 이 책 전체를 한 구절로 요약한다. "또 우리 형제들[그리스도인들]이 어린양의 피와 자기들이 증언하는 말씀으로써 그를 이겼으니, 그들은 죽기까지 자기들의 생명을 아끼지 아니하였도다." 이 구절은 어떻게 그리스도인들이 마귀를 정복하는지를 가르쳐준다. 첫째, 우리는 그리스도가 우리 죄를 위해 십자가에서 피 흘리심으로써 완성하신 일을 의존해야 한다. 우리를 향한 사탄의 고소는 어불성설이다. 왜냐하면 우리는 우리가 행한 일이 아닌, 그리스도께서 십자가에서 완성하신 일에 의존하고 있기 때문이다. 둘째, 우리는 무슨 일이 있어도 그리스도와 그의 신실하심("자기들이 증언하는 말씀으로써")을 계속 신뢰해야 한다. 우리는 예수께 "예"라고 말하는 것에 주력해야 하며, 그가 우리를 위해 행하신 일에 주의를 집중해야 한다. 이것이 우리의 인생을 불태울 열정이 된다. 우리의 시선을 예수께 고정할 때 비로소 우리는 기만당하지 않는다.

우리는 요한계시록 13:1에서 용(성경에 등장하는 악에 대한 일반적인 상징)이 바닷가에 서서 바다에서 짐승을 불러내는 것을 본다. 요한계시록에는 두 짐승이 나온다. 그들은 바다에서 온 짐승(전통적으로 적그리스도라 부른다)과 땅에서 온 짐승(전통적으로 거짓 예언자라고 부른다)이다. 우리는 사탄이 모든 전투에서 자신이 직접 싸우려고 하지 않는다는 것을 알아야 한다. 그는 하나님의 적이지만 그렇다고 해서 하나님의 호

적수는 아니다. 즉 그는 전지전능하고 무소부재한 존재가 아니다. 사탄은 하나님과 그를 따르는 자들과 전쟁을 벌이기 위해 주로 사악한 체계와 지도자들을 활용한다.

요한계시록 13장은 사탄과 협력하는 두 짐승에 관해 더 자세히 말한다. 이 두 짐승은 사탄에게 능력을 부여받은 사악한 제국을 상징한다. 1세기의 네로 황제나 도미티아누스 황제 혹은 20세기의 아돌프 히틀러와 같은 사악한 지도자는 흔히 이러한 사악한 체제의 화신이자 상징이다. 이것은 이 두 짐승이 사람처럼 보일 수도 있지만, 개인보다 훨씬 더 거대하고 강력한 존재임을 말해준다. 첫 번째 짐승은 사탄을 섬기기 위한 정치적·군사적·경제적 힘을 상징하는 반면, 두 번째 짐승은 첫 번째 짐승을 위한 선전 도구 역할을 하는 거짓 종교 세력을 상징한다. 첫 번째 짐승은 흔히 "적그리스도"라고 불리지만, 요한계시록에서는 실제로 이 용어가 사용되지 않는다. 또한 짐승의 표 혹은 666은 네로와 같은 로마 황제를 가리킨다.[6] 초기 그리스도인들은 로마 제국과 그 황제를 거의 확실히 이 첫 번째 짐승으로 보았다.

두 번째 짐승은 거짓 예언자로 불렸으며, 아마도 황제와 다른 이교도 신들의 숭배를 장려하는 종교 제도인 황제 숭배를 가리킨다. 비록 이러한 이미지를 모든 시대의 악한 제국과 그 지도자들, 그리고 각 시대의 "종교"에도 적용할 수 있지만, 초기 그리스도인들이 이러한

---

6   참조. Duvall, *Revelation*, 186-87.

이미지를 어떻게 이해했는지를 아는 것은 중요하다. 요한은 요한1서 2:18에서 다음과 같이 기록한다. "아이들아! 지금은 마지막 때라. '적그리스도가 오리라'는 말을 너희가 들은 것과 같이 지금도 많은 적그리스도가 일어났으니." 어떠한 권력 체제든 간에 삼위일체 하나님을 대적하고 절대적 충성 또는 숭배를 요구한다면 그것은 요한이 여기서 말하는 범주에 포함될 것이다.

두 짐승은 사탄의 꼭두각시 역할을 수행한다. 이 두 짐승은 신자들에게 거짓말을 하고(13:6), 경제적으로 억압하고(13:16-17), 초자연적인 징조를 통해 그들을 기만하고, 그들이 세속적인 체제가 아닌 하나님께 충성하면 그들을 처벌한다(13:7, 10, 15). 이 두 짐승은 예수가 재림할 때 심판을 받을 것이지만(17:8; 19:19-21), 그때까지 우리는 그들에게 저항해야 한다.

용과 두 짐승은 불경스러운 삼위일체를 이룬다. 그들에게는 선한 것이 하나도 없으며, 그들은 최선을 다해 선한 것을 흉내내려고 한다. 우리가 악을 거부해야 할 한 가지 이유가 있다면 그것은 바로 이 악이 하나님께서 지금까지 행하신 것에 대한 삼류 모조품이거나 가짜 모조품이기 때문이다. 하나님은 예수를 죽음에서 다시 일으키신 반면, 짐승은 치명상을 입었다가 다시 나았다(13:3, 14).[7] 하나님은 그분의 백성을 인 치시고 보호하신 반면, 짐승은 그의 추종자들에게 표를 준다

---

7   이 치명상이 어떻게 그리스도의 부활을 모방한 것인지는 다음을 참조하라. Duvall,

(13:16-17). 하나님은 하늘에 자신의 보좌가 있고, 짐승도 자신의 보좌가 있다(13:2). 짐승도 하나님을 향한 예배를 모방하여 자신을 예배할 것을 요구한다(13:8, 14-15).

악은 그 안에 어떤 에너지나 생명이 없기 때문에 항상 인기를 끌기 위해 선(善)을 모방하려고 애쓴다. 코넬리우스 플랜팅가는 이렇게 말한다.

사탄은 자신의 방법을 관철시키기 위해 선한 것을 좋아하는 우리의 욕구에 호소해야만 한다.…악은 승리하기 위해 거머리처럼 선한 것에 달라붙어 힘과 지성뿐 아니라 진실성까지도 빨아먹는다. 위조지폐로부터 시작해서 가짜 여객기 부품, 진정성 있어 보이는 가짜 예술인의 표정에 이르기까지 악은 위장하고 나타난다. 따라서 그것은 간악하고 음흉한 것이다.[8]

Revelation, 180:
> 많은 해석가들은 치유된 치명상이 로마 황제 네로를 가리킬 개연성이 가장 높다고 본다. 기원후 68년 네로 황제가 자살한 후, 그가 실제로 죽지 않았다는 소문이 퍼졌다. 오히려 그는 동쪽으로 도망쳤고, 언젠가 군대와 함께 권좌로 복귀하리라는 것이다. 다른 이들은 네로가 죽었고, 죽음에서 다시 살아날 것이라고 믿었다(네로 환생 신화). 이 본문이 1세기를 넘어 어떻게 이해될 수 있을지에 대한 가장 개연성 있는 해석은 다음과 같다. (1) 하나님과 그의 백성을 대적하는 이교도의 정치적, 군사적, 그리고 경제적 권력의 반복된 출현; (2) 말세에 있을 적그리스도의 죽음과 부활.

8 Cornelius Plantinga, *Not the Way It's Supposed to Be: A Breviary of Sin* (Grand Rapids: Eerdmans, 1995), 98.

이는 우리에게 무엇이 진짜이고 사실인지를 알며 신실하게 살기 위해 지혜와 분별력을 활용하는 것이 얼마나 중요한지를 상기시켜준다 (13:9-10, 18). 성숙한 신자는 악으로부터 선을 구별하고자 할 때 성령의 참된 음성을 가려낼 줄 아는 방법을 배우게 될 것이다.

하나님의 궁극적인 승리

나는 학생들을 데리고 여러 차례 이스라엘로 수학여행을 간 적이 있다. 우리는 일반적으로 종일 여행하는 첫날에 고대 도시인 므깃도와 갈멜산 주변을 방문한다. 그 유명한 요한계시록의 "아마겟돈"은 "므깃도산"을 의미한다. 그러나 므깃도산이 없기 때문에 이 연관성은 모호하며 상징적인 것으로 보인다. 갈멜산 정상에서 볼 수 있는 주변의 계곡들은 하나님의 백성이 고대에 이방 민족들의 공격을 받아 많은 전투를 벌였던 장소다. 아마겟돈은 역사의 종말에 하나님과 악의 세력들 간에 벌어지는 대규모 전쟁을 상징한다고 보는 것이 타당하다.

아마겟돈은 요한계시록 16장에서만 언급되었지만, 그 전쟁에 관한 설명은 19장에 나온다. 16:13-14에서는 가짜 삼위일체가 네 번째 악한 영에게 "하나님, 곧 전능하신 이의 큰날에 있을 전쟁"을 위해 악한 자들을 모으라고 말한다. 악은 악마의 영감을 받은 미사여구와 선전을 통해 많은 사람을 현혹시키고 하나님께 대항하도록 만든다.

요한계시록 19장과 실제 전쟁을 살펴보기 이전에 16:15에서 예수가 "보라! 내가 도둑같이 오리니 누구든지 깨어 자기 옷을 지켜 벌거벗고 다니지 아니하며 자기의 부끄러움을 보이지 아니하는 자는 복이 있도다"라고 말씀하신 삽입구에 세심한 주의를 기울여야 한다. 이것은 요한계시록에 관해 왜 이토록 혼란이 많은지를 잘 보여주는 사례다. 거의 모든 사람이 아마겟돈에 관해 들어보았지만, 이 구절에 나오는 예수의 축복 선언에 관해 들어본 사람은 많지 않다. 하지만 16:15은 장차 일어날 전쟁이라는 의미에서 우리에게 매우 중요한 메시지를 제시한다. 아마겟돈이 무엇인지 이해하는 것보다 이 구절에 나타난 예수의 말씀에 귀기울이는 것이 훨씬 더 중요하다. 예수는 이미 제자들에게 자신의 재림이 한밤중에 도둑이 오는 것처럼 갑자기 임할 것이므로 방심하지 말 것을 경고했다(예. 마 24:43; 눅 12:39). 벌거벗었다는 것은 수치와 죄책감과 심판을 면할 수 없음을 상징한다(3:3-5, 17-18). 예수는 바벨론이 우리를 안심시켜 영적으로 잠들게 할 수 있다고 말한다. 우리는 모든 에너지를 말세의 전쟁과 그것이 언제 어디서 일어날지 추측하는 데 쓰지 말고, 매일 우리의 삶에서 일어나는 개인의 전투에 신실하게 임해야 한다. 이것이 깨어서 근신하는 것을 의미한다. 항상 방심하지 않는다는 것은 예수께 항상 신실함을 의미한다. 비록 순종의 삶을 산다는 것이 말세에 무슨 일이 일어날지를 알아맞히는 묵시문학적 퍼즐처럼 신나는 일은 아니지만, 이것은 훨씬 더 중요하다.

당신을 실망시키고 싶진 않지만 그럼에도 아마겟돈 전쟁은 실제로 일어날 전쟁이라고 할 수 없다. 이 전쟁은 그리스도의 재림과 함께 시작한다. 예수께서 처음에 인간의 몸을 취하시고 우리의 죄를 위해 십자가에서 죽기 위해 이 땅에 오셨을 때 그분은 힘없는 아기의 모습으로 오셨지만, 그가 재림하실 때에는 모든 악을 단번에 멸하기 위해 용사 메시아로 오신다. 요한계시록 19:11-16에서 전투태세를 갖춘 예수의 모습은 정말 무시무시하다. 이어서 19:19-21은 아마겟돈 전쟁에 관해 묘사한다.

> 또 내가 보매, 그 짐승과 땅의 임금들과 그들의 군대들이 모여 그 말 탄 자와 그의 군대와 더불어 전쟁을 일으키다가 짐승이 잡히고, 그 앞에서 표적을 행하던 거짓 선지자도 함께 잡혔으니, 이는 짐승의 표를 받고, 그의 우상에게 경배하던 자들을 표적으로 미혹하던 자라. 이 둘이 산 채로 유황불 붙는 못에 던져지고 그 나머지는 말 탄 자의 입으로부터 나오는 검에 죽으매 모든 새가 그들의 살로 배불리더라.

나는 이미 이 전쟁의 결말이 매우 실망스러울 것이라고 말했다. "그러나 짐승이 잡혔다"는 것은 모든 것이 끝났다는 말이다. 예수는 단지 나타나는 것만으로도 승리를 거둔다. 만왕의 왕이자 만주의 주이신 그분은 말씀(15절의 그의 입의 검)으로 악을 정복하고 심판한다. 이것으로 두 짐승은 처리된다. 그렇다면 용은 어떻게 되는가?

이로써 요한계시록 20장과 모든 천년왕국 문제는 상당히 복잡해질 수 있다.[9] 핵심은 바로 용이 한동안 갇혀 있게 될 것이라는 점이다. 그는 풀려난 후 최후의 반란을 일으키고, 악한 자들을 진두지휘할 것이며, 하나님의 백성을 파멸시키려 할 것이다(이것은 그리 놀랄 일이 아니다). 바로 그때 지금까지 오랫동안 참으신 하나님께서 이 사탄을 불 못에 던져버리실 것이며, 그는 그곳에서 영원히 고통당하게 될 것이다. 그 후 사악한 인간들은 하나님의 심판을 받게 된다(20:11-15을 보라). 결국 사망을 비롯해 사탄과 그의 악마의 군대, 두 짐승, 모든 사악한 인간은 최후의 심판을 상징하는 불 못에 던져진다.

요한계시록 21장이 시작되면 모든 악은 사라지고, 하나님은 만물―새 하늘과 새 땅, 새 천성, 새 몸을 입은 신자들―을 새롭게 하시고, 그의 백성 가운데 영원히 거하실 것이다. 뿐만 아니라 거기에는 죄, 악, 원수, 애통하는 것, 곡하는 것, 고통 또는 죽음이 없을 것이다. 하나님은 "다 이루었도다"라고 말씀하신다. "나는 알파와 오메가요, 처음과 마지막이라.…이기는 자는 이것들을 상속으로 받으리라. 나는 그의 하나님이 되고, 그는 내 아들이 되리라"(21:6-7).

---

9   요한계시록 20장에 대한 나의 주석, Duvall, *Revelation*, 262-79을 보라.

우리의 전투 방법

요한계시록에서 한 가지 확실하게 보여주는 것이 있다. 그것은 바로 하나님과 그의 백성이 악의 세력과 전쟁을 벌이고 있다는 사실이다. 이 전쟁의 결과는 확실하다. 신약학자인 그랜트 오스본(Grant Osborne) 이 우리에게 상기시켜주듯이 우리는 아마겟돈을 기다릴 필요가 없다.

> 그[사탄]는 이미 패배했다. 왜냐하면 요한계시록의 대대적인 승리는 아 마겟돈이 아닌 십자가에서 일어나기 때문이다. 대대적인 승리를 거두신 분은 죽임 당한 어린양이며(5:6, 12), 마귀는 "자기의 때가 얼마 남지 않 은 줄을 안다"(12:12). 아마겟돈은 최후의 전쟁이 아니며, 이미 패배한 적이 내미는 마지막 도전장일 뿐이다.[10]

비록 아직 중요한 전투가 많이 남아 있긴 하지만, 하나님은 이 우주적 전쟁을 이미 이기셨다. 나는 앞으로 나와 나의 가족, 나의 친구들에게 어떤 일이 닥칠지 잘 모르지만, 궁극적으로 우리가 승리하리라는 것은 잘 알고 있다.

요한계시록은 우리에게 거듭해서 "이기라" 혹은 "승리하라"(그리

---

10 Grant R. Osborne, *Revelation*, Baker Exegetical Commentary on the New Testament (Grand Rapids: Baker Academic, 2002), 34.

스어 "니카오"[nikaō])고 말한다. 요한계시록 2-3장에서는 이기는 자들에게 약속이 주어진다. 그리고 이 책의 결말에서 우리는 승리한 자들이 하나님의 영원한 나라를 상속받고, 그의 임재 안에서 영원히 사는 약속들이 성취되는 것을 본다(예. 21:7). 그러나 이기고 승리한다는 것이 정확히 무슨 의미인가? 우리는 아직 남아 있는 전쟁을 어떻게 싸워야 하는가? 우리는 어떻게 승리할 수 있는가?

요한계시록에는 일곱 가지 복이 나와 있는데, 이 복들은 이기고 정복하는 것이 어떤 의미인지에 관해 우리에게 많은 것을 말해준다.[11]

- "이 예언의 말씀을 읽는 자와 듣는 자와 그 가운데에 기록한 것을 지키는 자는 **복이 있나니** 때가 가까움이라"(1:3).
- "또 내가 들으니 하늘에서 음성이 나서 이르되 '기록하라. 지금 이후로 주 안에서 죽은 자들은 **복이 있도다**' 하시매, 성령이 이르시되 '그러하다. 그들이 수고를 그치고 쉬리니 이는 그들의 행한 일이 따름이라' 하시더라"(14:13).
- "보라! 내가 도둑같이 오리니, 누구든지 깨어 자기 옷을 지켜 벌거벗고 다니지 아니하며 자기의 부끄러움을 보이지 아니하는 자는 복

11 참조. J. Scott Duvall, "Revelation: The Transforming Vision," in C. Marvin Pate et al., *The Story of Israel: A Biblical Theology* (Downers Grove, IL: InterVarsity, 2004), 254-77.

이 있도다"(16:15).

- "천사가 내게 말하기를 '기록하라. 어린양의 혼인 잔치에 청함을 받은 자들은 **복이 있도다**' 하고 또 내게 말하되 '이것은 하나님의 참되신 말씀이라' 하기로"(19:9).

- "이 첫째 부활에 참여하는 자들은 **복이 있고** 거룩하도다. 둘째 사망이 그들을 다스리는 권세가 없고, 도리어 그들이 하나님과 그리스도의 제사장이 되어 천 년 동안 그리스도와 더불어 왕 노릇 하리라"(20:6).

- "보라! 내가 속히 오리니, 이 두루마리의 예언의 말씀을 지키는 자는 **복이 있으리라** 하더라"(22:7).

- "자기 두루마기를 빠는 자들은 **복이 있으니**, 이는 그들이 생명나무에 나아가며 문을 통과하여 성에 들어갈 권세를 받으려 함이로다. 개들과 점술가들과 음행하는 자들과 살인자들과 우상 숭배자들과 및 거짓말을 좋아하며 지어내는 자는 다 성 밖에 있으리라"(22:14-15).

이 일곱 가지 복은 이긴 자들이 (1) 하나님의 말씀을 듣고 순종하며, (2) 죄에서 돌이키고, (3) 끝까지 인내하며 어린양을 따른다는 사실을 우리에게 보여준다. 단도직입적으로 말하자면 이긴다는 것은 우리가 죄에는 "아니오!"로, 하나님께는 "예!"라고 말하는 것이며, 끝까지 그렇게 계속하는 것을 의미한다. 우리는 거짓된 가르침과 음행과 우상숭배와의 타협에는 "아니오!"라고 말하고, 믿음과 봉사와 인내와 고난에는 "예!"라고 말한다. 우리는 우리가 비틀거리거나 길을 잃어버릴 때 회개하고, 우리를 용서하시려고 자신을 희생하신 어린양에게로 돌아온다. 우리는 이것을 다음과 같이 요약할 수 있다. 이긴다는 것은 우리 인생의 마지막까지 우리의 삶 전체를 드려 어린양을 따르는 것을 의미한다.

승리한다는 것에는 한 가지 역설이 들어 있다. 즉 우리는 패함으로써 승리한다(we overcome by being overcome). 우리는 11:7에서 짐승이 두 증인을 공격해 그들을 "제압"하거나 "정복"하는 것을 본다. 나중에 짐승은 성도들과 전쟁을 벌이고 그들을 "제압"하기 위해 권세를 부여받는다. 인류 역사 전반에 걸쳐 악의 세력은 물리적 박해를 가하고 죽임으로써 하나님의 백성을 "제압"했다. 그러나 이것이 이야기의 결말은 아니다. 우리는 12:11에서 신자들이 "어린양의 피와 자기들이 증언하는 말씀으로써 그를 이겼고" "그들은 죽기까지 자기들의 생명을 아끼지" 않았다는 사실을 알게 된다. 예수는 십자가에서 죽으시고 죽은 자 가운데서 다시 살아나심으로써 승리하셨다. 죽음으로 예수를 이긴 사탄의 "승리"는 사실 사탄을 이긴 예수의 승리였다.

패함으로써 승리한다는 것은 심지어 박해나 순교를 당하더라도 계속 신실함을 지켜나가는 것을 의미한다. 왜냐하면 하나님께서는 우리의 부활과 승리를 보증해주시는 예수의 부활을 통해 이미 죽음을 정복하셨기 때문이다. C. S. 루이스가 지은 나니아 연대기의 『사자, 마녀 그리고 옷장』의 결말에서 아이들은 죽은 아슬란의 시체를 발견할 것을 예상하고 깨진 돌 탁자로 달려가지만, 죽기는커녕 활기차게 살아 있는 아슬란을 만나고 크게 놀란다. 그가 실제로 살아 있고 유령이 아니라는 것을 그들이 알고 난 후 수전은 그 모든 것이 무엇을 의미하는지 물었고, 아슬란은 다음과 같이 대답한다.

> 그건 말이야, 마녀가 심오한 마법은 알고 있지만 그럼에도 아직 그녀가 알지 못하는 더 심오한 마법이 있다는 뜻이지. 그녀는 오직 태초 이후에 대해서만 알고 있을 뿐이지. 만일 그녀가 태초 이전의 고요함과 어두움을 조금 깊이 들여다볼 수 있었다면 다른 마법 주문을 읽었을 텐데 말이야. 배반하지 않은 자발적 희생자가 배반자의 속임수에 의해 죽임을 당했을 때 돌 탁자는 깨지고 죽음도 다시 거꾸로 돌아가게 된다는 것을 그녀는 알았을 텐데.[12]

승리는 희생을 통해 온다는 것이 정답이다. 우리 역시 그리스도가 보이신 모본을 따르고 있다. 그리스도의 십자가도 오직 예수만이 우리의 죄를 위한 온전한 희생이 되실 수 있다는 점에서 유일하다. 그러나 그

---

12   C. S. Lewis, *The Lion, the Witch and the Wardrobe*, The Chronicles of Narnia (New York: HarperCollins, 1982), 185.

는 우리가 우리 자신을 부인하고, **십자가를 지고**, 그를 따를 것을 요구하신다(막 8:34-35). 우리는 심지어 고난 가운데서도, 그리고 우리의 목숨을 대가로 치르는 한이 있더라도 신실함을 유지함으로써 승리한다. 우리의 이름은 어린양의 생명책에 기록되어 있기 때문에 심지어 그들이 우리의 생명을 빼앗는다 하더라도 우리는 여전히 생명을 가지고 있다. 우리의 하나님은 부활의 생명의 하나님이시다!

어떻게 싸우는가에 관하여 마지막으로 꼭 한 가지 알아야 할 정말 중요한 것이 있다. 요한계시록은 여러 번에 걸쳐 하나님의 백성을 그분을 따르는 자들의 군대로 묘사한다(예. 7:1-8; 17:14; 19:14, 19). 그러나 여기서 가장 흥미로운 사실은 이 군사들이 실제로 싸우지는 않는다는 것이다. 우리는 원래 주님을 따름으로써 그리스도의 승리에 참여한다. 우리는 그를 따름으로써 싸우는 것이다. 우리의 유일한 무기는 예수 그리스도 안에 있는 하나님의 진리를 증언하는 것이다. 14:4에서 말한 것처럼 그들은 "어린양이 어디로 인도하든지 따라가는 자"다. 예수의 제자가 된다는 의미가 바로 이것이다.

결론

패함으로써 승리한다고 말하는 것과 그렇게 사는 것은 전혀 다른 일이다. 우리 문화 안에서는 거의 모든 것이 이 개념과 상반된다. 사업, 스포츠, 학교 또는 심지어 교회에서조차도 가장 중요한 목표는 이기고, 승리하고, 정복하는 것이다. 경쟁이 우리 문화의 지배적인 코드인 것이다. 삶의 거의 모든 측면에서 이 세상은 우리에게 무언가를 획득하거나 누군가를 물리치라고 요구한다.

한 가지 명확히 밝혀둘 것이 있다. 요한계시록은 우리가 플래그 풋볼 게임에서 이기려고 애쓰지 말라거나, 스페이드 카드 게임에서 지는 것이 이기는 것보다 더 영적이라거나, 혹은 우리가 어느 스포츠 팀의 팬이 될 수 없다고 말하고 있는 것이 아니다. 때때로 약간의 우호적인 경쟁은 무해한 즐거움을 줄 수 있다. (어떤 상황에서든지 이것은 상대방을 이기려는 것보다 최선을 다하려는 사고방식을 갖게 하는 데 도움을 준다.) 문제는 종종 이러한 승리의 개념이 기독교 신앙에까지 영향을 미쳐 그리스도인이 된다는 것이 마치 고난과 시험과 희생과 박해로부터 면제받는 일인 것처럼 생각한다는 것이다. 우리는 우리가 예수를 따르고 항상 승리하기 때문에 그런 일은 우리에게 결코 일어날 수 없다고 생각한다. 그러나 사실 우리는 십자가에서 고통당하시고 죽으신 그분을 따르는 것이다. 이 점을 충분히 이해할 필요가 있다. 세상의 눈으로 볼 때 우리는 이미 패배자다. 그러나 궁극적으로 우리는 하나님의 부활의 능력이 현재 우리가 일시적으로 경험하는 패배를 뒤집어엎을 것을 믿어야 한다. 우리는 부활하신 그리스도를 따른다. 우리의 승리는 확실하다. 심지어 "패배"한다고 하더라도 우리는 이미 승리한 것이다.

1. 당신이 영적 전쟁에 관해 생각할 때 마음에 가장 먼저 떠오르는 것은 무엇인가? 요한계시록이 우리의 원수들이나 전쟁에 대한 당신의 생각을 어떻게 변화시켰는가?

2. 당신도 나처럼 모든 사람이 그리스도인들을 존경할 것이라는 생각을 갖고 성장했는가? 다시 말하면 그리스도인으로서 적대적인 세력과 직면하는 것을 그리스도인의 삶의 정상적인 일부로 생각하고 있는가?

3. 예수는 요한계시록에서 이교도 문화와 타협하면서도 자신들이 신실할 수 있다고 생각한 거짓 교사들을 엄격하게 다루셨다. 예수의 반응에 대한 당신의 반응은 어떠한가?

4. 당신은 세계 곳곳에서 박해받는 교회에 대해 얼마나 알고 있다고 생각하는가? 우리 가운데 다수가 이 주제에 관해 많이 접하지 못했을 것이라고 생각하는 이유는 무엇인가? 우리가 그들을 위해 무엇을 도울 수 있는가?

5. 요한계시록은 바벨론과 같은 사악한 제국에 관해 자세히 이야기한다. 당신은 무엇이 사악한 제국을 만든다고 생각하는가? (당신은 요한계시록 18장의 일부를 읽어야 할 수도 있다.)

6. 요한계시록이 사탄을 어떻게 묘사하고 있는가? 우리를 현혹하는 그의 공격에 대해 우리는 어떻게 반응해야 하는가?

7. 요한계시록은 당신이 영적 전쟁을 지혜롭고 신실하게 치를 수 있게 하는 데 어떤

   도움을 주는가?

....

핵심 구절: 요한계시록 6:10–11; 12:7–9, 13–17; 18:4

참고 본문: 요한계시록 12–13장, 17–18장, 20장

6장
사명

"나의 두 증인"

나는 좋은 소설을 좋아한다. 할리우드 영화가 하나님이 주신 상상력과 실제로 경쟁할 수 없기에 나는 영화보다는 좋은 책을 선호한다(하지만 영화관에서 팝콘을 먹는 것은 좋아한다). 책을 읽어나가면서 나는 그 이야기에 몰입하게 되고 등장인물과 나를 동일시하면서 그 이야기가 어떤 특정 방향으로 전개되길 바라지만, 그렇게 되지 않을 때에는 불평을 늘어놓는다. 이야기는 강력한 힘을 지니고 있다. 나는 소설을 쓰는 성서학자가 많지 않다는 사실을 안타깝게 생각한다. 성경에 기초한 대다수의 소설은 성경의 배경을 무시하거나 이를 훼손한다. 그런데 이러한 소설이 묵시문학적인 주제를 다룰 때에는 문제가 더욱 심각해진다.

일반적으로 성서학자와 소설은 서로 별로 연관성이 없지만 그럼에도 몇몇 이례적인 경우가 있다는 것은 매우 고무적이다. 그 가운데 하나가 바로 브루스 롱네커의 『어느 로마 귀족의 죽음』(*The Lost Letters of Pergamum*, 복있는사람 역간)이라는 책이다.[1] 그의 소설은 1세기를 배경으로 하고 있으며, 요한계시록에 나오는 인물이 등장한다. 그가 바로 안디바다. 이야기가 전개되면서 로마의 한 도시의 지도자인 안디바는 누가복음과 사도행전의 저자인 누가의 글을 접하게 된다. 안디바와

---

1 Bruce W. Longenecker, *The Lost Letters of Pergamum: A Story from the New Testament World*, 2nd ed. (Grand Rapids: Baker Academic, 2016).

누가는 서신 교류를 시작하게 되고, 긴 이야기를 간단히 줄여 말하자면 그는 곧 신자가 된다. 버가모의 원형 경기장에서 개최된 경기는 그지역의 그리스도인인 안디바에게 아주 어려운 결정을 할 것을 요구한다. 그 이야기의 결말을 알리고 싶지는 않다. 그러나 안디바는 신실한 증인으로서 굳건하게 살아간다.

요한계시록에는 소수의 등장인물만이 이름을 갖고 있다. 흥미롭게도 이름을 지닌 두 명의 선한 인물(요한과 안디바)은 서로 유사한 방식으로 묘사된다. 요한은 "하나님의 말씀과 예수 그리스도를 증언하였음으로 말미암아"(1:9) 밧모라는 작은 섬에 유배되었다. 다시 말하면 신실한 증인이라는 것 때문에 곤경에 처하게 된 것이다. 버가모 교회를 향한 메시지에서 예수는 안디바에 대해 "내 충성된 증인"이라고 말한다(2:13). 요한과 안디바는 둘 다 충성된 증인이다. 책 서두의 인사말에서 예수 자신이 "충성된 증인"으로 묘사된 것은 결코 우연이 아니다(1:5; 참조. 3:14). 예수와 같이 충성된 증인의 범주에 들어간 것이 요한과 안디바에게는 얼마나 큰 영광인가![2] 본장에서는 하나님의 백성으로서 우리에게 주어진 사명에 대해 자세히 살펴볼 것이다.

---

2 요한계시록에 나타난 "증언"에 해당하는 핵심 단어는 다음과 같다. "증언"(*martyria*, 1:2, 9; 6:9; 11:7; 12:11, 17; 19:10; 20:4); "증인"(*martys*, 1:5; 2:13; 3:14; 11:3; 17:6); "증언하다"(*martyreō*, 1:2; 22:16, 18, 20); "증거"(*martyrion*, 15:5).

만국을 향한 하나님의 사랑

"빨간 아이 노란 아이, 검은 아이 흰 아이, 그들은 하나님이 보시기에 귀하도다. 예수님은 세상의 모든 어린이를 사랑하신다." 이러한 내용의 어린이 찬송이 있다. 많은 이들은 요한계시록을 전쟁과 심판에 관한 이야기로 생각한다. 그러나 요한계시록이 만국, 즉 사탄에게 기만당하는 이들을 향한 하나님의 깊은 사랑 또한 보여준다는 사실을 알면 당신은 놀랄 것이다. 요한계시록에서 "땅에 거하는 자들"은 항상 사악한 자들에 대한 부정적인 표현인 반면, "만국"이란 용어는 두 가지 의미로 쓰이는 바 곧 주님을 대적하는 자들을 가리키거나(예. 20:8), 혹은 주님께 복종하는 자들을 가리킨다(예. 22:2). 하나님의 마음은 만국이 회개하고, 그분께로 돌아오길 원하며, 하나님은 "각 족속과 방언과 백성과 나라"에서 온 개인들로 구성된 그의 백성을 원하신다(5:9). 우리에게 잘 알려진 "하나님이 세상을 이처럼 사랑하사 독생자를 주셨으니"라는 요한복음 3:16처럼 말이다.

하나님은 그들에게 자신의 메시지를 전하면서 만국을 향한 자신의 사랑을 나타내신다. 10:11에서 요한은 그가 "많은 백성과 나라와 방언과 임금에게 다시 예언하여야 하리라"는 말씀을 듣는다. 요한계시록 14장에서 다른 천사는 "땅에 거주하는 자들, 곧 모든 민족과 종족과 방언과 백성에게" 선포할 영원한 복음을 갖고 나아가며, 그들에게 "하나님을 두려워하며 그에게 영광을 돌리라"고 말하고, "하늘과 땅과 바다와 물들의 근원을 만드신 이를 경배하라"고 말한다(14:6-7). 재차 강조하지만, 이 그룹은 경건치 못한 이 "땅에 거하는 자들"과 동일한 무리가 아니며, 그들 가운데 일부가 회심하거나, "하나님을 두려워하며 그에게 영광을 돌릴" 희망이 아직 남아 있다.

요한계시록 전반에 걸쳐 만국은 기만적인 어두움의 세력에 영향을 받기 쉬운 취약한 존재로 나타난다. 17장에서 음녀는 많은 물 위에 앉아 있는데, 나중에 이 물은 "백성과 무리와 열국과 방언들"로 밝혀진다(17:15). 18장에서는 큰 음녀가 만국을 미혹하거나 속일 것이라고 말한다(18:23). 다수의 나라가 하나님과 그의 길을 거부할 것이지만, 일부는 그를 따를 것이다. 만국에게는 희망이 아직 남아 있다.

우리는 요한계시록의 마지막 장에서도 만국을 향한 하나님의 사랑을 발견할 수 있다. 천성에서 만국은 하나님과 어린양의 영광으로부터 나온 빛 가운데로 걷게 될 것이다. 이 땅의 왕들은 자신들의 영광을 가지고 그 성으로 들어갈 것이며 만국의 영광과 존귀가 그 성으로 들어가게 될 것이다(21:23-26). 새 창조 안에서 다양한 문화를 배경으로 둔 하나님의 백성은 아브라함에게 주신 옛 약속, 즉 아브라함 한 사람으로 말미암아 그의 백성을 하늘의 별, 땅의 티끌, 바닷가의 모래와 같이 번성하도록 하겠다는 약속을 마침내 성취한다(창 12:2-3; 13:16; 15:5; 22:17).[3] 한때 자신들의 부와 재산을 바벨론으로 가져온 사악한 열

---

3   천성에 들어갈 구속받은 이방인들 역시 다음과 같은 구약 본문을 성취한다(사 60장;

방들과 달리(18:11-16) 구속을 받은 열방들은 이제 모든 선물과 자원들을 가지고 예루살렘으로 친히 돌아올 것이다. 이제 예배와 찬양의 이미지는 소비주의와 우상숭배의 이미지를 대체한다.

요한계시록 22장에 나타난 천상의 정원 도시(garden city)에는 하나님의 보좌로부터 흘러나와 도시 한가운데로 통과하여 흐르는 생명수 강의 양쪽 편에서 생명 나무가 자란다. "나무"라는 용어 자체는 단수지만, 이 나무가 강의 양쪽 편에서 자란다는 사실은 이 용어가 강 양쪽 편에 줄지어 있는 생명 나무를 가리키는 집합 명사임을 암시한다(이와 동일한 사실을 겔 47:12에서도 읽어보라).

하지만 요한은 단 하나의 생명 나무만을 언급한다. 왜냐하면 그는 에덴동산에 있던 단 하나의 생명 나무를 생각했을 가능성이 높기 때문이다. 요한은 지리적인 정확성에 큰 의미를 부여하기보다는 자신이 전달하고자 하는 신학적인 메시지에 집중한다. 즉 하나님의 백성은 하나님의 생명, 곧 에스겔서와 창세기의 이미지를 결합하여 만들어진 생명의 강 양쪽 편에서 자라는 유일한 생명 나무로 완전히 에워싸여 있을 것이다.

만국과 관련하여 이 나무가 지닌 흥미로운 점은 바로 그 잎사귀다. 예언자 에스겔은 천성과 생명 나무에 관해 말하면서 그 잎사귀들이 치유를 위한 것임을 지적한다(겔 47:12). 그런데 요한은 여기에

61:6; 렘 3:17; 슥 2:11; 8:22-23).

다음과 같은 어구를 덧붙인다. "그 나무 잎사귀들은 만국을 치료하기 위하여 있더라"(22:2). "만국"이란 표현을 첨가했다는 사실은 하나님께서 이미 다양한 문화적 배경을 가진 자들이 천성에 들어오도록 계획해놓으셨음을 보여준다. 하나님이 그리스도 안에서 이루신 일이 바로 만국의 구원 또는 치유라는 것이다.

하나님은 만국을 사랑하신다. 우리들 대다수는 우리 자신의 문화 속에서 편안함을 느끼는 편이다. 여기에는 우리가 어떻게 음식을 만들어 먹는지, 우리가 어떻게 잔치를 벌이는지, 우리가 어떤 것을 칭찬하고 경멸하는지, 우리가 사용하는 언어와 텔레비전 쇼, 그리고 우리가 좋아하는 정치인뿐 아니라 우리가 교회 생활을 어떻게 하는지와 관련이 있는 거의 모든 것들이 포함된다. 어떤 이들에게는 다른 문화 출신의 그리스도인들 가운데에도 진실과 우아함과 선함이 있다는 것을 깨닫는 것이 커다란 충격일 수도 있다. 실제로 우리는 어떤 면에서는 다른 문화에 속한 이들이 더 탁월함을 인정해야 한다.

우리의 사명은 만국을 향한 하나님의 마음과 직결되어 있다. 사복음서 마지막 단락에서 예수는 제자들에게 "모든 민족을 제자로 삼으라"(마 28:19)는 명령을 주신다. 아마도 이 명령은 그들 가운데 다수가 상당히 충격을 받았을 법한 명령이었다. 사도행전은 이 명령을 반복하면서 어떻게 이 사명이 전개되기 시작했고(행 1:8), 성령이 어떻게 그리스도를 따르는 모든 인종에게 강림하게 되었으며(행 2장, 8장, 10장), 사도 바울이 어떻게 세상 땅 끝까지 나아가 선교 사역을 시작했는지를 보고한다(행 13-28장). 목사이자 작가인 켄트 휴즈(Kent Hughes)는 우리의 심장이 하나님의 심장 박동에 맞춰 뛰지 않는다면 우리는 종종 우리에게 주어진 복음 선포를 위한 좋은 기회를 놓쳐버릴 수 있다며 다음의 일화를 소개한다.

> 마하트마 간디는 그의 자서전에서 이런 이야기를 소개한다. 잉글랜드에서 유학하던 시절 그는 복음서를 읽으며 깊은 감동을 받았고, 인도의 국민을 분열시킨 카스트 제도에 대한 진정한 해결책을 제시할 수 있을 것으로 보이는 기독교로 개종하고자 진지하게 마음먹었다. 어느 일요일 그는 교회에서 예배를 드린 후 구원에 대한 깨달음과 다른 여러 교리에 관해 목사에게 물어보려고 결심했다. 그런데 그가 예배당에 들어섰을 때 교회의 안내 봉사자들이 그에게 자리를 내어주길 거절했고, 다른 곳에 가서 그의 동족과 함께 예배드릴 것을 제안했다. 그는 그 자리를 떠났고, 다시는 돌아오지 않았다. 그는 속으로 말했다. "만약 그리스도인들조차도 여전히 카스트적인 차별을 가지고 있다면 나는 그냥 힌두교도로 남는 것이 좋겠다!"[4]

하나님은 만국을 사랑하신다. 그러므로 우리의 사명도 만국을 포함해

---

4   R. Kent Hughes, *Acts: The Church Afire*, Preaching the Word (Wheaton: Crossway, 1996), 149.

야만 한다. 하나님은 자신이 우리에게 하신 것처럼 우리도 다양한 문화에 속한 사람들을 사랑해야 한다고 말씀하신다. 그분은 모든 민족에게 예수 그리스도의 복음을 전하라고 말씀하신다. 그분은 장차 올 천상의 실재의 서곡으로서 다문화적 교회를 세우는 데 힘쓰라고 말씀하신다. 그분은 우리에게 다른 신자들의 예배 방식과 믿음의 표현을 받아들이라고 말씀하신다. 하나님은 우리 교회와 지역 공동체와 친교 모임에 타문화에 속한 신자들을 받아들이라고 말씀하신다. 마틴 루터 킹 주니어 목사의 것으로 알려진 어록 중에 자주 인용되는 말이 하나 있다. "일요일 아침은 미국 기독교에서 가장 인종 차별이 심한 시간이다"란 말은 지금도 우리의 마음에 남아 깊은 깨달음을 준다. 우리가 하나님이 사랑하시는 만국을 사랑하지 않으면서도 하나님을 사랑할 수는 없다. 우리가 하나님을 사랑한다면 우리는 그가 돌보시는 백성, 즉 만국의 백성도 사랑하게 될 것이다. 언젠가, 어느 누군가가 우리에게 예수의 이름으로 사랑을 베풀었다. 그가 먼저 우리를 사랑하셨기에 우리도 서로 사랑해야 한다(요일 4:19).

예수, 신실하신 증인

요한계시록은 만국에 대한 우리의 사명을 신실한 증인이신 예수와 직접 연결한다. 이 둘은 서로 분리될 수 없다. 요한계시록 서두의 인사말은 다음과 같다(1:4-6).

요한은 아시아에 있는 일곱 교회에 편지하노니, 이제도 계시고, 전에도 계셨고, 장차 오실 이와 그의 보좌 앞에 있는 일곱 영과 또 충성된 증인으로 죽은 자들 가운데서 먼저 나시고, 땅의 임금들의 머리가 되신 예수 그리스도로 말미암아 은혜와 평강이 너희에게 있기를 원하노라. 우리를 사랑하사 그의 피로 우리 죄에서 우리를 해방하시고, 그의 아버지 하나님을 위하여 우리를 나라와 제사장으로 삼으신 그에게 영광과 능력이 세세토록 있기를 원하노라. 아멘.

예수는 신실하신 증인이다. 왜냐하면 그는 사탄의 거짓말을 폭로하고, 하나님의 길과 진리를 증언하는 권위 있는 증인이기 때문이다. 예수는 3:14에서 "아멘이시요 충성되고 참된 증인"으로서 말하며, 라오디게아 교회의 신실하지 못한 증인들과 대조를 이룬다. 다시 말하면 예수는 이 세상의 가치와 시각에 동조하기보다는 하나님의 진리를 전할 뿐 아니라 그 진리를 삶으로 보여준다. 그의 입에서는 그를 따르는 자들을 견책하고 훈계하며(1:16; 2:12, 16) 악한 자들을 심판하기 위한(19:11, 15, 21) 좌우에 날선 검이 나온다.

증인으로서 예수의 모습을 가장 탁월하게 보여준 사건은 바로 십자가에서 목숨까지 버리신 그의 순종이다(앞에서 언급한 1:4-6의 "죽은 자들 가운데서"와 "그의 피로"를 보라). 그는 죽임을 당하고 "하나님을 위하여 그의 피로 모든 족속과 방언과 백성과 민족으로부터 사람들을 샀기" 때문에(5:9) 두루마리를 취하고 그 인을 떼기에 합당하신 분이다.

5장 서두에서 요한은 승리를 거둔 유다 지파의 전능한 사자에 관해 듣는다. 그러나 그 사자를 보려고 돌아섰을 때 그는 실제로 "일찍이 죽임을 당한 것 같은" 어린양을 본다(5:6). 예수는 우리를 대신하여 대속적인 희생을 통해 자신의 사명을 완수했다.

우리의 사명은 여러 면에서 예수의 사명을 본받아야 한다. 우리는 예수의 십자가와 부활이 유일무이한 사건임을 알고 있다. 하지만 예수는 우리 또한 우리 자신을 부인하고, 우리의 십자가를 지고, 그를 따르라고 말씀하신다(예. 막 8:34). 우리가 예수를 본받지 못할 때 우리의 증거는 중요한 것을 놓치게 된다. 만약 우리가 우리에게 주어진 사명을 완수하기 위해 인간의 능력이나 힘을 의지한다면—그것이 군사적인 것이든, 경제적인 것이든, 정치적인 것이든, 종교적인 것이든 간에—우리는 처음부터 지면서 시작하는 것이다. 우리는 봉사, 희생, 기도, 용서, 사랑으로 진실을 말하기 등 그리스도를 본받는 모습을 통해 우리의 사명을 완수해야 한다. 우리는 또한 세속적인 방법을 통해 하나님의 사명을 완수하려는 시도를 경계해야 한다. 궁극적으로 그 방법은 실패하고 만다. 하나님은 사자이자 어린양이신 예수의 본보기를 통해 이미 그의 능력이 인간의 연약함 속에서 온전해진다는 것을 우리에게 보여주셨다(12:11; 고후 12:9-10).

신실한 증인들이 모인 공동체로서의 교회

우리의 사명은 요한계시록 11장에 등장하는 요한의 두 증인에 대한 환상을 통해 더욱 명확해진다. 요한계시록 10:1-11:13은 이 땅에서 하나님의 백성이 처한 상황을 보여주는 막간의 역할을 한다. 요한은 여기서 자신의 예언자적 사역을 계속 수행하라는 명령을 받는다(10:1-11). 그리고 이어서 교회 전체가 그 예언자적 사역에 동참하라는 명령을 받는다(11:1-13). 비록 11장은 다소 복잡하고 그 의미가 난해하지만, 나는 성전 전체가 서로 다른 두 가지 관점에서 하나님의 백성을 상징한다고 생각한다. 성전의 안쪽 마당은 측량이 되는데 이것은 영적 공격에 대한 보호를 상징한다. 하지만 성전의 바깥마당은 측량되지 않는다. 이것은 물리적 공격에 대한 보호가 결여되어 있음을 상징한다. 이 사실은 신자들이 성령의 인 치심을 받고 영적 보호를 받지만, 박해나 순교에는 취약하다는 것을 나타낸다. 두 증인은 증언하는 교회를 상징한다. 증인이 두 명인 것은 법적 효력이 있는 증언을 위해서는 두 사람이 필요하기 때문이다(예. 민 35:30; 신 17:6; 19:15; 마 18:16; 고후 13:1; 딤전 5:19). 두 증인은 스가랴 4장에서 하나님의 백성을 인도하기 위해 하나님의 영으로 무장한 감람나무 두 그루의 이미지를 차용한 것이다. 여기서 두 감람나무는 두 촛대와 동일시되고 있는데, 이 촛대는 이미 요한계시록 1:12, 20에서 하나님의 백성으로 밝혀진 바

있다.[5]

요한계시록 10장에서 요한은 두루마리를 먹는다. 그 두루마리는 그의 입에는 달지만, 그의 배에서는 쓴 것이었다. 이것은 하나님의 계획이 완성되어가는 과정에(달다), 적대적인 세상에서 예수를 위해 증언하는 그의 신실한 백성의 희생과 고난을 통해(쓰다) 승리가 주어진다는 것을 의미한다.

요한계시록 11장은 기본적으로 증인이 되는 것에 대해 우리에게 세 가지를 말한다. 첫째, 우리는 예언자적으로 살고 말하도록 부름을 받았다(즉 증인이 된다는 것). 둘째, 우리는 고난당하는 것을 우리의 증인의 삶의 일부로 기꺼이 받아들여야 한다. 셋째, 하나님은 우리를 영적으로 보호하시고 궁극적으로는 우리가 그의 백성임을 천하에 드러내주실 것이다.[6]

첫째, 우리는 예언자적으로 살고 말하도록 부름을 받았다. 우리는 옛 예언자들처럼 하나님의 성품과 그의 길을 전하는 하나님의 진

---

5   두 증인을 믿음의 공동체 전체로 해석하는 설득력 있는 근거에 대해서는 다음을 참조하라. G. K. Beale, *The Book of Revelation*, New International Greek Testament Commentary (Grand Rapids: Eerdmans, 1999, 『NIGTC 요한계시록』, 새물결플러스 역간), 572-75; Craig S. Keener, *Revelation*, NIV Application Commentary (Grand Rapids: Zondervan, 2000, 『요한계시록: NIV적용주석』, 솔로몬 역간), 291-92. 요한계시록 11장에 관한 탁월한 연구는 다음을 참조하라. Rob Dalrymple, *Revelation and the Two Witnesses* (Eugene, OR: Wipf & Stock, 2011).

6   이 세 가지 주제는 Dalrymple이 요한계시록 11장에서 발견한 네 가지 주제를 응축한 것이다. 참조. Dalrymple, *Revelation and the Two Witnesses*, 47-58.

리의 전달자로 부름을 받았다. 우리는 11:5-6에서 증인의 능력이 그의 말에 있다는 것에 주목해야 한다. 그러나 하나님의 뜻은 종종 이 세상의 지배적인 관점에 역행하므로 증인들은 하나님을 대적하는 자들에게 하나님의 진리와 장차 임할 심판을 선포(혹은 예언)하도록 능력을 부여받았다. 또한 이것은 우리에게 주어진 과제이기도 하다. 이것은 정치적 금기어(political correctness)가 난무하는 사회에서 사람들의 인기를 얻는 방법이 절대 아니다. 그럼에도 이것은 우리가 받은 소명의 일부다. 하나님의 뜻이 우리가 추구해야 할 최고의 선이기도 하다는 점을 기억한다면 좀 더 쉽게 이해할 수 있을 것이다. 예수가 제자들과 이별하면서 하신 말씀이 메아리처럼 들려온다. "오직 성령이 너희에게 임하시면 너희가 권능을 받고 예루살렘과 온 유대와 사마리아와 땅끝까지 이르러 내 증인이 되리라"(행 1:8). 나는 "예수를 증언하는" 책임을 맡거나 "신실한 증인"으로서 예수를 섬긴다는 것은 예수와 우리의 관계, 그가 행하신 일, 그의 삶의 방식을 본받는 것 등에 대해 사람들에게 전하는 것이라고 생각한다. 그것은 우리가 무엇을 말하고 어떤 삶을 사는지에 관한 것이며, 이는 곧 우리의 말과 행동을 의미한다.

　나는 오로지 전도만을 강조하는 교회 배경에서 자라났다. 따라서 나는 수년간 예수를 증언하는 것에 대해 민감하지 못하고 피상적으로만 생각하고 단지 죄책감만 느끼는 이들에게 과하게 반응했다. 하지만 예수의 증인이 된다는 것에 대한 보다 총체적이고 성경적인 견해는 이보다 훨씬 더 심오한 의미를 담고 있다. (사람들은 먼저 우리가 예수처럼 살고 있는지를 살펴본 후에야 우리가 예수에 관해 말하는 것에 진심으로 귀를 기울일 것이기 때문이다.) 요한계시록 2-3장의 일곱 가지 메시지를 읽어보면 당신은 예수를 기쁘시게 하는 삶이 어떤 것인지 대충 짐작할 수 있을 것이다. 이 두 장을 요약하면 다음과 같다. 열심히 일하기, 인내하기, 거짓 교훈을 거부하기, 그리스도를 위해 역경을 견뎌내기, 박해의 고통을 감수하기, 죽기까지 신실함을 잃지 않기, 외압으로 인해 그리스도를 부인하지 않기, 영적으로 어려운 환경 속에서도 신실하게 살기, 사랑하기, 봉사하기, 영적으로 성장하기, 예수의 말씀을 지키기 등이다. 예언자적으로 살고 말하려고 애쓰기 때문에 나는 종종 지혜와 분별력과 용기를 달라고 기도한다. 이런 삶을 살고 싶으면 여기서부터 시작하는 것이 좋다.

둘째, 증인이 된다는 것은 우리가 증인이 된 우리 삶의 일부로서 고난당하는 것을 기꺼이 받아들이는 것을 의미한다. 비록 요한계시록이 기록될 당시에는 그렇지 않았지만, 2세기부터 그리스어 "마르튀스"(martys, 증인)는 순교를 가리키는 용어로 널리 사용되었다. 요한계시록 11장에서 증인들이 짐승에게 패하고 죽임을 당하는 것으로 미루어 보아 여기서도 그런 의미로 사용되고 있음을 알 수 있다. 그들은 자신들의 시신이 제대로 매장되지도 못하는 수모를 당했다(11:7-9). 1세기 문화에서(그리고 여전히 오늘날 전 세계 대부분에서) 한 사람의 장례를 제대로 치르지 못하도록 거부당한다는 것은 모욕, 수치, 굴욕을 의미했다. 증인들의 굴욕적인 순교는 이 세상의 권세 잡은 자들이 기뻐하는 일이다(11:10).

증인들에게 고난을 요구하는 내용은 요한계시록 전반에 걸쳐 나타난다. 6:9에서 요한은 제단 아래에서 "하나님의 말씀과 그들이 끝까지 지속한 증언으로 인해" 죽임을 당한 영혼들을 본다. 이 그리스도인 순교자들은 특히 그들의 증언 때문에 고통을 당하고 죽은 것이다. 16:5-6에서는 "하나님의 거룩한 백성들과 선지자들의 피를 흘리게 한 사람들"을 심판하시는 하나님을 찬양한다. 그리고 18:24에서는 큰 성 바벨론이 "선지자들과 성도들과 및 땅 위에서 죽임을 당한 모든 자의 피"를 쏟았다고 말한다. 다른 장에서는 큰 음녀가 "성도들의 피와 예수의 증인들의 피에 취했다"고 말한다(17:6). 보다 더 명시적으로 언급된 곳은 요한이 "예수를 증언함과 하나님의 말씀 때문에 목 베임을 당한 자들"을 보았다고 말하는 20:4이다. 그들은 거짓 신들을 예배하지 않고, 오직 예수에 대한 충성심만을 간직하고 있었다.

우리 가운데 대다수는 순교를 당하지 않을 것이다. 하지만 순교보다는 덜 드라마틱하겠지만 그럼에도 매우 실제적이고 현실적인 방법으로 도전을 받을 수는 있다. 이러한 고난에는 조롱, 소외 또는 경제적 징계 등이 포함된다. 박해가 언제나 육체적 핍박일 필요는 없다. 그것은 경제적, 사회적, 정치적, 또는 종교적 박해일 수도 있다. 그럼에도 요한계시록은 "기꺼이 죽고자 하는 삶"을 살 것을 우리에게 촉구한다. 아마도 물리적인 위협을 받지 않는 우리들에게 가장 크게 요구되는 것은 박해를 받는 자들에 대한 정보를 꾸준히 받아 그들을 위해 기도

하고, 그들을 대변하는 일일 것이다.

나는 히틀러가 통치하던 공포 시대에 나치에 저항했던 루터교회 목사 마르틴 니묄러(Martin Niemöller)가 생각난다. 그는 포로수용소에 8년간 수감되었고 훗날 가까스로 처형을 면했다. 이런 상황에 처했던 그가 한 말은 지금도 이 대목에서 진심으로 내 마음에 와닿는다.

> 처음에 그들은 사회주의자들을 잡으러 왔다. 나는 사회주의자가 아니었기에 그들을 변호해주지 않았다. 그 후 그들은 노동조합원들을 잡으러 왔다. 나는 노동조합원이 아니었기에 그들을 변호해주지 않았다. 그 후 그들은 유대인들을 잡으러 왔다. 나는 유대인이 아니었기에 그들을 변호해주지 않았다. 그 후 그들은 나를 잡으러 왔다. 그리고 거기엔 나를 변호해 줄 사람이 아무도 남아 있지 않았다.[7]

단순히 아무것도 하지 않는 것은 그리스도인의 삶의 방식이 아니다. 우리는 모두 최소한 박해 받는 교회를 위해 기도할 수는 있다. 우리 가운데 다수는 그 이상을 할 수 있다.

셋째, 신실한 증인이 되는 것에 관해 요한계시록이 우리에게 말하고자 하는 바는 하나님이 영적으로 우리를 보호하시고 궁극적으로는 우리가 그의 백성인 것을 천하에 드러내실 것이라는 사실이다. 요한계

---

7   Eric Metaxas, *Bonhoeffer: Pastor, Martyr, Prophet, Spy* (Nashville: Nelson, 2010), 192.

시록 11장에서 증인들은 그들의 원수들을 집어삼키는 그들의 불같은 말씀을 통해 보호를 받는다. 증인들은 결국 짐승들의 공격을 받고 죽임을 당한다. 그들이 순교자로서 삶을 마감할 때 하나님은 그들을 어떻게 보호하실까라고 묻는 것은 당연하다.

이것은 어떤 유형의 보호일까? 나는 요한계시록 전반에 걸쳐 이 보호가 물리적인 것이 아니라 영적인 것임을 확인한다. 3:10에서 예수는 빌라델비아 교회에 다음과 같은 약속을 한다. "네가 나의 인내의 말씀을 지켰은즉 내가 또한 너를 지켜 시험의 때를 면하게 하리니, 이는 장차 온 세상에 임하여 땅에 거하는 자들을 시험할 때라." 이것은 영적 보호를 약속하는 것이다. 동일한 동사와 전치사로 조합된("너를 ~로부터 지켜"[keep you from], 그리스어 "테레오 에크"[tēreō ek]) 이 어구가 다른 곳에서 사용된 경우는 예수가 "내가 비옵는 것은 그들을 세상에서 데려가시기를 위함이 아니요, 다만 **악으로부터** 보전하시기를 위함이니이다"라고 말씀하신 요한복음 17:15뿐이다(참조. 마 5:37; 요 16:33; 벧후 2:9).

이미 언급한 것처럼 요한계시록 7장에 나타난 살아 계신 하나님의 인은 그의 백성들을 향한 하나님의 영적 보호를 상징한다. 여자(그리고 함축적으로 그녀의 자식)가 하나님의 백성을 상징하는 12장에서 다시 하나님의 보호가 발견된다. 그들은 광야에서 용의 입에서 토해 낸 물로부터 보호를 받았다. 독이 든 이 강물은 사탄의 거짓말, 속임수, 거짓 교훈, 중상, 비난, 가짜 기적, 하나님의 백성을 파멸하기 위한 박해

등을 상징한다.

비록 하나님이 우리에게 영적인 보호를 약속하셨지만 우리는 여전히 박해뿐 아니라 심지어 순교까지도 당할 수 있다. 요한계시록은 하나님이 그의 백성을 죽음에서 다시 살리시고 그들을 박해하던 자들을 심판하심으로써 최종적으로 그들을 신원하실 계획을 갖고 계심을 말해준다. 현재 이루어지고 있는 우리에 대한 영적 보호는 그리스도가 재림할 때 우리에 대한 완전한 신원을 가능하게 해준다. 그때까지 우리는 십자가에 못 박히신 그리스도의 제자 혹은 추종자로서 살아야 한다. 우리는 우리의 십자가를 지고 그를 좇아야 한다. 그의 저서 『나를 따르라』(*The Cost of Discipleship*)에서 디트리히 본회퍼는 "그리스도께서 어떤 사람을 부를 때 그는 그에게 '나를 따르라. 그리고 죽으라'고 명령한다"고 말한다.[8]

11:7에서 증인들은 순교당하지만, 11:11-12에서 하나님은 그들을 죽음으로부터 다시 살리신다. "삼 일 반 후에 하나님께로부터 생기가 그들 속에 들어가매 그들이 발로 일어서니 구경하는 자들이 크게 두려워하더라. 하늘로부터 큰 음성이 있어 '이리로 올라오라' 함을 그들이 듣고 구름을 타고 하늘로 올라가니 그들의 원수들도 구경하더라." 증인들을 죽음에서 다시 살리신 것은 교회의 부활을 상징한다.

---

8   Dietrich Bonhoeffer, *The Cost of Discipleship*, rev. ed. (New York: Macmillan, 1963), 99.

그것은 우리에게 에스겔 37장에서 하나님이 죽은 뼈들에게 생기를 불어넣는 장면을 상기시킨다. 부활은 박해와 순교라는 세상의 판결을 뒤집은 것이다. 하나님은 부활을 통해 사탄이 지닌 가장 위대한 최후의 무기인 죽음을 물리치신다(고전 15:26, 51-57). 우리는 죽음을 두려워할 필요가 없다. 왜냐하면 하나님의 신원은 죽음에서 부활하는 것을 포함하기 때문이다. 때가 되면 사명이 완수되고, 이 세상의 왕국이 우리 주님과 메시아의 왕국이 되며(11:15), 주의 기도인 "아버지의 나라가 오게 하시고 아버지의 뜻이 하늘에서와 같이 땅에서도 이루어지게 하소서"가 현실이 되는 날이 온다.

　　하나님의 신원은 부활과 상 주심(11:11-12, 18)뿐만 아니라 악에 대한 심판을 포함한다. 다시 말하면 하나님은 단순히 그의 백성을 구하시는 것이 아니다. 그는 그의 자녀들에게 악을 행한 사악한 자들과 통치자들이 회개하고 그리스도께로 돌아오지 않는 한, 그들을 심판하신다. 악행을 저지른 자들은 심판에서 벗어날 수 없다. 18:20은 "너희를 신원하시는 심판을 그에게 하셨음이라"고 기록하고 있다. 그리고 19:2은 항상 참되고 정의롭게 심판하시는 하나님이 "큰 음녀를 심판"하시고 고난을 감내하기까지 신실한 증인으로 살아온 "자기 종들의 피를 그 음녀의 손에 갚으셨도다"라고 기록하고 있다.

신실한 증인들의 윤리적인 삶

우리의 사명은 우리의 증언과 직접 연관이 있지만, 우리의 증언은 단순히 말로만 하는 것이 아니다. 우리의 증언은 근본적으로 우리의 삶과 행동과 언어와 관련이 있다. 우리의 사명은 우리의 윤리적 또는 도덕적 삶과 연관되어 있다.

요한계시록에서는 신실한 삶의 방식이 어떤 사람이 참 신자인지를 식별하고 규정한다. 우리는 다음 두 본문에서 우리의 정체성을 규정하는 것이 바로 순종이라는 점에 주목할 필요가 있다.

> 용이 여자에게 분노하여 돌아가서, 그 여자의 남은 자손 곧 하나님의 계명을 지키며 예수의 증거를 가진 자들과 더불어 싸우려고 바다 모래 위에 서 있더라(12:17).

> 성도들의 인내가 여기 있나니 그들은 하나님의 계명과 예수에 대한 믿음을 지키는 자니라(14:12).

이 두 본문은 여기서 아무 죄가 없는 완벽함, 즉 우리가 불순종한 적이 있거나 죄로 인해 갈등한 적이 있다면 결코 하나님의 백성의 일원이 될 수 없다는 것을 말하려는 것이 아니다. 여기서 우리는 한 사람의 인생 전체의 방향에 대해 말하고 있는 것이다. 비록 우리가 요한계시록 2-3장에 등장하는 일곱 교회의 그리스도인들과 같이 갈등과 분쟁 속에 살고 있지만 그럼에도 과연 우리는 세상의 우상들보다 그 위에 계신 예수를 선택하는가? 그가 우리를 가장 사랑하시고 우리에게 가장 좋은 것을 항상 염두에 두고 계신 것을 믿고 있는가? 그의 뜻이 궁극적으로 우리 자신뿐만 아니라 세계 전체를 위해서도 최고의 것임을 신뢰하는가? 사탄은 거짓말쟁이이며, 우리는 우리의 본능과 충동을 항상 신뢰할 수 없음을 믿는가? 우리는 예수가 만유의 주시며, 만왕의 왕이시고, 우리의 예배와 순종을 받기에 합당하신 분임을 믿는 믿음과 일치하는 삶을 살고 있는가?

우리는 책의 서두와 결말에서도 이와 유사한 구절을 발견한다.

이 예언의 말씀을 읽는 자와 듣는 자와 그 가운데에 기록한 것을 지키는 자는 복이 있나니 때가 가까움이라(1:3).

보라! 내가 속히 오리니 이 두루마리의 예언의 말씀을 지키는 자는 복이 있으리라 하더라(22:7).

그가 내게 말하기를 "나는 너와 네 형제 선지자들과 또 두루마리의 말을 지키는 자들과 함께 된 종이니 그리하지 말고 하나님께 경배하라" 하더라(22:9).

그렇다. 요한계시록에 기록된 것을 마음에 새기거나(순종) 지킨다면(순종) 우리는 복을 받을 것이다. 이렇게 말하면 가혹하게 들릴 수도 있겠지만, 요한계시록은 오직 두 가지 선택만을 제시한다. 곧 복을 받거나, 저주를 받는 것이다.

또한 우리는 요한계시록 2-3장에서 제시하는 일곱 메시지 안에도 순종이 강조되고 있음을 볼 수 있다.

이기는 자와 끝까지 내 일을 지키는 그에게 만국을 다스리는 권세를 주리니(2:26).

그러므로 네가 어떻게 받았으며 어떻게 들었는지 생각하고 지켜 회개하라(3:3).

볼지어다! 내가 네 앞에 열린 문을 두었으되 능히 닫을 사람이 없으리라. 내가 네 행위를 아노니, 네가 작은 능력을 가지고서도 내 말을 지키며 내 이름을 배반하지 아니하였도다(3:8).

증인의 윤리적인 삶은 14:4-5에서도 빛을 발한다. 14:4-5은 하나님의 백성에 대한 결론을 이야기하며 구속받은 자들의 특징과 태도에 관해 다음과 같이 묘사한다. "이 사람들은 여자와 더불어 더럽히지 아니하고 순결한 자라. 어린양이 어디로 인도하든지 따라가는 자며, 사람 가운데에서 속량함을 받아 처음 익은 열매로 하나님과 어린양에게 속한 자들이니 그 입에 거짓말이 없고 흠이 없는 자들이더라." 그들을 "순결한 자"(또는 "처녀")로 부르는 것은 마치 혼인한 여자와 결혼 자체를 비하하는 발언을 하는 것처럼 들릴 수도 있지만, 사실 그는 중요한 영적 진리를 비유를 통해 말하고 있는 것이다. 요한계시록에서 경건한 여자와 경건하지 못한 여자를 대조한다는 점(예. 큰 음녀 바벨론과 그리스도의 신부)과 이 여자들이 큰 무리에 속한 사람들을 상징한다는 점을 고려하면 "순결한 자"라는 용어는 세상과 타협하기를 거부하는 모든 참된 성도를 가리킨다(참조. 19:7-8).[9] 따라서 여자와 더불어 더럽혀진다는 개념은 영적 간음을 상징하는 것이다(14:8; 17:1-5; 18:3). 다시 말하면 신실한 증인들은 단 한 명의 영적 신랑을 두고 있는 것이다. 그 신랑이 바로 예수다.

14:4상반절의 다채로운 묘사는 하반절에서 "어린양이 어디로 인도하든지 따라가는 자"라는 직설적인 묘사로 이어진다. 당신은 지금 성경 전체에서 제자도에 대한 가장 분명한 정의 가운데 하나를 마주하고 있다. 우리에게 주어진 가장 최우선적인 사명은 예수를 따르는 자가 되는 것이다. 이보다 더 중요한 것은 없다.

---

9   14:4을 문자적으로 해석하는 것이 지닌 문제를 비롯해 이 구절을 비유적으로 해석하는 것을 더 선호하는 이유에 관한 상세한 논의는 다음을 참조하라. Beale, *Revelation*, 737-41. 또한 구약성경에서 불성실함은 종종 간음으로 묘사된다(예. 렘 3:1-10; 13:27; 겔 16:15-58; 23:1-49; 호 5:4; 6:10).

어린양의 피로 구속받은 자로서 우리는 오직 주님께만 속한 자들이다. 우리는 거짓말을 하거나 남을 속이기를 원치 않는다. 우리는 우리의 말과 삶 속에서 진리의 대사이자 거짓의 적이라고 말할 수 있다. 이런 의미에서 요한은 예수를 따르는 자를 "흠이 없는 자들"(14:5)로 묘사한다. 이것은 하나님의 백성의 도덕적·윤리적 온전함을 강조하는 것이다(엡 1:4; 빌 2:15; 골 1:22-23).

이 단락은 우리에게 우리의 사명이 우리의 삶 그리고 말과 직결되어 있음을 상기시켜준다. 안타깝게도 나는 대학 시절 어느 탁월한 전도자와 점심 식사를 했던 일을 잊을 수가 없다. 여기서 탁월하다는 말은 그가 인기가 많고 유능한 전도자였다는 의미다. 우리가 식탁에 함께 앉아 있으면서 나는 여종업원에 대해 그가 반복적으로 던진 그의 모멸스런 말에 충격을 감추지 못했고 매우 혼란스러웠다. 그것은 마치 누군가가 말로는 "예"라고 하면서 머리는 "아니오"라며 좌우로 흔드는 것과 같았다. 그의 이러한 위선으로 인해 대학생으로서 주님과 동행하길 원했던 내 자신이 얼마나 혼란스럽고 불쾌했는지 나는 지금도 그 일을 결코 잊을 수가 없다. 나는 서로 상반되는 메시지를 어떻게 수용해야 할지 몰랐다. 증인이 된다는 것은 분명 예수에 관해 말하는 것이지만, 이는 또한 예수를 닮은 삶을 산다는 것을 의미한다. 말과 행동은 비행기의 두 날개와도 같다. 둘 다 필수적이란 말이다.

사명을 위해 인내하기

요한계시록은 비록 부차적이긴 하지만 한 가지 굉장히 중요한 핵심을 제시한다. 그것은 우리가 인내하며 사명을 감당해야 한다는 것이다. 나중에 이 책 후반부에서 다루겠지만, 이 요점은 요한계시록 전반에 걸쳐 "이기다"라는 단어와 함께 가장 강하게 나타난다. 여기서는 인내에 관해 잠깐 부언하고 넘어갈 필요가 있을 것 같다.

요한은 하나님의 말씀과 예수에 대한 증언으로 인해 밧모섬에 유배되었다(1:9). 그는 오랜 세월 동안 초기 교회에서 기둥과 같은 지도자였지만 이제는 연로한 사람이 되었다. 인생 말년에 그는 인적이 드문 외딴 작은 섬으로 좌천된 것이었다. 성공 가도를 달리던 사람에게 이것은 치명적이었다. 이것은 아메리칸 드림과 잘 어울리지 않는다. 초기 교회의 많은 지도자들이 이와 비슷한 유형의 고난을 당했다.

요한은 같은 구절에서 그의 독자들에게 다음과 같이 말한다. "나 요한은 너희 형제요, 예수의 환난과 나라와 참음에 동참하는 자라"(1:9). 따라서 끝까지 참는다는 말은, 그것이 가령 망명, 투옥, 순교 또는 다른 어떤 원치 않는 상황을 의미한다고 하더라도, 요한뿐만 아니라 우리에게도 동일하게 적용된다.

이와 마찬가지로 예수는 일곱 메시지에서 특정 교회들에게 인내할 것을 명령한다. 그는 에베소 교회에게 "내가 네 행위와 수고와 네 인내를 알고…또 네가 참고 내 이름을 위하여 견디고 게으르지 아니한 것을 아노라"고 말씀하신다(2:2-3). 그는 두아디라 교회에게 "내가 네 사업과 사랑과 믿음과 섬김과 인내를 아노니, 네 나중 행위가 처음 것보다 많도다"라고 말씀하신다(2:19). 그는 빌라델비아 그리스도인들에게 "네가 나의 인내의 말씀을 지켰은즉, 내가 또한 너를 지켜 시험의 때를 면하게 하리니 이는 장차 온 세상에 임하여 땅에 거하는 자들을 시험할 때라"라고 말씀하신다(3:10).

마지막으로 요한계시록 12-14장에서는 두 곳에서 인내가 특별히 강조된다. 첫째, 요한은 13장에서 짐승이 나타나 성도들과 싸워 잠시 동안 이길 것이라고 말한 후 다음과 같이 기록한다. "'사로잡힐 자는 사로잡혀 갈 것이요, 칼에 죽을 자는 마땅히 칼에 죽을 것이니' 성도들의 인내와 믿음이 여기 있느니라"(13:10). 둘째, 악한 자들에게 주어질 심판에 관해 들은 후 하나님의 백성은 14:12에서 다시 한번 인내하라는 권면을 받는다. "성도들의 인내가 여기 있나니 그들은 하나님의 계명과 예수에 대한 믿음을 지키는 자니라."

사명을 감당하기 위해 인내한다는 것은 때로 매우 어려운 일이다. 낙심과 좌절은 우리가 예상치 못한 장소에서, 그리고 예상치 못한 때에 우리와 맞닥뜨린다. 우리는 낙심할 때가 있다. 나도 그런 것을 경험해본 적이 있다. 내게는 인내하기 위해 힘과 은혜를 구하며 열심히 기도하는 것이 도움이 된다. 기도는 인내의 언어다. 경건한 마음으로 솔직하게 당신의 마음을 하나님께 쏟아놓을 때 선한 일이 일어난다. 어떤 때는 하나님이 우리가 처한 상황을 바꿔주시기도 하지만, 그렇지 않을 때에는 성령을 통해 우리의 시각을 변화시키고 우리를 새롭게 하신다. 만약 당신이 신실함을 계속 유지하기 위해 고군분투하고 있다면 마치 당신의 인생이 이에 달려 있는 것처럼 기도하고 또 기도하라.

결론

우리에게는 이 땅에 아직 남아 있을 이유가 있다. 우리에게는 완수해야 할 사명이 있다. 그 사명은 만국을 향한 하나님의 사랑, 곧 사탄의 기만적인 계획과 음모에 영향을 받으면서도 여전히 하나님의 사랑과 예수 그리스도의 복음을 접할 수 있는 사람들을 향한 그의 사랑과 함께 시작되었다. 우리의 임무는 모든 사람에게 우리의 언행을 통해 하나님과 어린양을 증언하는 것이다. 예수는 우리에게 신실한 증인이 된다는 것이 무엇을 의미하는지를 보여준 좋은 본보기가 되신다. 따라서 히브리서 저자는 다음과 같이 말한다. "인내로써 우리 앞에 당한 경주를 하며, 믿음의 주요 또 온전하게 하시는 이인 예수를 바라보자"(히 12:1-2).

　우리는 단지 개인으로서뿐만 아니라 믿음의 공동체로서 증언한다. 요한계시록 11장은 증인인 우리에게 주어진 기회와 책임을 올바르게 이해하도록 돕는다. 즉 우리는 예언자적으로 살고 말해야 하며, 우리의 사명의 일부로서 기꺼이 고난당해야 하며, 하나님의 영적 보호와 그의 최종적 신원을 의지해야 한다.

우리에게는 도전적인 질문이 하나 있다. 우리는 요한계시록에서 명확하게 제시하는 교회의 사명에 어느 정도 동참하고 있는가? 나는 평소에 평범한 일에 집중하는 것을 인정한다. 나는 주로 수표 거래를 정산하고, 식료품을 사고, 마당의 잔디를 깎고, 가족들과 시간을 보내고, 자전거를 타는 등 일상적인 일에 내 시간을 소비한다. 우리는 24시간 쉬지 않고 잃어버린 영혼에게 복음을 전하면서 일상의 삶은 없는 것처럼 살거나, 일상의 삶에 마음을 빼앗겨 사명을 등한시하거나 둘중 하나라고 생각하기 쉽다. 나는 증언과 관련하여 양자택일하는 문화에서 자라면서 이 문제를 놓고 많은 시간을 고민하며 보냈다. 나는 이것이 사명이냐 삶이냐의 문제가 아니라 삶을 통한 사명이라는 결론에 도달했다. 예수의 위대한 명령은 "너희는 가서 모든 민족을 제자로 삼아"(마 28:19)로 시작하는데, 이 말은 "너희는 가면서 모든 민족을 제자로 삼아"(As you go, make disciples)로 번역될 수 있다. 우리가 우리의 사명을 삶과 분리시킬 때, 우리는 실패할 수밖에 없고, 그렇게 되면 사명 또한 실패하고 만다.

우리에게는 인생에서 가장 위대한 소명이 있다. 그 소명은 예수와 그가 주신 생명을 신실하게 증언하는 것이다. 나는 우리가 우리에게 주어진 일상의 삶을 신실하게 살면서 하나님이 우리에게 주신 사명을 더욱 깊이 인식하고, 더욱더 능동적으로 그리고 더욱 용기 있게 성령의 인도하심을 따라 그 사명을 완수할 수 있기를 기도한다.

1. 당신의 신앙 공동체는 요한계시록의 "모든 족속, 방언, 백성, 나라"라는 사고방식을 어느 정도 반영하고 있는가? 당신이 처해 있는 상황에서 다문화 공동체를 방해하는 가장 큰 장애물은 무엇인가?

2. 당신이 여러 민족에 관심을 갖도록 동기를 부여하는 것은 무엇인가? 우리가 여러 민족에게 효과적으로 다가갈 수 있는 방법은 무엇인가?

3. 당신이 신실한 증인이신 예수를 본받고자 한다면 하나님의 능력이 당신이 약한 데서 더욱 온전해진다는 사실을 어떻게 체험할 수 있다고 생각하는가?

4. 우리가 예언자적으로 살고 말하는 것에 관해 논의할 때 당신이 얻은 교훈 중에 다른 사람에게도 도움이 될 수 있는 것은 무엇인가?

5. 사명의 한 부분으로서 우리는 실제로 얼마나 고난당할 준비가 되어 있는가? 기꺼이 고난을 감수하겠다는 마음가짐에 장애물이 되는 것은 무엇인가?

6. 당신이 "어린양이 어디를 가든지 그를 따르려" 할 때 당신의 친구들은 당신을 위해 구체적으로 무엇을 기도해야 할까?

7. 신실한 증인들은 감내하고 인내한다. 지금 당장 당신의 삶 속에서 당신이 인내하는 것을 방해하는 가장 큰 도전은 무엇인가?

....

핵심 구절: 요한계시록 1:3; 6:9; 10:9-11; 14:4-5; 17:6; 20:4; 22:2, 17
참고 본문: 요한계시록 10-11장, 14장

7장
예수 그리스도

"죽임을 당하신 어린양"

요한계시록은 처음부터 끝까지 전부 예수에 관한 책이다. 고대 작가들은 흔히 책 제목과 그 내용의 줄거리를 책 첫 문장에 제시했다. 요한계시록은 이러한 전례를 따른다. "예수 그리스도의 계시라"(1:1). 그리스어 단어 "아포칼립시스"(*apokalypsis*, "계시")는 무언가가 밝혀지고, 드러나고, 알려진 것을 가리킨다. 요한계시록은 역사의 마지막 때에 반드시 일어날 일과 관련이 있지만, 이 책은 무엇보다도 예수에 관한 책이다. 이 책은 예수가 누구이며, 무엇을 했고, 또 무엇을 할 것인지에 대해 이야기한다. 우리는 이 책을 통해 예수가 하나님과 대등한 분으로서 우주의 보좌를 그분과 함께 공유하신다는 것을 알게 된다. 우리는 예수가 우리의 죄를 위해 십자가에서 죽으시고 죽은 자들 가운데서 다시 살아나심으로써 그가 하나님의 어린양으로서 어떻게 하나님의 계획을 완수하셨는지를 이해하게 된다. 우리는 자기 백성을 다스리고 돌보시는 목자 메시아로서 교회 가운데 거하시는 그의 임재에 관해 읽는다. 우리는 그가 악을 정복하기 위한 용사 재판관으로서뿐만 아니라(어린양은 사자이기도 하다) 그의 신부인 교회의 신랑으로 재림할 것이라는 그의 약속에 소망을 둔다. 요한계시록은 사복음서에서 소개하는 예수의 이야기에 신학적인 색깔을 입혔다고 할 정도로 아주 멋진 책이다. 아무튼 예수는 요한계시록의 중심 주제다.

예수 그리스도는 하나님이시다

우리는 먼저 예수에 관해 우리가 믿어야 하는 것으로부터 시작하고자
한다. 그는 하나님이시며, 성부와 성령과 하나이신 분이다. 요한계시
록의 기독론(예수 그리스도가 누구시며 무엇을 하셨는지를 연구하는 신학의 한
분야)은 극도로 높여진 고기독론인데, 이는 예수를 온전한 하나님이시
자 그와 대등하신 분으로 묘사하는 것을 의미한다. 한 탁월한 신학자
는 이를 다음과 같이 표현한다. "요한계시록의 메시지를 전달하는 데
있어 엄청나게 높여진 요한의 기독론이 지닌 중요성은 그리스도가 하
시는 일을 하나님도 하신다는 사실을 극명하게 보여준다는 것이다."[1]
다시 말하면 자기 백성을 구원하고, 악인들을 심판하며, 사탄을 물리
치는 일에 있어 예수가 말씀하시고 행하시는 것이 바로 전능하신 하
나님이 말씀하시고 행하시는 것들과 같다는 것이다.

　이것을 믿는 것은 굉장히 중요하다. 왜냐하면 많은 사람이 오늘날
예수가 존경받을 만한 위대한 선생이었을 수는 있지만 하나님과 대등
한 존재였다고는 생각하지 않기 때문이다. 그는 능력 있는 예언자, 중
요한 역사적 인물, 심지어 카리스마를 가지고 많은 기적을 일으킨 사
람일 수는 있지만 하나님은 아니라는 것이다. 하지만 요한계시록은 다

1　Richard J. Bauckham, *The Theology of Revelation* (Cambridge: Cambridge University Press, 1993), 63.

양한 방식으로 예수가 전적으로 하나님과 대등한 분임을 주장하면서 이와는 완전히 다른 견해를 제시한다. 그리스도가 행하시는 일은 하나님도 행하신다.

우리는 예수가 삼위일체의 일원으로 언급될 때 그가 하나님과 하나임을 목격한다.

> 요한은 아시아에 있는 일곱 교회에 편지하노니, 이제도 계시고, 전에도 계셨고, 장차 오실 이와, 그의 보좌 앞에 있는 일곱 영과, 또 충성된 증인으로 죽은 자들 가운데서 먼저 나시고 땅의 임금들의 머리가 되신 예수 그리스도로 말미암아 은혜와 평강이 너희에게 있기를 원하노라(1:4-5).

우리는 5:6에서 요한이 하나님의 보좌 중앙에 서 있는 죽임당한 어린양을 볼 때 이 사실을 다시 발견한다. 여기서 어린양 예수는 일곱 뿔과 온 땅에 보냄을 받은 하나님의 일곱 영(즉 성령)을 상징하는 일곱 눈을 가지고 있다. 하나님이 아니고서는, 그리고 하나님과 하나가 되지 않고서는 결코 삼위일체의 일원이 될 수 없다. 또한 요한계시록에서는 예수가 하나님께 사용된 많은 칭호를 공유한다는 사실이 매우 흥미롭다.

칭호/묘사	성부 하나님	예수 그리스도, 성자 하나님
전에도 계셨고, 이제도 계시고, 장차 오실	1:4, 8; 4:8(11:17; 16:5에서는 부분적으로)	속히 오리라. (1:7; 22:7, 12, 20)
알파와 오메가	1:8; 21:6	22:13
처음과 마지막		1:17; 22:13
시작과 마침	21:6	22:13

하나님과 예수가 하나라는 사실은 다양한 방식으로 강조된다. 예를 들면 요한은 1:12-16에서 예수를 묘사하기 위해 강렬한 이미지를 사용하는데, 이것은 다니엘 7장과 10장의 이미지를 차용한 것으로서, 다니엘서에서는 이와 동일한 특징이 "옛적부터 항상 계신 이"(하나님)와 관련이 있다. 위에서 언급한 바와 같이 요한계시록에서 예수는 하나님의 보좌를 공유한다. 이것은 오직 그가 하나님과 유일하게 하나됨을 보여주는 것이다. 요한계시록에는 하나님의 보좌가 단 하나뿐인데, 하나님은 그 보좌를 어린양과 함께 공유하신다(3:21; 5:6; 7:17; 22:1, 3). 두 사람이 한 보좌에 앉는 것이 어떻게 가능하냐고 따지는 것은 본 주제에서 벗어나는 것이다. 그것은 요한이 말하고자 하는 핵심이 아니다. 그는 예수가 하나님이라는 사실을 우리에게 전달하고 있는 것이다.

또한 아버지의 이름과 어린양의 이름도 서로 연관되어 있다. 예수가 144,000명과 함께 시온산에 서 있을 때 그들의 이마에는 어린양의 이름과 그 아버지의 이름이 적혀 있다(14:1; 3:12). 또한 하나님이 그의 진노를 악에게 퍼붓듯이 예수도 그렇게 하신다. "산들과 바위에게 말하되 "우리 위에 떨어져 보좌에 앉으신 이의 얼굴에서와 그 어린양의 진노에서 우리를 가리라. 그들의 진노의 큰 날이 이르렀으니 누가 능히 서리요" 하더라(6:16-17; 19:15을 보라).

비록 나는 본서에서 당신에게 자주 경고하지는 않았지만, 이 시점에서는 그렇게 해야 할 필요성을 느낀다. 예수를 하나님보다 못한 존재로 만드는 사람(인기나 능력이 많든지 적든지 간에), 교회, 그룹 또는 운동 등이 있다면 반드시 경계해야 한다. 요한계시록(그리고 나머지 신약성경)은 예수가 하나님이라는 사실을 아주 명료하게 밝힌다. 잘못된 신학은 사람들을 망가뜨리며, 예수와 하나님의 하나 됨을 부정하고 예수의 신성을 부정하는 것은 대단히 비극적이면서도 영원한 결과를 초래한다.

이 모든 것을 종합하면 하나님의 아들 예수는 성부 하나님 및 성령 하나님과 완전히 하나이시다. 그는 단지 목걸이와 문신과 영화에 나올 법한 수준의 멋진 사람이 아니다. 그는 하나님으로서 우리의 예배를 받으시기에 합당하신 분이다. 우리는 예수가 오직 하나님께만 드려져야 할 예배를 어떻게 함께 공유하는지 살펴봄으로써 이 단락을 마치고자 한다.

요한계시록은 우리에게 성부 하나님과 나란히 어린양을 예배할 것을 촉구한다. 4:8-11에서 창조주이신 하나님을 예배하는 것에 이어

5:9-12에서는 구속자이신 예수를 예배하는 내용이 나온다. 4-5장은 5:13의 찬양을 합창하며 끝을 맺는다. "내가 또 들으니, 하늘 위에와 땅 위에와 땅 아래와 바다 위에와 또 그 가운데 모든 피조물이 이르되 '보좌에 앉으신 이와 어린양에게 찬송과 존귀와 영광과 권능을 세세토록 돌릴지어다'."

요한계시록의 이야기가 21-22장에서 묘사하는 천성에 관한 이야기로 이어지면서 하나님과 어린양을 향한 예배는 더욱더 가깝게 클로즈업되며, 신자들이 그의 영광스러운 임재를 경험하면서 더욱더 친밀해진다. "주 하나님, 곧 전능하신 이와 및 어린양"이 천성의 성전이 된다(21:22). 생명수의 강이 "하나님과 및 어린양의 보좌로부터 나와" 흐른다(22:1). 22:3에서는 하나님과 어린양이 보좌를 공유하고, 그의 종들은 그를 "섬긴다"(혹은 "예배한다"). 이러한 주제들은 대부분 하늘의 큰 무리에 관한 묘사와 더불어 7:15-17에서 집중적으로 나타난다.

그러므로 그들이 하나님의 보좌 앞에 있고 또 그의 성전에서 밤낮 하나님을 섬기매[22:3처럼 동일한 그리스어 "예배하다"가 사용됨], 보좌에 앉으신 이가 그들 위에 장막을 치시리니, 그들이 다시는 주리지도 아니하며 목마르지도 아니하고 해나 아무 뜨거운 기운에 상하지도 아니하리니, 이는 보좌 가운데 계신 어린양이 그들의 목자가 되사 생명수 샘으로 인도하시고, 하나님께서 그들의 눈에서 모든 눈물을 씻어 주실 것임이라.

요한계시록은 요한복음 10:30에 나타난 예수의 말씀을 반영한다. "나와 아버지는 하나이니라." 유일신론자였던 초기 그리스도인들이 예수와 하나님을 나란히 예배한다는 것은 오직 단 한 가지만을 의미한다. 즉 그들은 예수를 하나님으로 이해했다. 그리스도가 하신 일은 곧 하나님이 하신 일이다.

목자 메시아이신 예수

때로 예수는 악을 멸하는 데 여념이 없는 힘센 용사이신 재판관으로 나타난다. 그러나 그는 요한계시록에서 자기 백성을 알고 극진히 보살피는 목자 메시아로도 묘사된다. 우리는 요한이 그의 모든 영광 중에 부활하신 그리스도에 대한 환상을 서술한 1장에서 이 사실을 발견한다(1:10-16을 보라). 그리스도를 만난 후 요한은 마치 죽은 자 같이 엎드렸다. 그는 두려워서 아무 말도 할 수 없었다. 그러나 예수는 목자의 마음이 담긴 말씀으로 그를 안심시킨다(1:17-18).

"두려워하지 말라." 요한은 자신이 섬기는 분을 두려워하지 말아야 한다. 예수가 어떤 분이시며 또 어떤 일을 행하신 분이신지를 알면 두려움은 사라질 수밖에 없다.

"나는 ~이다." 이것은 출애굽기 3:14에 기록된 하나님의 이름을 암시한다.

"처음과 마지막." 예수는 영원한 만유의 주시다.

"살아 있는 자…사망과 음부의 열쇠." 예수는 사망과 음부를 이기시고, 이제는 그 영역에 대한 힘과 권세를 갖고 계신 부활하시고 살아 계신 주님이시다.

이 말씀들은 상당히 고무적이다. 만약 이러한 말씀들이 우리에게도 동일하게 적용될지가 궁금하다면 요한에게 말씀하신 그 그리스도가 일곱 금 촛대(일곱 교회) 사이에 서 계시고, 그들에게(그리고 우리에게도) 말씀하신다는 사실을 기억하라. 각 장 서두에서 예수는 교회들에게 그들의 상황에 대해 "알고 있다"고 말씀하신다. 어떤 이에게는 이것이 매우 괴로운 일일 수도 있다. 왜냐하면 모든 것을 아시는 주님께 자기 죄를 숨길 수 없기 때문이다. 그러나 대다수에게 이 사실은 위로가 된다. "내가 네 행위와 수고와 네 인내를 알고"(2:2) 혹은 "내가 네 환난과 궁핍을 알거니와" 혹은 "네가 어디에 사는지를 내가 아노니, 거기는 사탄의 권좌가 있는 데라"(2:13) 혹은 "내가 네 사업과 사랑과 믿음과 섬김과 인내를 아노니, 네 나중 행위가 처음 것보다 많도다"(2:19) 혹은 "내가 네 행위를 아노니, 네가 작은 능력을 가지고서도 내 말을 지키며 내 이름을 배반하지 아니하였도다"(3:8). 예수는 완벽하고 탁월한 목자가 자신의 양떼를 보호하고 돌보듯 자기 백성 가운데서 함께 걷고, 그들과 친밀함을 유지하며, 그들을 잘 알고 있다.

어린양이 동시에 목자이기도 하다는 사실은 아이러니하다. 그는 죽임을 당했지만, 다시 사신 어린양이다. 이것은 그가 고난을 당하고 죽는 것이 어떤 것인지를 안다는 것을 의미한다. 아주 오래 전에 예언자 이사야가 메시아에 관해 예언할 때 그는 다음과 같이 썼다. "그는 멸시를 받아 사람들에게 버림받았으며, 간고를 많이 겪었으며, 질고를 아는 자라"(사 53:3). 예수는 고난받는 메시아로서 아픔과 불의와 고통에 매우 익숙하다. 요한은 자신을 가리켜 "예수의 환난과 나라와 참음에 동참하는 자"라고 말하면서 요한계시록을 시작한다(1:9). 이것은 우리가 예수를 따르기만 하는 것이 아니라 예수가 가신 길을 따라가기 때문에 우리도 그러한 것을 경험한다는 의미다. 당신이 지금 고난당하고 있다면 당신은 고난당하는 것이 어떤 것인지를 잘 아시는 주님을 따르고 있음을 알아야 한다. 그는 당신의 마음 속 깊은 곳으로부터 우러나오는 울부짖음에 귀를 기울이고 계신다.

정말 기쁜 소식은 고난이 이야기의 끝이 아니라는 점이다. 우리의 목자께서 현재 우리를 돌보아주신다는 사실은 언젠가 그가 우리에게 아낌없이 베풀어주실 완전한 보살핌과 공급과 보호의 서곡과 같기 때문이다. 첫째, 그는 우리를 천성으로 인도할 계획을 갖고 계신다. 요한계시록 14장의 환상은 어린양이 더 이상 영적 전쟁의 최전선에 나서지 않고, 새 노래를 부르며 승리를 자축하는 144,000(모든 하나님의 백성)과 함께 시온산에 서 있는 모습을 보여준다. 그가 승리를 거두고 자기 백성을 천성으로 인도한 후 곧바로 어린양과 그의 신부의 성대한 혼인 잔치가 열린다. 그리스도의 신부인 교회는 이를 위해 자신을 완벽하게 준비했으므로 완전한 남편과 혼인 예식을 거행한다(19:7, 9; 21:9). 하나님과 어린양은 자신들의 임재로써 자기 백성을 감싸신다

(7:15-17).

요한계시록에서 하나님의 이름은 종종 하나님의 임재를 상징한다. 천성에서 하나님과 어린양의 보좌는 정 중앙에 위치할 것이며, 그의 종들은 그의 얼굴을 볼 것이며, 그의 이름은 그들의 이마에 적혀 있을 것이다(22:3-4; 3:12; 14:1). 하나님과 어린양의 이름을 몸에 지닌 자는 어린양의 생명책에 자신들의 이름이 기록될 것이다(21:27). 그의 임재와 함께 철두철미하고 완벽한 안전이 보장되는 것이다. 우리는 그분의 것이며, 양 떼를 위해 자기 목숨을 내놓은 목자이신 예수와 확고부동한 관계 속에서 영원히 살게 될 것이다(요 10:11; 요일 3:16).

완전한 목자이신 예수는 단순히 우리와 함께하실 뿐만 아니라 우리를 위해 모든 것을 공급해주실 것이다. 다시 한번 요한계시록 7장의 천성에 관한 환상은 하나님의 백성이 더 이상 굶주리고 목마르거나 뜨거운 기운에 상하지 아니할 것임을 보여준다. 오히려 어린양은 그들의 목자가 되어 "생명수 샘으로 [그들을] 인도"하실 것이다(7:17). 또한 천성에 대한 마지막 장면은 하나님과 어린양의 보좌로부터 흘러나오는 생명수 강을 보여준다(22:1). 중동 지역과 같이 덥고 건조한 기후에서는 물이 정말로 대단히 중요하다. 물은 곧 생명을 의미한다. 예수는 생명을 공급하시는 분이다!

우리가 천성을 비롯하여 예수가 준비하신 하늘의 상을 바라보며 나아갈 때, 요한계시록은 지금 이 순간에도 우리를 붙들고 계시는 그분의 은혜를 상기시킨다. 이 책은 삼위일체 하나님으로부터 "은혜와 평강이 너희에게 있기를 원하노라"라는 인사말로 시작하여(1:4) "주 예수의 은혜가 모든 자들에게 있을 지어다. 아멘"으로 끝을 맺는다 (22:21). 우리의 목자는 바로 이와 같은 분이시다. 그는 우리를 아시고, 지금도 우리를 돌보시며, 우리에게 상 주시기로 약속하셨고, 우리에게 언제나 은혜와 평강을 주시는 분이시다.

죽임당하신 어린양

요한계시록을 읽으면서 우리 눈에 강하게 들어오는 한 가지가 있는데, 예수가 "예수" 혹은 "그리스도"로 자주 불리지 않는다는 사실이다. 오히려 그는 주로 "어린양"으로 불린다. 그가 정말 어린양이란 말인가? 이것은 당신이 우주의 주인이신 분에 관해 읽으면서 예상치 못했던 것이다. 예수는 대다수의 위대한 영웅처럼 정복자의 길을 선택하지 않았다. 그는 아무도 예상치 못한 방식인 죽음으로 이 어두움의 왕국을 정복하신다.

요한계시록 1장은 예수가 "그의 피로 우리 죄에서 우리를 해방하셨다"라고 기록한다(1:5). 여기서 "해방"(그리스어 "뤼오"[*lyō*])이란 단어는 속박으로부터 누군가를 석방하거나 풀어준다는 의미를 갖고 있다. 예수는 우리를 포로로 잡아두었던 우리의 죄로부터 자유롭게 하셨다. 그는 십자가의 희생적인 죽음을 가리키는 "그의 피로" 이 일을 이루셨다. 피는 생명을 상징하므로 우리는 예수가 우리를 위해 자신의 생명을 내어주셨다고 말할 수 있다. 그는 자신의 죽음으로 우리를 구원하신 유월절 어린양이다. 그는 죽어 마땅한 우리를 대신하여 죽으셨다. 세례 요한은 "보라! 세상 죄를 지고 가는 하나님의 어린양이로다"라고 공표했다(요 1:29; 참조. 고전 5:7). 심지어 요한은 그가 "창세 이전에 죽임을 당하셨다"(13:8)고 말하는데, 이는 하나님이 죄와 사탄으로부터 사람들을 구하기 위해 언제나 예수의 생명과 죽음과 부활을 사용해오셨음을 의미한다.

요한계시록 5장에서는 그림의 초점이 한층 더 명확해진다. 요한은 거기서 승리한 유다 지파의 사자에 관해 듣지만, 그가 돌아서서 본 것은 어린양이었다. "[보좌의 중앙에] 어린양이 서 있는데, 일찍이 죽임을 당한 것 같더라"(5:6). 어린양은 마치 죽임을 당한 것 같이 보이는데, 이는 그가 실제로 십자가상에서 죽임을 당했기 때문이다. 그러나 그는 더 이상 죽은 것이 아니다. 그는 다시 살아나셨고, 이제는 성부 하나님과 우주의 보좌를 공유하신다. 예수는 십자가에서 죽으셨다가 부활하시고 하나님의 보좌로 높임을 받으셨기에 우리의 예배를 받으신다. "그들이 새 노래를 불러 이르되 '두루마리를 가지시고 그 인봉을 떼기에 합당하시도다. 일찍이 죽임을 당하사…피로 사서…'"(5:9), 그리고 "큰 음성으로 이르되 '죽임을 당하신 어린양은 능력과 부와 지혜와 힘과 존귀와 영광과 찬송을 받으시기에 합당하도다'"(5:12).

모든 추악함을 드러내는 죄와 마주할 때마다 우리는 예수가 우리를 위해 죽으시고, 우리의 죄를 씻으시고, 우리를 풀어 놓아 자유롭게 하기 위해 죽으셨다는 사실에 크나큰 감사를 느낀다. 우리는 진정 우리가 우리의 죄 때문에 죽어 마땅한 존재이며, 그럼에도 불구하고 하나님께서 이런 우리에게 생명을 주셨다는 사실을 깨달을 때에야 비로소 죽임 당한 하나님의 어린양께 감사할 수 있다. 그럴 때 비로소 우리는 예배가 무엇인지를 진정으로 이해하게 된다.

승리자 또는 정복자이신 예수에 관해 우리가 깨닫는 한 가지 놀라운 사실은 그가 **정복당함으로써** 정복하셨다는 것이다. 그렇다. 그는 자신의 희생적인 죽음을 통해 승리하셨다(그리스어 "니카오"[nikao], 5:5). 어느 로마 황제도, 어느 미국 장군도, 어느 지도자도 이런 방식으로 승리한 적이 없다. 당신은 정복당함으로써 정복할 수 없다. 그러나 예수는 그렇게 하셨다. 그는 사탄을 무력화시키셨다. 그는 사탄을 완전히 정복하셨다. 하나님의 흠없는 어린양으로서 희생제물이 되심으로써 그는 우리에게 내려질 심판을 대신 받으시고, 그 대신 우리에게 용서를 베푸셨다. "그[하나님]는 자신의 거룩함을 희생시키면서 사랑의 행위를 행하거나, 사랑을 희생시키시면서 거룩한 행위를 행하기를 원치 않으셨다. 그래서 우리는 그가 자신의 죽음을 통해, 그리고 죄인들이 받아 마땅한 심판을 대신 받으심으로써 자신의 거룩한 사랑을 충족시키셨다고 말할 수 있다. 그는 인간의 죄에 대한 처벌을 요구하셨을 뿐만 아니라 또한 그 처벌을 받아들이셨다."[2] 십자가의 비범함과

---

2   John Stott, *The Cross of Christ* (Downers Grove, IL: InterVarsity, 2006, 『그리스도의

우아함은 하나님이 예수에게 죽음을 강요하거나 예수를 처벌하신 것이 아니라 성자 하나님이 자발적으로 죽음에 순복하셨다는 데 있다. 하나님이 친히 요구하신 것을 하나님 자신이 친히 충족시키신 것이다. 하나님은 십자가 위에서 우리를 위해 자기 자신을 내어주셨다. 존 스토트는 예수의 십자가 죽음을 가리켜 "하나님의 자기대체(self-substitution)"라고 표현했고, 정말 그것은 사실이었다.[3]

그런데 이보다 더 중요한 것이 있다. 예수께서 하신 일은 단순히 과거에 지은 우리의 죄를 처리하신 것만이 아니다. 그가 이루신 십자가의 승리는 요한계시록 5장에서 그에게 두루마리를 펴기에 합당한 자격을 부여했다. 이 장면은 요한이 하나님의 오른손에 있는 두루마리를 보는 것으로 시작한다. 이 두루마리는 악을 단번에 완전히 물리치고, 그의 백성을 구하고, 그의 피조물을 변화시키기 위한 하나님의 구원 계획을 상징한다. 하나님은 이 망가진 세상이 자멸하는 동안 하늘에서 아무것도 하지 않고 그냥 앉아 계시는 분이 아니다. 그는 이에 대해 무언가를 행하시는 분이다. 하나님은 자기 오른손에 두루마리를 꽉 쥐고 계시며, 힘 있는 천사가 "누가 두루마리를 펴며 그 인을 떼기에 합당하냐"고 물을 때 하늘에 있는 모든 예배자는 조용히 엎드린다 (5:2). 우리는 요한이 모든 피조물 중에 아무도 그 두루마리를 펴기에

십자가』, IVP 역간), 151-52.

3 참조. Stott, *Cross of Christ*, chap. 6.

합당한 자가 없음을 알고 절망하며 우는 결정적인 장면을 본다(5:3-4). 어느 누구도 하나님의 계획을 펼쳐 볼 수 없다. 이 장면이 주는 긴장감은 적어도 승리자에 관한 기쁜 소식을 접하고 요한의 절망감이 사라질 때까지 극대화된다(5:5). 결국 좋은 소식은 합당한 분이 계신다는 것이다. 사자에 관해 듣고, 뒤돌아 서서 한때 죽임을 당했지만 지금은 완전히 살아 있는 어린양을 본 요한은 제 정신이 아니었다(5:6).

어린양 예수는 아버지로부터 두루마리를 취하실 수 있는 유일한 분이시다. 왜냐하면 오직 그만이 십자가에서 죽으셨다가 부활하신 주님이기 때문이다(5:2-7). 그의 위대함은 십자가에서 죽으신 그의 신실하심에서 나온다. 그는 죽기까지 자기 자신을 낮추셨기 때문에 하나님의 계획을 수행할 수 있었다. 바로 그런 이유에서 요한계시록의 많은 찬양은 "당신은…합당하시다"로 시작한다.

잠시 이 문제를 우리 개인의 세계로 끌어들여 보자. 오직 예수만이 십자가에서 죽으시고 부활하셨기 때문에 오직 그분만이 합당한 분이시다. 오직 예수만이 만유의 주시며, 만왕의 왕이시다. 우리는 목사, 교사, 강연자, 작가, 운동가 등 수많은 종교 지도자가 오직 예수께만 예비된 자리까지 높임을 받는 것을 쉽게 발견한다. 그들은 하나님을 대변하는 자리에서 서서히 멀어져 자신을 따르는 자들의 마음에 계신 하나님까지 대체하기에 이른다. 그러나 우리는 오직 예수만이 하나님의 계획을 성취하기 위해 위엄과 자격을 갖추신 유일한 분임을 항상 기억해야 한다. 지도자들은 필요하지만 대체 가능하다. 오직 예수만이 필수 불가결하며, 대체 불가하다.

예수의 죽음은 두 가지 측면에서 우리에게 커다란 영향력을 행사한다. 첫째, 그는 자신의 희생을 통해 "각 족속과 방언과 백성과 나라 가운데서 사람들을 피로 사서 하나님께 드리고" 또한 "그들로 우리 하나님 앞에서 나라와 제사장들을 삼으셨으니, 그들이 땅에서 왕 노릇"하도록 하신다(5:9-10; 1:5-6). 그리스도가 하신 일은 하나님이 만들어가시는 놀랍도록 특별한 믿음의 공동체로 우리를 인도한다. 그것은 단지 하나님이 우리를 무엇으로부터 구원하시는지에 관한 문제일 뿐만이 아니라 그가 무엇을 위해 우리를 구원하시는지에 관한 문제이기도 하다. 하나님은 죄와 우리의 관계를 변화시킬 뿐만 아니라 현재와 미래의 그분과 우리의 관계 및 우리들 간의 관계도 변화시키신다. 그는 장차 올 새 하늘과 새 땅에서 우리가 그와 함께 다스릴 제사장의 나라 혹은 공동체가 되게 하려고 우리를 구원하셨다.

둘째, 그리스도가 하신 일은 마귀의 계략을 무너뜨리고, 우리가 그를 이길 수 있게 한다. 요한계시록 12:7-9은 미가엘과 그의 천사들이 용(마귀)과 그의 천사들과 함께 싸우는 천상의 전쟁에 관해 이야기한다. 마귀는 패하고 그의 악한 천사들과 함께 땅으로 내던져진다. 정확히 언제 이런 일이 일어났는지는 논쟁의 여지가 있지만, 예수의 십자가 죽음과 부활은 이 우주적인 전쟁을 승리로 이끄는 데 중추적인 역할을 했다. 예수가 죽음에 순복하고 하나님이 죽은 자 가운데서 그를 다시 일으키실 때 비로소 사탄은 완전히 패배한 것이다. 그 이후

12:11은 "또 우리 형제들[신자들]이 어린양의 피와 자기들이 증언하는 말씀으로써 그[마귀]를 이겼으니"라고 말한다. 사탄이 당신을 무가치한 쓰레기 조각이라고 참소하며, 순간의 덧없는 쾌락으로 당신을 기만할 때 당신은 그에게 저항할 수 있음을 기억해야 한다. 왜냐하면 그는 이미 패배한(비록 아직도 위험한 존재이긴 하지만) 원수이기 때문이다. 그는 이미 우주적인 전쟁에서 패배한 존재다.

죽은 자들 가운데서 먼저 나신 이

예수의 부활 없이 그의 죽음은 아무런 의미가 없다. 1세기 로마 제국 시대에 수많은 사람이 십자가에 못 박혀 죽었지만, 죽은 자들 가운데서 다시 살아난 사람은 단 한 사람뿐이다. 요한계시록이 부활을 직접 언급하는 것은 단지 몇 차례뿐이지만 예수가 다시 살아나신 그리스도라는 사실은 책 곳곳에서 당연시된다.

1:5은 예수가 "죽은 자들 가운데서 먼저 나[신 자]"라고 말한다. 예수는 이제 부활로 말미암아 죽음을 지배하신다(참조. 골 1:18). 1:17-18에서 예수는 요한에게 "나는…곧 살아 있는 자라. 내가 전에 죽었었노라. 볼지어다! 이제 세세토록 살아 있어 사망과 음부의 열쇠를 가졌노니"라고 말하면서 두려워하지 말라고 말씀하신다. 예수는 서머나 교회에 자신을 나타내시면서 "처음이며 마지막이요 죽었다가 살아나신 이"라고 말한다(2:8). 요한은 5:6에서 한 어린양을 본다. "보좌와

네 생물과 장로들 사이에 한 어린양이 서 있는데 일찍이 죽임을 당한 것 같더라." "죽임을 당한 것 같더라"는 표현은 "죽임을 당한 것처럼 보이는"(NET) 혹은 "마치 한때 죽임을 당했던 것 같은"(CEV)이란 의미다. 이 얼마나 역설적인 말인가! 그는 죽임을 당했던 어린양이…서 있는 것을 본 것이다. 이것은 어린양이 죽임을 당했지만, 지금은 활기차게 살아 계셔서 세상을 다스리신다는 의미다. 그는 죽음에 대한 주권을 갖고 계신 주님이시다. 더욱이 예수의 부활은 우리들의 미래의 부활을 보증한다(고전 15:20).

앞에서 이미 언급했듯이 지난 2년 사이에 우리 대학교에서 한 학생이 죽었다. 그것은 말로 표현하기 어려운 아픔이었고, 나는 몇 번이고 계속해서 생명을 훔쳐가는 죽음을 내가 얼마나 증오하는지 하나님께 말씀드렸다. 나는 항상 다음과 같은 성경 본문을 통해 그분이 주시는 응답을 들을 수 있었다. 요한계시록 끝부분에 나오는 말씀이다. "사망과 음부[무덤 혹은 죽은 자들의 영역]도 불못에 던져지니, 이것은 둘째 사망 곧 불못이라"(20:14). 나는 언젠가 하나님이 죽음을 지옥으로 보내실 것이라는 사실을 기쁨으로 받아들이고 있다. 새 하늘과 새 땅에는 "다시는 사망이 없다"고 말씀하신다(21:4). 죽음의 최종적 퇴치는 예수의 부활을 통해 가능하다.

포효하는 어린양

내가 이 책을 쓰고 있는 지금 이 순간에도 세상은 붕괴되고 있는 것처럼 보인다. 이스라엘과 하마스는 교전 중이며, 마이클 브라운의 죽음 이후 미주리주의 퍼거슨 스트리트(세인트루이스시)에서는 폭동이 일어나고, 파괴적인 에볼라의 출현이 아프리카 전역으로 확산되고, 테러 단체들이 이라크의 광대한 지역을 점령하고, 그 과정에서 수천 명의 그리스도인이 학살당하는 등 수많은 사건이 벌어지고 있다. 이 책이 출판되어 나올 때 즈음에는 또 다른 울부짖음이 생겨날 것이다. 이 세상은 정말 난장판이다. 이 세상에 존재하는 대부분의 고통은 직접적으로(그리고 궁극적으로) 죄와 사탄으로부터 유래한다. 감사하게도 요한계시록은 예수를 하나님과 하나이신 분, 목자이신 메시아, 죽임당한 어린양, 살아 계신 분으로뿐만 아니라 용사 재판관, 포효하는 사자, 악을 단번에 무너뜨리기 위해 다시 오실 정복자인 숫양으로도 묘사한다. 이 망가진 세상을 고치기 위한 일환으로 악은 제거되어야 하며, 예수는 바로 그 일을 행하실 것이다.

요한계시록은 전쟁 혹은 전투에 관한 이야기를 특종으로 다루고 있다. 요한계시록은 영적 전쟁을 다룬 책이다. 우리는 2-3장에 기록된 일곱 메시지를 통해 전쟁에 관한 이미지를 만나볼 수 있다. 신실한 자들은 "생명의 관"을 받을 것이다(2:10). 예수는 "좌우에 날 선 검"을 휘두르신다(1:16). 예수는 "[자신의] 입의 검으로 그들과 싸우실" 것이다

(2:16). 예수는 "사망으로 그의 자녀를 죽이실" 것이다(2:23). 승리한 자들은 "철창을 가지고 그들을 다스릴" 것이다(2:27). 예수는 그의 원수들로 하여금 "네 발 앞에 절하게" 하실 것이다(3:9). 예수는 하나님의 창조세계를 다스리실 것이다(3:14). 그리고 각 메시지 끝부분에서 예수는 "이기는 자들"에게 상을 약속하신다. 이것은 상당히 많은 전쟁 이미지이며, 이 책의 나머지 부분에서도 계속 나타난다.

요한계시록은 예수가 모든 통치자 위에 계신 통치자이심을 여러 차례에 걸쳐 분명하게 밝힌다. 이 세상에는 아주 힘 있는 사람도 많고, 보이지 않는 위험한 영적 세력도 많다. 그러나 그 누구도 예수의 경쟁자가 될 수는 없다. 그는 "땅의 임금들의 머리"시다(1:5). 17장에서 열 명의 왕이 어린양과 그의 군대를 대항하여 출전할 때 그들은 예수가 "만주의 주시요 만왕의 왕"이시므로 패했다(17:14). 예수는 다시 오실 때 자신의 옷에 "만왕의 왕이요 만주의 주"라는 칭호를 달고 오실 것이다(19:16).

만물의 통치자이신 예수는 악과 싸워 승리하신 재판관이시기도 하다. 여기서는 두 가지 이미지가 두드러진다. 첫째, 그는 "유다 지파의 사자"다(5:5; 참조. 창 49:9-10). 이 이미지는 야곱이 유다 지파를 왕실의 혈통으로 인정하며 그의 아들 유다에게 복을 주는 장면에서 언급된다. 그리고 여기서는 강한 용사이자 통치자이신 예수의 힘과 능력을 의미한다.

두 번째 이미지는 훨씬 더 흥미롭다. 우리는 어린양이신 예수에 대해 잘 알고 있지만, 숫양이신 예수는 어떠한가? 5:6에서 우리는 그의 완전한 능력과 예리한 통찰력을 상징하는 일곱 뿔과 일곱 눈이 있는 어린양을 본다. 여기서는 뿔이 있는 어린양이 바로 숫양인 것이다. 그는 우리의 죄를 위해 죽으신 희생당한 어린양이자 죄를 심판하시는 정복자인 숫양이기도 하다. 이 모습은 왜 어린양이 전쟁도 불사하는지(17:14), 그리고 왜 사악한 자들이 장차 임할 어린양의 진노에서 벗어나고자 동굴에 숨어 차라리 죽여달라고 울부짖는지를 잘 설명해준다. 오직 살아 계신 하나님의 인을 지닌 자만이 어린양/숫양의 진노에서 벗어날 수 있다.

각 세대는 하나님의 은혜/사랑/자비나 하나님의 거룩/정의/의로움 가운데 어느 한쪽으로 치우치는 경향이 있다. 사랑에 굶주린 오늘날의 사회에서 우리는 종종 하나님의 거룩하심을 무시한 채 하나님의 사랑만을 지나치게 강조한다. 그러나 예수는 재림하실 때 유순한 어린양으로 오시는 것이 아니라 강한 용사이신 재판관으로 오실 것이다. 그는 하나님의 원수들을 처단할 권세를 갖고 재림할 것이다. 우리는 어린양을 결코 길들일 수 없다. 그는 자기의 원수를 무너뜨리고 그의 우주적 통치권을 확립하기 위해 다시 오신다. 요한계시록 전문가인 로버트 마운스(Robert Mounce)는 "감성적인 사랑의 무력화된 교리를 내세워 심판과 죄에 대한 증오가 배제된 하나님에 대한 견해는 요한계시록의 강하고 남성적인 사실주의에서 결코 찾아볼 수 없다"라고 경

고한다.[4]

예수가 구름을 타고 다시 오실 때(하나님의 영광스러운 임재의 상징) "각 사람의 눈이 그를 보겠고, 그를 찌른 자들도 볼 것이요, 땅에 있는 모든 족속이 '그로 말미암아 애곡'"할 것이다(1:7). 예수를 대적했던 자들에게는 그의 재림이 심판을 의미하므로 그들에게는 그것이 비통함을 의미할 것이다. 요한계시록 14장에서 우리는 흰 구름 위에 앉은 채 머리에는 금 면류관을 쓰고 손에는 예리한 낫을 들고 계신 예수를 본다(14:14-16). 그는 지상에서 심판을 시작하라는 하나님의 지시를 천사를 통해 받는다. 19장은 요한계시록에서 예수의 놀라운 재림에 관해 가장 상세하고 구체적으로 서술한 본문이다.

악을 이기신 하나님의 최후의 승리 이야기는 19:6-20:15에서 전개된다. 어린양의 혼인 잔치가 19:6-10에서 공표된 후 19:11-21은 예수의 재림에 관해 이야기한다. 예수는 그의 원수들을 물리치고 그의 우주적 통치권을 확립하기 위해 영광과 능력 가운데 재림하는 용사와 재판관과 왕으로 나타나신다. 19:11-16은 승리하신 그리스도의 여덟 가지 특성과 네 가지 행동에 관해 이야기한다(도표를 보라).

---

4 Robert H. Mounce, *The Book of Revelation*, rev. ed., New International Commentary on the New Testament (Grand Rapids: Eerdmans, 1998, 『NICNT 요한계시록』, 부흥과개혁사 역간), 356.

승리하신 그리스도

특성	행동
• 백마를 타고 있다.	• 공의로 심판하면서 전쟁을 벌인다.
• 충신과 진실.	• 그의 입의 예리한 검으로 만국을 정복한다.
• 눈이 불꽃 같다.	• 철장으로 만국을 정복한다.
• (통치자의) 많은 관을 쓰고 있다.	• 하나님의 맹렬한 진노의 포도주 틀을 밟는다.
• 오직 자신만이 아는 이름을 갖고 있다.	
• 피가 뿌려진 옷을 입고 있다.	
• 그의 이름은 하나님의 말씀이다.	
• 만왕의 왕, 만주의 주라는 칭호가 쓰인 옷을 입는다.	

19:17-21에서는 그 유명한 아마겟돈 전쟁이 일어난다(16:14-16도 보라). 우리에게 잘 알려진 이 전쟁은 결국 시시한 전쟁이 되고 만다. 이제 지구 종말에 관한 책과 영화와 설교 속에 등장하는 아마겟돈 전쟁에 대한 모든 "소란함"은 다 잊어버려라. 실제로 아마겟돈 전쟁에 대한 요한계시록의 보고는 다음과 같다. "[그러나] 짐승이 잡히고"(19:20). 그리스도는 단순히 나타나서 승리를 전하는 것으로 승리를 거둔다. 온 우주의 미래가 달린 장엄한 전쟁은 실제로 예수가 다른 구원의 길을 부르짖었지만 결국 십자가에 순복한 겟세마네 동산에서 일어났다. 역사의 전환점은 예수가 겟세마네 동산에서 홀로 드린 기도에서 발견할 수 있다. "나의 원대로 마시옵고 아버지의 원대로 하옵

소서"(막 14:36). 죄는 한 동산에서 시작되었고, 사탄도 한 동산에서 패배를 맛보았는데, 그 결과로 언젠가 우리는 악의 흔적조차 없는 동산에서 살게 될 것이다.

포효하는 어린양 예수에 대한 마지막 퍼즐 한 조각은 우리에게 큰 위로를 준다. 당신이 예수를 따르면서도 예수의 재림이 무섭고 두렵다면 요한계시록은 당신으로 하여금 안도의 한숨을 쉬게 할 것이다. 당신은 마치 신부가 결혼식 날을 간절히 고대하듯이 그의 재림을 기대하며, 심지어 그날을 갈망할 수도 있다. 예수의 재림은 그의 백성에게 심판을 의미하지 않는다. 오히려 그들에게 재림은 구원과 재회와 상을 의미한다. 요한계시록은 이 세상의 왕국이 우리 주님과 그의 메시아의 왕국이 되는 때에 대해 이야기한다(11:15). 예수는 우리에게 자신의 재림을 준비하라고 말씀하지만(16:15), 또한 그는 이것이 수상(受賞)의 시간이 될 것임을 약속하신다.

> "이방들이 분노하매, 주의 진노가 내려 죽은 자를 심판하시며, 종 선지자들과 성도들과 또 작은 자든지 큰 자든지 주의 이름을 경외하는 자들에게 상주시며, 또 땅을 망하게 하는 자들을 멸망시키실 때로소이다" 하더라(11:18).

> 보라! 내가 속히 오리니, 내가 줄 상이 내게 있어 각 사람에게 그가 행한 대로 갚아 주리라(22:12).

우리는 그리스도의 재림을 갈망할 수 있다. 왜냐하면 사랑을 받는 아이가 자기가 믿고 사랑하는 부모를 잘 알듯이 우리도 그를 잘 알기 때문이다. 부모가 멀리 떠나 있으면 자녀는 부모가 돌아오기를 갈망한다. 왜냐하면 자녀는 돌아올 부모의 성품을 잘 알고 있기 때문이다. 우리의 목자이신 메시아는 언젠가 우리를 구하러 오실 것이다.

결론

나는 이번 장에서 당신이 예수에 관해 무언가를 배웠기를 바란다. 그러나 나는 그것보다도 "예수 그리스도의 계시"가 당신으로 하여금 예수를 더욱 사랑하고 따르도록 했기를 바란다. 요한계시록은 영광스러운 예수의 모습을 그린다. 놀라운 그림을 우리에게 그려준다. 그는 하나님과 하나이시다. 그리스도가 하신 것을 하나님도 하신다. 우리가 예수의 "하나님 되심"을 부인하면 우리는 사람들을 참 진리로부터 멀어지게 하고, 궁극적으로 그들에게 해를 끼친다.

예수는 목자이신 메시아로서 우리를 깊이 아시고, 우리의 고통을 공감하시고, 우리를 돌보시고, 우리의 상상을 초월하는 새 창조를 우리에게 약속하신다. 이 모든 것은 그가 십자가의 희생으로 죄와 사탄의 속박으로부터 우리를 자유롭게 하신 죽임당한 어린양이기 때문에 가능한 것이다. 예수는 이전에 죽임을 당했지만 지금은 부활하신 하나님의 어린양이기 때문에 그는 하나님의 구원 계획이 기록된 두루마리를 펼칠 만한 충분한 자격이 있다.

예수는 사자, 승리하신 숫양, 포효하는 양으로서 십자가와 부활을 통해 사탄을 물리치셨다. 만왕의 왕이요 만주의 주이신 그는 재림을 약속하신다. 이 사실은 그의 원수들의 마음에 공포를 안겨주지만, 그의 친구들에게는 커다란 소망을 안겨준다.

이 세상은 망가졌다. 그리스도의 최종적 개입 없이는 이 세상을 다시 고칠 수 없다. 우리는 그의 나라가 모든 찬란함 속에 도래할 것을 갈망한다. 우리는 모든 것이 다시 제자리를 찾기를 갈망한다. 요한계시록의 마지막 문장에서 예수는 다음과 같이 재림을 약속한다. "이것들을 증언하신 이가 이르시되 '내가 진실로 속히 오리라.'" 우리 또한 기도 가운데 끊임없이 다음과 같이 외친다. "아멘. 주 예수여, 오시옵소서!"(22:20)

그룹 토론 문제

1. 우리의 문화 속에는 예수가 큰 능력을 지닌 종교 지도자이긴 하지만 그럼에도 하나님은 아니라고 보는 시각이 존재한다. 그런 시각은 구체적으로 어떤 것들인가? 요한계시록이 그러한 시각에 어떠한 도전을 주는가?

2. 예수를 목자 메시아라고 말하는 것은 그가 자기 백성을 아시고 돌보신다는 의미다. 당신은 최근에 목자의 돌봄을 어떻게 경험했는가?

3. 예수가 우리를 위해 십자가에서 희생하신 것을 자주 묵상하는 것이 매우 좋다고

생각하는 이유는 무엇인가? 하나님의 "자기 대체"가 당신이 십자가를 이해하는 데 어떤 도움을 주는가?

4. 하나님은 당신을 무언가**로부터** 구원하실 뿐 아니라 무언가를 **위해서도** 구원하신다는 사실이 당신에게 어떤 의미를 주는가? 장차 올 새 창조에 관해 그가 약속하신 것 가운데 당신이 가장 좋아하는 약속은 무엇인가?

5. 악마의 유혹에 저항하고 그의 참소를 꾸짖기 위해 사탄을 멸하신 그리스도를 당신은 어떻게 의지할 수 있는가?

6. 예수를 단순히 희생제물이 된 어린양으로서뿐만 아니라 악을 단번에 멸하실 정복자이신 숫양으로도 볼 수 있다는 것은 왜 중요한가?

7. 요한계시록은 예수에 대한 당신의 이해를 어떻게 바꾸어주었는가?

....

핵심 구절: 요한계시록 1:1, 4-6, 17-18; 5:5, 9-10; 7:17; 19:11-16; 22:12-13

참고 본문: 요한계시록 5장, 19장

8장
심판

"대 주재여, 어느 때까지 하시려 하나이까?"

"HOW LONG, SOVEREIGN LORD?"

오늘 당신이 누군가를 악평할 때 할 수 있는 말 가운데 하나는 그가 남을 함부로 판단한다는 것이다. "나를 함부로 판단하지 마세요" 혹은 "당신은 그 사람을 함부로 판단해선 안 됩니다"라는 말은 우리가 흔히 듣는 말이다. 이러한 정서는 그리스도인과 비(非)그리스도인 사이에서 모두 나타난다. "판단 불가" 철학은 우리 사회에 아직 건재하다. 물론 나는 당신의 재판관이 아니고, 당신도 나의 재판관이 아니라는 생각은 어느 정도 사실이지만, 때로 우리는 도를 넘어 이러한 신념을 하나님께 적용하여 심지어 하나님도 판단할 자격이 없다고 생각한다. 당신에게 한 가지 질문을 하겠다. 만약 당신이 사랑하는 사람을 죽인 범인이 수사기관에 의해 체포되지 않는다 해도 당신은 판단하지 않으시는 하나님을 원하겠는가?

우리 가운데 대다수는 자신이 그리스도인이라고 시인하면 죽임을 당하게 될 정도의 심각한 박해를 경험한 적이 없다. 그럼에도 우리는 세계 도처에서 박해받는 교회가 당하는 고통이 어떤 것인지 점점 더 인식하고 있다. 그것은 좋은 일이다. 우리는 그들을 위해 기도해야 하고, 그들의 믿음과 용기를 본보기로 삼아 배워야 하기 때문이다. 또한 이것이 새로운 일이 아니라는 것을 아는 것도 중요하다. 그리스도를 따르는 자들은 처음부터 박해를 받아왔다. 나는 지금 브라이언 리트핀(Bryan Litfin)이 쓴 『초기 기독교 순교자 이야기』(*Early Christian Martyr Stories*)라는 통찰력 있는 책을 읽고 있는데, 이 책에 나오는 이야기들은 정말로 충격적이고 놀랍기만 하다. 2세기 프랑스 리용 지방의 순교자 블란디나의 이야기를 예로 들어보겠다.

> 채찍질과 맹수들, 그리고 불로 달군 쇠의 고문을 견뎌낸 후 그녀는 결국 옴짝달싹 못하게 그물에 둘둘 말려서 황소 앞에 던져졌다. 그 짐승이 그녀를 한참 동안이나 이리저리 들이받았고 하늘의 소망과 그녀가 믿었던 바에 대한 분명한 이해와 그리스도와의 영적 친밀함에 힘입어 그녀는 자기 주위에 대한 인식을 잃어버렸다. 마침내 블란디나는 희생제물로 드려졌고, 이교도들은 지금까지 이처럼 참혹한 고문을 많이 당한 여자를 본 적이 없었음을 시인할 수밖에 없었다.[1]

이러한 고난은 우리에게 다음과 같은 질문을 제기한다. "주님! 이와 같이 끔찍한 악행을 저지른 자들을 당신은 언제 심판하실 겁니까?" 이것이 바로 요한계시록 6:9-10에서 순교자들이 던진 질문이다. "다섯째 인을 떼실 때에 내가 보니 하나님의 말씀과 그들이 가진 증거로 말미암아 죽임을 당한 영혼들이 제단 아래에 있어 큰 소리로 불러 이르되 '거룩하고 참되신 대 주재여, 땅에 거하는 자들을 심판하여 우리 피를 갚아 주지 아니하시기를 어느 때까지 하시려 하나이까?' 하니." 주

---

1   Bryan M. Litfin, *Early Christian Martyr Stories: An Evangelical Introduction with New Translations* (Grand Rapids: Baker Academic, 2014), 84-85.

여! 어느 때까지입니까? 당신은 모든 것을 다스리고 계십니다. 당신은 정말 악이 심판에서 피할 수 없도록 내버려두지 않으실 겁니까? 사악한 자들이 결단코 승리하지 못할 것입니다, 그렇지 않습니까, 주님? 주님! 언제 악을 심판하실 것입니까? 요한계시록의 확고하고도 변함없는 답변은 이렇다. "그렇다. 악은 승리하지 못한다. 왜냐하면 전능하신 하나님이 악을 물리치시고 멸하실 것이기 때문이다."

악에 대한 하나님의 심판은 바로 그분의 진노를 퍼붓는 것이다. 요한계시록은 "진노"라는 용어를 여러 차례 사용하고 있는데, 그것이 의미하는 바와 의미하지 않는 바를 아는 것은 매우 중요하다. 인간의 분노 또는 진노는 흔히 충동적이며, 통제할 수 없고, 잘못된 동기로 인한 것이다. 우리는 모두 잘못된 동기로 인해 이성을 잃어버린 경험이 있음을 기억한다. 이와는 대조적으로 하나님의 분노 또는 진노는 항상 통제되어 있고, 당위성을 지닌다. 하나님의 진노는 그분의 거룩하고 의로운 성품에 근거하여 그분이 의도적으로 악과 죄를 징벌하시는 것을 의미한다.

하나님이 징벌하는 것은 무엇인가? 어떤 종류의 악에 대한 것인가? 요한계시록에는 사악한 자들의 죄 혹은 악의 목록이 9:20-21, 21:8, 22:14-15 등 세 차례 등장한다. 몇 가지 종류의 악은 요한계시록에서 반복적으로 나타난다. 그것은 가짜 신을 숭배하는 것(우상숭배), 음행, 속임수, 살인 등이다. 인간은 이러한 악을 저지르고, 인간의 제도(예. 로마 황제를 숭배하는 제도)는 그 악을 더욱 활성화하며, 악의 세력은 그 악을 고무한다. 결과적으로 하나님 자신이 거부당하고, 하나님의 백성은 박해와 죽임을 당하며, 하나님의 창조는 파괴되고, 하나님의 구원 계획은 저항을 받는다.

요한계시록은 심판을 외면하지 않는다. 당신은 심판에 관해 듣는 것이 싫을 수도 있다. 그렇기 때문에 당신은 왜 심판이 반드시 필요한지를 알아야 한다. 악보다 더 나쁜 한 가지가 있다면 그것은 하나님이 악을 징벌하지 않고 내버려두는 것이리라. 요한계시록은 심판을 강조함으로써 언젠가는 하나님이 악을 완전히 멸하실 것임을 우리에게 확신시켜준다.

하나님은 의롭고 거룩하시므로 악을 심판하신다

존 F. 케네디는 18세기의 아일랜드 정치가이자 철학자인 에드먼드 버크(Edmund Burke)의 유명한 말을 다음과 같이 인용했다. "악이 승리하는 데 필요한 단 한 가지는 선한 사람들이 아무것도 하지 않는 것이다." 이 말에는 많은 진리가 담겨 있다. 모든 사람이 악의 문제에 대처하지만, 때로는 이것이 상당히 개인적인 문제가 되기 쉽다. 우리가 악의 끔찍한 어두운 면을 경험할 때 우리는 흔히 하나님의 개입과 간섭이 부족하다고 생각하며 갈등하고 괴로워한다. 하나님은 왜 처음부터 그것을 멈추지 않으셨을까? 이것은 쉽게 무시하고 넘어가서는 안될 중요한 질문이지만, 단순하게 답할 수 있는 문제도 아니다. 악의 문제에 대한 성경적인 답변은 사실 하나님이 현재 악을 멸하시는 과정 가운데 있다는 것이다. 그분은 자기 백성이 고난당하는 동안 자신의 보좌에 피동적으로 앉아 계신 분이 아니다. 그분은 좋으신 하나님이다. 그리고 그분은 현재 악을 심판하는 과정 가운데 있으며, 언젠간 그분의 창조세계에서 악의 마지막 흔적까지 제거해버리실 것이다. 악은 결코 승리하지 못할 것이며, 사악한 자들은 심판을 피할 수 없을 것이다!

요한계시록은 하나님의 심판이 그분의 성품에서 나오는 것임을 우리에게 말해준다. 하나님은 의롭고 거룩하시기 때문에 악을 용납할 수 없고, 그것을 반드시 징벌해야만 한다. 요한계시록 4장에 나타난 큰 보좌가 있는 방의 장면은 우리에게 하나님의 성품을 보여준다. 보좌에 앉으신 이는 벽옥과 홍보석의 모양을 하고 있고, 녹보석 무지개가 그 보좌에 둘려 있다(4:3). 하나님을 보석으로 묘사한 것은 하나님의 거룩한 임재의 광채와 찬란함을 표현하기 위함이다. 성령은 하나님의 보좌 앞에 불타고 있으며, 그 보좌는 밤낮 쉬지 않고 "거룩하다, 거룩하다, 거룩하다, 주 하나님, 곧 전능하신 이여! 전에도 계셨고, 이제도 계시고, 장차 오실 이시라"고 외치는 천사의 무리들에 의해 둘러싸여 있다(4:8). 이어서 요한계시록 5장 서두에서 우리는 하나님이 두루마리를 쥐고 계신 모습을 볼 수 있는데, 그 두루마리는 악을 심판하고, 백성들을 구원하며, 창조를 새롭게 변화시킬 하나님의 계획을 상징한다. 그 두루마리에는 일곱 인이 있고, 결국 그것으로 인해 악에 대한 심판(즉 6장에 나타난 일곱 인의 심판)이 시작된다. 요한은 그 두루마리를 열고 인을 뗄 만한 자격이 있는 사람이 아무도 없다는 사실을 알고 운다. 그런데 이 사실은 전혀 이상할 것이 없다. 악을 경험하는 것보다 더 나쁜 것은 악이 심판을 피해 결국에는 승리한다는 생각이다. 요한이 절망하고 있을 때 장로들/천사들 가운데 하나가 그 일을 할 만한 자격이 있는, 하나님의 어린양이신 예수가 계시므로 울지 말라고 그에게 말한다. 그 후 어린양은 두루마리를 받아 인을 떼시고 인의 심판을 시작한다. 이 심판은 거룩하시고 공의로우신 우리 하나님이 악이 이기지 못하도록 막으시므로 이루어지는 것이다.

또한 우리는 요한계시록 15-16장에 기록된 악의 심판도 하나님의 의로운 성품에 근거한 것임을 알 수 있다. 15:2의 불이 섞인 유리 바다는 하나님의 불같은 심판을 상징한다(참조. 4:6. 4장에서는 유리 바다가 하나님의 거룩함과 위엄을 상징한다). 승리한 하나님의 백성은 하나님이 행하신 위대하고 놀라운 일과 그분의 의롭고 참되신 방법을 찬양한다. 다시 말해 하나님은 원수들을 심판하시고 자기 백성을 구원하심으로써 찬양을 받으시며, 악에 대한 그분의 심판은 그분의 거룩하고 의로우신 성품에서 흘러나온다. "주여! 누가 주의 이름을 두려워하지 아니하며 영화롭게 하지 아니하오리이까? 오직 주만 거룩하시니이다"(15:4). 그 후의 장면은 악에 대한 심판 가운데 마지막 심판인 16장의 대접 심판을 준비하기 위한 장면으로 바뀐다. 일곱 대접은 사악함에 대한 하나님의 진노로 채워져 있다(15:7). 15:8에서 마지막 일곱 재앙을 마칠 때까지 아무도 성전에 들어 갈 수 없다는 것은 하나님의 창조세계로부터 악을 쫓아낼 때까지 일상이 정상적으로 돌아갈 수 없음을 의미한다. 하나님 자신의 성품(사랑, 선함, 정의, 거룩함, 자비 등등) 자체가 단순히 악을 용납할 수 없는 것이다. 하나님의 거룩한 임재와 악은 결코 뒤섞일 수 없다.

우리는 요한계시록의 결말에서 왜 하나님이 자신의 성품에 의거하여 악을 심판할 수밖에 없는지를 본다. 요한계시록 20:11-15에는 마지막 심판 장면이 나타나 있는데, 이것은 20:11 때문에 종종 크고 흰 보좌 심판으로 불린다. "내가 크고 흰 보좌와 그 위에 앉으신 이를 보니, 땅과 하늘이 그 앞에서 피하여 간 데 없더라." 하나님은 전적으로 순결하시고, 거룩하시고, 강하신 주권자이시기 때문에 사악한 자들은 최후의 심판에서 그분 앞에 서야 한다. 하나님께 대항한 자들과 예수 그리스도를 거부한 자들은 영원한 심판에 직면하게 될 것이다. 비록 사악한 자들이 현세에서는 심판을 모면한 것처럼 보일지 몰라도, 그들은 결국 최후의 심판을 면치 못할 것이다.

일단 악이 하나님의 창조세계에서 제거되면 하나님의 거룩한 임재는 그분의 백성을 영원토록 덮을 것이다. 예수 그리스도와의 관계로 말미암아 의롭다 하심을 얻은 자들(롬 8:1)과 부활할 때 변형된 자들은 영광스러운 하나님의 임재를 가까이에서, 그리고 개인적으로 경험하게 될 것이다. "[천사가] 성령으로 나를 데리고 크고 높은 산으로 올라가 하나님께로부터 하늘에서 내려오는 거룩한 성 예루살렘을 보이니, 하나님의 영광이 있어 그 성의 빛이 지극히 귀한 보석 같고 백옥과 수정 같이 맑더라"(21:10-11). 우리는 4:3에서 보좌에 앉으신 하나님을 묘사할 때 이미 벽옥에 관해 들어본 적이 있다. 하나님의 보좌는 그분의 주권과 위엄과 영광스러운 임재를 상징한다. 이제 하나님의 영광스러운 임재가 그분의 백성 가운데 영원히 거하기 위해 하강한다. 거룩하고 의로우신 성품 때문에 하나님은 악을 심판하시고, 그분의 백성에게 자신의 임재를 상으로 주실 것이다.

하나님께는 악의 최종적 파멸을 지연시킬 만한 이유가 있다. 우리가 하나님이 악을 제거해버리시길 바랄 때(때로는 부르짖을 때) 하나님은 우리에게 언젠가는 자신이 악을 완전히 멸하실 것임을 확인시켜 주신다. 우리는 이 세상에서 온갖 종류의 악을 목도한다. 그리고 때로는 이것이 우리에게도 일어난다. 안타깝게도 때로는 우리 자신이 이러한 악을 행하기도 한다. 우리는 예수 안에서 용서와 새로운 삶과 하나님과의 화목을 발견한다. 우리가 예수를 거부하면 용서받을 희망이 사라지고, 오직 심판만 남는다. 하나님은 거룩하고, 의롭고, 순결하고, 공의로우시기 때문에 악을 절대 용납할 수 없다.

하나님은 악이 자멸하는 것을 허용하신다

요한계시록은 분명 최후의 심판에 대해 말하지만(우리는 곧 이 주제도 다룰 것이다), 악에 대한 하나님의 지속적인 심판도 강조한다. 하나님은 악을 멸하기 위해 마지막 날까지 그냥 앉아 기다리시지 않는다. 하나님은 지금도 악을 징벌하고 계신다. 비록 우리가 원하는 만큼 언제나 완벽하게 심판하시지는 않지만 그럼에도 하나님은 악을 멸하는 과정을 이미 시작하셨다. 우리는 현재 진행 중인 하나님의 심판을 요한계시록 6:1-8에 기록된 첫 네 가지 인 재앙에서 볼 수 있다. 이 심판은 전쟁, 폭력, 유혈 사태, 경제적 어려움, 죽음 등을 포함한다. 종합적으로 볼 때 이 심판은 한동안 존재했던 죄의 비참한 결과를 일부 보여준다. 이것은 역사의 종말에 국한된 심판이 아니라 지금 일어나고 있는 심판이다.

우리가 이러한 네 가지 인 재앙을 통해 알 수 있는 것은 죄가 초래한 결과에는 하나님의 심판이 이미 포함되어 있다는 것이다. 6:1-8에서 "받았다"(was given, "주어졌다")는 표현이 줄곧 사용된 점을 주목하라. 이 표현은 신적 수동태라고 불리며, 하나님을 이 심판의 궁극적인 근원으로 묘사한다(이 표현에 대한 추가적인 논의는 본서 1장을 보라). 말을 탄 네 사람에게는 만국의 죄를 심판하라는 명령이 (하나님으로부터) 주어진다. 궁극적으로 이 심판의 배후에는 하나님이 계신다. 이러한 신적 수동태는 나팔 심판(8:2-3; 9:1, 3-4, 15)에서도 발견된다.

무엇보다 중요한 것은 하나님은 인간의 죄가 스스로 자멸하도록 내버려두신다는 것이다. 악은 마침내 자신에게 등을 돌리고 자멸하게 된다는 것이다. 나의 옛 제자인 킴벌리 칼튼(Kimberly Carlton)은 "악은 자기 자신을 먹는다"고 말한 적이 있다. 악은 스스로를 잡아먹는다. 하나님이 이것을 허용하실 때 심판이 임하는 것이다. 우리는 이것을 요한계시록의 다른 본문에서도 발견할 수 있다. 9:3-5에서 사악한 황충은 악한 인간들에게 고통을 주고 그들을 심판하는 권세를 받는다. 17:16-17에서 하나님은 짐승이 음녀를 공격하고 멸망시키기는 것을 허락하신다. 그리고 이것은 하나님이 음녀를 심판하시겠다는 약속의 성취인 것이다(17:1). 그렇다. 하나님의 심판 가운데 일부는 악의 세력이 자기들끼리 서로 공격하게 하는 것이다. 요한계시록 전문가인 로버트 마운스는 "사악한 자들은 행복한 형제들의 집단이 아니다. 그들은 결국 자신들의 사악함 때문에 서로 질투하고 미워하게 된다"라고 말한다.[2] 그러므로 하나님의 심판은 결국 서로 간의 공멸을 초래한다.

예수는 "도둑이 오는 것은 도둑질하고 죽이고 멸망시키려는 것뿐이요"라고 말씀하셨는데(요 10:10), 여기에는 불신자와 신자를 모두 멸망시키려는 사탄의 욕망이 들어 있다. 악의 세력 안에는 의리가 없다. 사탄에게 있어 그의 사악한 추종자들이란 그저 먹어치울 음식에 지나지 않는다. C. S. 루이스는 『스크루테이프의 편지』(The Screwtape Letters)에서 한 악마의 관점에서 스스로를 파멸시키는 악의 본성에 대해 다음과 같이 이야기한다.

---

2   Robert H. Mounce, *The Book of Revelation*, rev. ed., New International Commentary on the New Testament (Grand Rapids: Eerdmans, 1998), 320.

우리[악마의 세력]에게 있어 인간은 기본적으로 음식이야. 우리의 목표는 그들의 뜻을 우리의 뜻에 흡수시켜 우리 자아의 영역을 확장시키는 것이지.…우리는 마침내 우리의 음식이 되어 줄 수 있는 가축을 원하는 거야. 그[하나님]는 마침내 아들이 될 수 있는 종들을 원하지. 우리는 빨아먹기를 원하고, 그는 나누어주길 원하지. 우리는 가진 것이 없어서 채워야 하지만, 그에게는 충만함이 넘쳐흐르지. 우리 전쟁의 목표는 아래에 계신 우리 아버지가 모든 존재를 집어삼키는 세상이야. 근데 그 원수는 그와 연합하면서도 여전히 독특함을 잃지 않은 존재들로 가득 찬 세상을 원하거든.[3]

하나님은 분명히 직접 심판하시만, 또한 악이 스스로 소멸되거나 스스로 자멸하도록 허용하심으로써 심판하시기도 한다. 악의 세력과 사악한 자들이 하나님께 저항할 때 하나님이 그들을 심판하시는 한 가지 방법은 그들이 자기의 길, 즉 죽음의 길을 가도록 허용하시는 것이다. 우리는 이와 유사한 내용을 로마서 1장에서도 발견할 수 있다. 거기서 바울은 하나님의 현재 심판을 사람들을 죄에 내버려 두는 것과 같은 것으로 간주한다. "하나님께서 그들을 마음의 정욕대로 더러움에 내버려 두사…하나님께서 그들을 부끄러운 욕심에 내버려 두셨으니…

---

3 C. S. Lewis, *The Screwtape Letters* (New York: HarperCollins, 2001, 『스크루테이프의 편지』, 홍성사 역간), 38-39.

하나님께서 그들을 그 상실한 마음대로 내버려 두사"(롬 1:24, 26, 28).

또한 우리는 요한계시록을 통해 하나님의 심판에 어떤 패턴이 있음을 발견한다. 신약학자인 그랜트 오스본은 이를 다음과 같이 설명한다.

> 이 책에 나타난 정의의 기본 원칙은 구약과 로마법 배후에 있는 법적 기준, 즉 동해보복법(*lex talionis*)과 동일한 것이다. 간단하게 말하자면 하나님은 당신이 다른 사람에게 한 것을 그대로 당신에게 하실 것이다. 다시 말하면 하나님은 악으로 하여금 한 바퀴를 돌아 제자리로 와서 스스로 자멸하는 것을 허용하신다는 것이다. 2:23에서는 이 기본 법칙을 다음과 같이 서술한다. "내가 너희 각 사람의 행위대로 갚아 주리라."[4]

요한계시록 14:8, 10에서는 바벨론이 "모든 나라에게 그의 음행으로 말미암아 진노의 포도주를" 마시게 한 후, 하나님은 그녀에게 "하나님의 진노의 포도주를 마시리니, 그 진노의 잔에 섞인 것이 없이 부운 포도주라"고 말씀하시며 그것을 마시게 한다. 여기에 담겨 있는 사상은 하나님이 자신의 백성을 심판한 바벨론을 심판하신다는 것이다(18:5-7도 보라). 이외에도 물이 피로 변한 세 번째 대접 재앙 후에 "그들이 성

---

4   Grant R. Osborne, *Revelation*, Baker Exegetical Commentary on the New Testament (Grand Rapids: Baker Academic, 2002), 39-40.

도들과 선지자들의 피를 흘렸으므로 그들에게 피를 마시게 하신 것이 합당하니이다"라며 공의와 거룩함으로써 심판하신 하나님을 찬양한다(16:5-6). 우리의 판단은 종종 신뢰성이 떨어지는 정보, 편애, 혹은 항상 바뀌는 기분에 따라 좌우되지만, 하나님은 공의롭고 참되시기 때문에, 또한 사람들이 무엇을 했는지 그리고 왜 했는지를 정확히 아시기 때문에 그분의 판단은 공의롭고 참되다.

어렸을 때 나는 여름마다 한 주씩 양가의 조부모와 시간을 보냈다. 어느 여름 나의 할머니는 피클을 만들고 계셨다. 그는 라임을 사용해 피클을 만들곤 하셨고, 나는 그것을 좋아했다. 빙수 위에 올려진 초록색 라임의 맛은 가히 일품이었다. 작업 중인 할머니 곁에서 나는 라임을 맛보고 싶다고 계속해서 졸라댔고, 그는 안 된다고 하며 아직 라임이 익지 않아 맛이 없을 것이라고 말했다. 나는 과거에 라임의 맛을 본 적이 있었고, 그 라임은 바로 내 눈 앞에 놓여 있었다. 내가 할머니를 조르는 일은 "알겠다. 네가 그렇게 고집을 부린다면 자 한번 맛을 봐라"는 말을 할 때까지 계속되었다. 할머니는 손가락 끝 위에 라임을 조금 올려놓고 맛을 보게 했다. 나는 그것을 당장 뱉어버릴 수밖에 없었다. 할머니는 나에게 극약처방을 하신 것이다. 그러나 사실 할머니는 내가 반항하는 것을 스스로 포기하도록 만드신 것이다. 나의 고집스런 선택의 결과로 나는 고통을 맛보아야 했다.

하나님의 심판은 죄의 결과다. 우리는 뿌린 대로 거둔다. 우리는 심은 것을 추수한다. 우리는 준 대로 받는다(갈 6:7). 우리는 이 사실을 우리 자신과 가족과 친구들의 삶에서 발견한다. 하나님은 선하시며, 그분이 주시는 것은 선하고, 그분이 하시는 일은 선하다. 그분은 생명의 근원이시다. 궁극적으로 선하고 생명을 주는 것은 모두 하나님으로부터 유래한다. 따라서 사람들이 하나님과 그분의 길을 거부하고, 또 독립을 선언하고 자율권을 주장하면 그들은 사실상 생명으로부터 자신들을 분리시키는 것이다. 자기 의존은 자멸로 귀결된다. 하나님의 심판은 악이 스스로에게 등을 돌리고, 스스로에게 피해를 입히는 것을 허용한다.

하나님의 심판은 그분의 백성과 관련이 있다

앞서 살펴본 바와 같이 요한계시록 6장은 이미 순교하고 이제는 하나님의 보호 아래 안식을 누리고 있는 성도들이 하나님께 큰 소리로 외치는 장면을 묘사한다. "거룩하고 참되신 대 주재여! 땅에 거하는 자들을 심판하여 우리 피를 갚아 주지 아니하시기를 어느 때까지 하시려 하나이까?"(6:10) 요한계시록은 악에 대한 하나님의 심판이 그의 백성의 기도와 밀접하게 연관되어 있다고 가르친다.

8:3-5에서 금향로를 갖고 있는 천사가 하나님 앞에 나온다. 이 천사는 향과 하나님의 보좌 앞에 있는 금 제단 위에 드려질 모든 하나님의 백성의 기도를 받는다. 향에서 나오는 연기는 기도와 함께 향기가 되어 하나님 앞으로 올라간다. 그 후 천사가 향로를 갖고 제단의 불을

담아 땅에 쏟자, 하나님의 심판의 상징인 우레와 번개와 지진이 발생한다. 이 환상은 하나님이 분명히 자기 백성의 정의와 구원을 위한 탄원을 듣고 계신다는 것을 보여준다. 기도는 하나님께로 올라가고, 그분의 심판은 땅으로 내려온다. 하나님은 하늘에서 내려오는 심판의 불로 자기 백성의 기도에 응답하신다. 고난당하는 자들과 하나님께 부르짖는 자들은 하나님이 자신들의 기도를 듣고 계신다는 것과 악에 대한 하나님의 심판이 그들의 기도에 대한 응답이라는 것을 알아야 한다. 기도는 우리에게 주신 음식에 대해 하나님께 감사하거나, 교회에서 주차할 공간을 발견하도록 도와달라고 하나님께 부탁하는 것 그 이상이다. 요한계시록은 신자들에게 정의와 구원을 위해 기도할 것을 독려한다(예. 롬 12:14-21). 우리의 기도는 땅에서 일어나는 일에 영향을 줄 수 있다.

하나님의 심판과 그분의 백성 간의 또 다른 연관성은 증언하는 교회를 상징하는 두 증인이 등장하는 요한계시록 11장에서도 볼 수 있다.[5] 이 두 증인은 원수들을 심판하는 놀라운 능력을 지니고 있다. 그들은 자신들의 입에서 나오는 불로 심판하는데, 이는 그들의 예언자적 메시지를 상징한다. 우리가 하나님의 말씀을 성실하고 진실하게 전하고 삶으로 순종하면 말씀 자체가 이 반항하는 세상을 대항하여 싸우며, 이 말씀이 세상에 대한 하나님의 심판의 일부가 된다. 우리는 항

---

5   두 증인과 교회에 관한 더 상세한 내용은 본서 6장과 각주를 보라.

상 사랑으로 진실을 말해야 하지만(엡 4:15), 사랑으로 말한다는 것이 우리가 더 이상 진실을 말하지 않는 것을 의미하지 않는다. 십자가의 메시지는 공격적이며, 때로는 분열을 초래하지만, 겸손하게 자신을 낮추는 자들에게는 구원의 메시지가 된다. 예언자적으로 말하기 위해서는 용기와 지혜가 필요하지만, 하나님은 자기 백성에게 이 어려운 임무를 감당할 수 있는 능력을 주시겠다고 약속하신다. 하나님이 예언자적으로 말하는 자기 백성을 통해 일하시는 사례를 보려면 사도행전을 읽어보라.

요한계시록 18-19장에 기록된 큰 성 바벨론의 멸망은 하나님의 심판이 그분의 백성과 연관이 있음을 보여주는 또 하나의 좋은 예다. 18장 초반은 바벨론의 사악한 특성과 음행이 미친 영향을 묘사한다. 그녀의 죄는 노골적인 물질주의와 사치, 파렴치한 거만, 우월감, 하나님의 백성을 박해하는 죄 등에 집중된다. 요한계시록 18:9-19은 바벨론의 심판에 대해 상세히 다루고 있으며, 초상집의 애통함은 18:20-19:5에 나타난 하나님의 백성의 기쁨과 대비된다. 하나님은 단지 사악한 인간만을 심판하시는 것이 아니라 악한 제국도 심판하신다.

하나님의 백성은 바벨론의 멸망을 기뻐하라는 명령을 받는다. 맞다. 당신이 제대로 읽었다. 이것은 죄인의 고통을 즐거워하라는 의미가 아니라 하나님의 정의를 기뻐하라는 의미다. 여러 나라를 기만하고 하나님의 백성을 무자비하게 억압한 악한 통치자와 사악한 왕국은 심판을 받게 될 것이다. "네 복술로 말미암아 만국이 미혹되었도다. 선지자들과 성도들과 및 땅 위에서 죽임을 당한 모든 자의 피가 그 성 중에서 발견되었느니라 하더라"(18:23-24). 그들은 심판을 피할 수 없다. 하나님이 자기 백성을 신원하심으로써 그의 신실하심을 드러내보이실 때 기쁨과 즐거움은 뒤따르게 마련이다. "하늘과 성도들과 사도들과 선지자들아! 그로 말미암아 즐거워하라. 하나님이 너희를 위하여 그에게 심판을 행하셨음이라 하더라"(18:20). 요한계시록 19장 초반의 할렐루야 합창은 하나님이 "음행으로 땅을 더럽게 한 큰 음녀를 심판하사 자기 종들의 피를 그 음녀의 손에 갚으셨도다"는 말씀에 근거한다(19:2). 하나님은 악을 무시하거나 그냥 봐주고 넘어가지 않으신다. 그분은 자기 백성이 당하는 고난을 알고 계시며, 그들을 위해 무엇인가를 행하고 계신다. 마침내 6:10의 기도가 응답되고 있는 것이다. "대 주재여! 어느 때까지 하시려 하나이까?" 요한계시록이 끝나갈 무렵 우리는 세상으로부터 심판을 받았던 하나님의 백성이 드디어 그리스도와 함께 다스리며 심판의 보좌에 앉아 있는 것을 본다(3:21; 5:10; 20:4, 6; 22:5).

심판에 대한 환상

요한계시록은 우리에게 다채롭고 경이로운 환상과 이미지를 통해 장차 올 하나님의 심판을 보여준다. 예를 들어 14장은 추수와 관련이 있는 심판에 관해 두 가지 환상을 보여준다. 하나는 곡식을 수확하는 환상이고(14:14-16), 다른 하나는 포도를 수확하는 환상이다(14:17-20). 두 환상은 모두 심판을 예언하는 구약의 요엘 3:13과 관련이 있다. "너희는 낫을 쓰라. 곡식이 익었도다. 와서 밟을지어다. 포도주 틀이 가득히 차고 포도주 독이 넘치니 그들의 악이 큼이로다." 첫 번째 환상은 예수를 면류관을 쓰고, 손에는 예리한 낫을 들고, 구름 위에 앉아 있는 "인자와 같은 이"(14:14)로 묘사한다. 강력한 힘을 지닌 영광스러운 심판자로서 예수는 낫을 휘두르며, 땅을 추수(혹은 심판)한다.[6] 두 번째 환상에서는 예리한 낫을 가진 천사가 땅의 포도송이를 거두라는 명령을 받는데, 이 포도들은 "하나님의 진노의 큰 포도주 틀"에 던져지고 성 밖에서 짓밟힌다(14:19-20). 요한계시록 19:15은 예수가 친히 "하나님, 곧 전능하신 이의 맹렬한 진노의 포도주 틀을 밟겠고"라고 말한다. 두 환상은 모두 짐승을 예배하는 자들의 최후의 운명을 보여준다.

> 만일 누구든지 짐승과 그의 우상에게 경배하고 이마에나 손에 표를 받으면 그도 하나님의 진노의 포도주를 마시리니, 그 진노의 잔에 섞인 것이 없이 부은 포도주라. 거룩한 천사들 앞과 어린양 앞에서 불과 유황으로 고난을 받으리니, 그 고난의 연기가 세세토록 올라가리로다. 짐승과 그

---

6   일부 학자들은 첫 번째 환상을 땅에 있는 신자들을 추수하는 긍정적인 환상으로 이해한다. 이것에 관한 상세한 논의는 다음을 참조하라. J. Scott Duvall, *Revelation*, Teach the Text Commentary Series (Grand Rapids: Baker Books, 2014), 203.

의 우상에게 경배하고 그의 이름표를 받는 자는 누구든지 밤낮 쉼을 얻지 못하리라 하더라(14:9-11).

요한계시록은 주로 사악한 자들을 위한 최후의 심판의 실재를 보여주기 때문에, 일반적으로 사람들이 읽기 거북하지 않은 감성적인 책이 아니다. 예수는 점잖고, 부드럽고, 온순한 분이신가? 항상 그렇지는 않다. 그는 구원자일 뿐만 아니라 심판자이시기도 하다. 그는 고난 받는 종이면서 용사이신 그리스도다. 그는 우리 죄를 위해 죽임을 당한 하나님의 어린양일 뿐만 아니라 그의 완전한 능력과 예리한 통찰력을 상징하는 각각 일곱 개의 뿔과 눈을 가진 숫양이기도 하다(5:6). 어린양은 만주의 주시며 만왕의 왕이시다(17:14). 우리는 종종 예수를 우리의 생각에 맞추어 통제하고 싶은 유혹을 받지만, 성경이 보여주는 예수는 우리에게 길들여지는 것을 거부하신다. 때로는 심판이 이해하기 어려울 수도 있지만, 악이 정의로운 심판을 받지 않고 무사히 빠져나갈 수도 있다는 생각은 더더욱 무섭고 가혹하다. 그것은 정말 끔찍한 생각이다.

요한계시록의 중심에는 각각 일곱 부분으로 구성된 세 종류의 심판, 즉 일곱 인(6:1-17; 8:1), 일곱 나팔(8:7-9:21; 11:14-19), 일곱 대접(16:1-21) 심판에 관한 환상이 자리 잡고 있다. (하나님의 심판이 어떻게 전개되는지를 시각적으로 보여주는 도표를 참조하라.) 하나님이 애굽에 사로잡힌 자기 백성을 구원하실 때 애굽인들에게 전염병을 보내신 것처럼(출

7-11장) 이 일련의 세 가지 심판은 요한계시록에서 악을 심판하시는 하나님의 심판의 중심축이다. 이 심판들은 여러 면에서 애굽의 전염병 재앙과 유사한 점이 있다. 앞서 살펴본 바와 같이 이 중 일부 환상은 인류의 긴 역사와 관련이 있고(특히 첫 네 개의 인), 또 다른 일부 환상은 역사의 종말과 관련이 있다. 이 모든 일이 이 땅에서 어떻게 일어날지는 알 수 없지만 그럼에도 우리가 확신할 수 있는 것이 몇 가지 있다.

첫째, 인 심판에서 대접 심판으로 넘어갈 때 심판의 강도가 어떻게 높아지는지를 주목할 필요가 있다(1/4 → 1/3 → 1). 하나님은 인내심이 많으신 분이다. 그분은 사악한 자들이 그에게 돌아오기 바라며, 그들에게 압력의 수위를 높이신다. 심판이 진행되는 동안에도 자비의 여지는 남아 있다.

둘째, 여섯 번째 인과 일곱 번째 인, 그리고 나팔 심판 사이에는 막간이 있다. 그러나 역사의 종말이 매우 임박해 있기 때문에 일곱 번째 대접 심판 전에는 막간이 없다. 이 막간 혹은 극적인 휴지(休止)는 하나님의 백성이 무엇을 하도록 부르심을 받았는지, 그리고 왜 희망을 버리지 말아야 하는지를 비롯하여 하나님의 백성이 현재 처해 있는 상황을 잘 보여준다. 대부분의 경우 우리를 향한 요한계시록의 메시지는 이 막간에 가장 잘 나타나 있다.

셋째, 이 일련의 세 가지 심판은 시대의 종말과 전 세계를 향한 하나님의 심판이라는 동일한 지점에서 만난다. 8:3-5, 11:19, 16:18에서 당신은 창조세계의 붕괴와 하나님의 최후의 심판을 가리키는 폭풍과

요한계시록에 나타난 일련의 세 가지 심판

인(6:1-17; 8:1)	나팔(8:7-9:21; 11:14-19)		대접(16:1-21)
1. 흰 말: 군사적 정복	피 섞인 우박과 불이 땅의 1/3을 태움.		짐승의 표를 받은 사람들에게 종기가 남.
2. 붉은 말: 폭력적인 유혈 사태	불타는 산으로 말미암아 바다의 1/3이 피로 변하고, 그곳에 사는 피조물과 배의 1/3이 죽고 파괴됨.		바다가 피로 변하고, 모든 생물이 죽음.
3. 검은 말: 기근	불타는 별(쓴 쑥)로 말미암아 신선한 물의 1/3이 쓴 물이 되고, 많은 사람이 죽음.		강과 물의 근원이 피로 변함.
4. 청황색 말: 사망과 음부가 땅의 1/4을 죽임.	해와 달과 별의 1/3이 어두워짐.		해가 불로 사람들을 태우고, 그들은 하나님을 저주함.
5. 순교자들이 하나님께 신원해 주실 것을 부르짖고, 하나님은 그들에게 기다리라고 하심.	떨어진 별이 무저갱을 열고 전갈이 풀려남. 황충들이 하나님의 인침을 받지 못한 자들에게 다섯 달 동안 해를 끼침.	막간(12:1-14:20)	짐승의 왕좌가 어두움의 저주를 내림. 고통스러운 사람들은 또 하나님을 저주함.
6. 전 우주가 흔들리고, 이어서 사악한 자들은 하나님과 어린양의 진노에서 피하려고 함.	유브라데스 강에 결박된 네 천사가 풀려나고, 그 후 그들은 땅에 있는 사람들의 1/3을 죽이고자 뱀-사자의 군대를 일으킴.		유브라데스 강물이 마르고, 악의 세력들은 아마겟돈에서 전쟁을 일으키기 위해 온 땅의 왕들을 모음.
막간—7:1-17	막간—10:1-11:13		막간 없음
7. 고요함과 일곱 나팔	장로들이 하나님의 심판에 감사하고, 성도들에게 상을 주고, 그의 백성을 신원할 때 마침내 그리스도의 왕국이 도래함.		성전에서 나온 음성이 "되었다" 말하고, 이어서 폭풍과 지진이 생기고, 하나님은 바벨론을 멸망시킴. 섬들과 산들이 사라지고, 큰 우박이 내리자 사람들은 하나님을 비방함.
8:3-5에서 폭풍-지진	11:19에서 폭풍-지진		16:18에서 폭풍-지진

지진을 볼 수 있다. 각 심판의 마지막 부분에 이를 때 당신은 인간 역사의 맨 마지막 지점에 서 있는 것이다. 따라서 어떤 면에서 이런 일련의 심판은 사악한 인간들에 대한 하나님의 지속적인 심판을 반복하고 있다고도 볼 수 있다. 요한계시록은 반복적인 심판이 원을 그리며 나선 모양으로 앞을 향하여 전진하고 있는 것이지, 깔끔한 직선 모양으로 전진하는 것이 아님을 보여준다. 어쩌면 이런 느린 움직임은 하나님의 인내를 보여주는 것일 수도 있다. 베드로는 왜 그리스도가 아직 재림하지 않는지를 설명하면서 그의 서신에서 이렇게 말한다. "주의 약속은 어떤 이들이 더디다고 생각하는 것같이 더딘 것이 아니라. 오직 주께서는 너희를 대하여 오래 참으사 아무도 멸망하지 아니하고 다 회개하기에 이르기를 원하시느니라"(벧후 3:9).

요한계시록의 심판 가운데 가장 절정에 있는 환상은 19:11-21의 그리스도의 재림에 관한 것이다. 그는 로마 장군을 연상시키는 흰 말을 타고 있다. 그는 정의로 심판하며 전쟁에 임한다. 그의 눈은 타오르는 불꽃과 같고, 그는 하늘의 군대를 지휘한다. 그의 이름은 하나님의 말씀이고, 그의 입에서는 예리한 검이 나와 여러 나라를 치고 철장으로 그들을 다스린다. 만왕의 왕과 만주의 주로서 그는 전능하신 하나님의 맹렬한 진노의 포도주 틀을 밟는다. 이것은 실로 모든 영광 중에 재림하시는 용사이자 심판자이며 왕이신 그리스도가 그의 원수들을 물리치고, 우주적 통치권을 확립하는 놀라운 모습을 보여준다! 이것은 우리가 복음서에서 만난 예수가 아닌 것처럼 보이지만, 우리는 문맥을 중시할 필요가 있다. 요한계시록 19장에서 예수는 단번에 악을 완전히 멸하기 위해 재림하시는 것이지, 어둠의 세력과 조심스럽게 영적 전쟁을 치르기 위해 오시는 것이 아니다.

우리가 이미 살펴본 바와 같이 이 유명한 아마겟돈 전쟁은 결국 "짐승이 잡히고"(19:20)로 끝나버리는 결말이 시시한 전쟁이다. 그리스도는 단순히 그의 출현만으로 승리를 거둔다. 그는 다시 오셔서 그의 말씀으로 원수들을 심판하신다. 게임은 이미 다 끝난 것이다. 이 본문은 하나님의 원수들이 맹금류의 "진수성찬"이 되는 것으로 끝이 난다. 이것은 어린양의 메시아적 혼인잔치와 대비되는 소름끼치는 장면이다. 마침내 우리는 요한계시록 20장에 기록된 최후의 심판에 대한 환상에 이르게 되었다.

최후의 심판

요한계시록에서는 악의 세력이 한편이 되고, 하나님과 그의 백성이 다른 한편이 되어 격렬한 전쟁을 벌인다. 하나님은 그동안 충분히 참으셨고, 드디어 우리는 20:7-15에서 최후의 심판을 마주한다. 사탄은 천 년 동안 감금되었다가 풀려난 후 최후의 전쟁을 벌이려고 사악한 나라들을 모은다(20:7-8). 사악한 군대가 하나님의 백성이 포진한 진영을 포위하고, 원수들이 가까이 다가오면서 희망은 모두 사라지는 듯 보인다. 그러나 아마겟돈 전쟁과 마찬가지로 여기서도 실제로 전쟁은 벌어지지 않는다. 하나님이 행동하고자 결정하실 때 그분은 승리한다! 그분은 악한 군대를 집어삼키도록 하늘로부터 불을 보내신다(20:9). 마침내 속임수에 능하며, 우리를 참소하고, 사망을 지배하던 하나님의 최대의 적인 사탄은 짐승과 거짓 예언자가 있는 불과 유황 못에 던져진다(20:10). 불경스러운 삼위일체는 영원히 고통을 당할 것이다.

20:11-15의 크고 흰 보좌 심판은 20:9에서 언급한 사악한 자들을 위한 최후의 심판을 추가로 설명해준다. 나는 언젠가 그리스도의 심판대 앞에서(그들이 상을 받게 될지, 혹은 잃게 될지) 그동안 그리스도인들이 어떻게 살아왔는지 낱낱이 보고할 날이 반드시 오리라고 생각한다(고후 5:10; 참조. 고전 3:10-15). 그러나 나는 그리스도인들이 요한계시록 20장의 크고 흰 보좌 심판대 앞에 서게 될 것이라고는 생각하지 않는다. 하나님은 자기 백성의 영원한 운명을 그들의 부활에 따라 이미 결정하셨다(19:14; 20:4-6). 하나님은 어떤 사람을 죽은 자 가운데서 일으키시고, 새 하늘과 새 땅에서 살 수 있는 완전히 새로운 부활의 몸을 주시고 난 다음 지옥으로 보내실 분이 아니다. 이 최후의 심판은 하나님의 백성이 부활한 이후에 일어난다.

크고 흰 보좌 심판은 불의한 자들에게 임하는 운명적인 심판이다. 사악한 자들은 그들의 불경스러운 행위에 대한 책임을 지게 된다. 그들의 이러한 행위는 천국 시민권이 주어진 모든 참된 신자의 천상 기록부인 "생명책"(13:8; 17:8; 20:12, 15)에 그들의 이름이 기록되지 못함으로써 입증된다. 사악한 인간들은 그리스도를 거부하고 하나님께 반항했기 때문에 불 못에서 불경스러운 삼위일체와 만나게 될 것이다.

불 못은 전통적으로 "지옥"(그리스어 "게엔나"[Gehenna])으로 알려져 있으며, 최후 형벌의 장소다. 이것은 하나님의 임재 및 하나님이 주신 생명과 연결된 모든 것으로부터 영원히 분리되는 것을 의미하기 때문에 "두 번째 죽음"인 것이다. 악한 세력들과 악한 사람들이 불 못에 던져진 후 "사망과 음부"도 그곳에 던져진다. 나는 어느 장례식에서 슬피 우는 사람들에게 언젠가는 하나님이 사망에게 지옥으로 가라고 말씀하실 날이 올 것이라고 말한 적이 있다. 그는 그렇게 하실 것이다. 우리는 여기서 창세기 3장 이후에 수많은 고통과 슬픔을 가져다준 마지막 원수인 사망의 영원한 죽음을 보고 있다(21:4; 고전 15:26). 결국엔 모든 하나님의 원수—짐승과 거짓 예언자(19:20), 사탄(20:10), 사망(20:14), 사악한 인간들(20:15; 21:8)—가 이와 동일한 운명을 맞이하게 될 것이다.

우리는 하나님이 의롭고 완전하게 심판하신다는 것을 알고 있음에도 불구하고, 불신자들이 지옥에서 영원한 심판을 받을 것이라는 생각은 우리를 숙연하게 만든다. "지옥"이란 단어가 우리 사회에서 무분별하게 사용되고 있고, 지옥에 관한 성경의 가르침이 세상의 통념과 매우 다르기 때문에 우리는 지옥이 우리가 아는 사람들에게 실제적이며 심각한 결과를 가져다준다는 것을 가끔 잊어버릴 때가 있다. 프랜시스 챈(Francis Chan)과 프레스턴 스프링클(Preston Sprinkle)이 공저한 『지옥은 없다?』(Erasing Hell)라는 책에서 그들은 최후의 형벌의 장소에 대한 성경적인 견해를 주장한다. 그들은 이것이 단순히 교리적인 논의일 뿐만 아니라 매우 개인적인 논의이기도 하다는 점을 우리에게 상기시킨다.

> 내가 지금 이 글을 쓰면서 마음이 아픈 까닭은 내가 정말 이 사실을 믿는다는 나의 삶의 증거가 거의 없기 때문이다. 불신자들의 미래에 관한 생각으로 마음이 산만해질 때마다 나는 재빨리 그 생각을 떨쳐버리고 그것 때문에 나의 하루가 엉망이 되지 않도록 했다. 그러나 실제로 나는 그 생각들을 무시할 수 없었다. 심지어 주변 사람들의 대화가 내 귀에 들리는 동안에도 그들의 운명에 대해 숙연해지게 만드는 성경의 진리들이 마음속 깊이 박혔다. 우리는 가상의 인물의 운명에 관해 말할 수는 있지만, 실제 그들의 웃는 모습을 쳐다보면 이 책에 내가 쓴 것을 내가 정말 믿고 있는지 스스로에게 자문한다. 지옥은 실제로 존재한다. 그렇지 않은가?[7]

하나님이 사악한 자들을 심판하신다는 성경의 진리와 진솔하게 마주할 때 비로소 우리는 하나님의 절대적인 거룩함 및 순수함과 대면하고, 불신자 친구들을 위해 기도하며, 예수 그리스도의 복음을 들고 그

---

7 Francis Chan and Preston Sprinkle, *Erasing Hell: What God Said about Eternity, and the Things We've Made Up* (Colorado Springs: David C. Cook, 2011, 『지옥은 없다?』, 두란노 역간), 107-8.

들에게 다가가게 된다.

결론

심판에 관해 읽는 것이 힘든 일이라는 것을 나는 안다. 나 역시 심판이라는 주제를 갖고 글을 쓰는 것을 좋아하지 않는다. 그러나 우리는 악이 실제로 존재하는 망가진 세상에 살고 있다. 악이 승리하는, 정의가 없는 세상에 산다는 것은 얼마나 끔찍한 일인가? 그것은 오히려 심판을 생각하는 것보다 훨씬 더 좋지 않은 일일 것이다. 우리는 악을 심판하실 수 있을 뿐만 아니라 장차 심판을 거행하실 선하고 거룩하고 능력 있는 하나님이 필요하다.

별로 고난당해본 경험이 없는 사람은 흔히 하나님이 누구에게나 좋은 하나님이기를 바란다. 이에 반해 박해나 불의를 경험해본 사람은 하나님이 모든 것을 바로잡아주시기를 부르짖고 기도한다. 그리고 하나님은 꼭 그렇게 하시겠다고 약속하신다. 그분은 당신이 세상에서 경험하고 목격한 학대와 폭력을 다 쓸어버리지도 않고 마치 악이 존재하지도 않았던 것처럼 가장하지 않으신다. 하나님은 거룩하시고 의로우시므로 악을 징벌하실 것이다. 그뿐만 아니라 하나님은 악의 뿌리를 완전히, 그리고 전부 뽑아버리실 것이다. 그분은 사탄과 죄와 사망을 멸하실 것이다. 새 창조세계 안에는 악이 존재하지 않을 뿐만 아니라 악을 유발하는 원인과 악의 대리인들이 없기 때문에 미래에는 악이 다시 돌아올 수 없다. 그곳에서는 말하자면 죽었다가 다시 부활하는 것, 즉 창조세계를 완벽하고 철두철미하게 정화하는 작업이 반드시 있을 것이다.

우리가 심판에 관해 생각할 때 하나님의 마음을 기억하는 것도 중요하다. 하나님은 거룩하고, 의롭고 순결하며, 죄와 악을 미워하시지만, 사람들이 회개하고 자신에게로 돌아오기를 원하신다. 그분은 행악자를 심판하는 것에서 기쁨을 누리는 분이 아니지만, 또한 자신의 성품과 결코 타협할 수 없다. 요한계시록은 하나님의 인내를 강조한다. 일곱 교회에게 말씀하시는 예수는 그의 백성이 회개할 것을 촉구하신다(2:5, 16, 22; 3:3, 19). 그는 그들이 사랑의 결여, 거짓 가르침, 부도덕함, 우상숭배, 영적 무기력 등을 포함한 여러 유형의 죄에서 돌이켜 심판을 받지 말라고 경고하신다.

인, 나팔, 대접 심판에서 그 범위가 1/4에서 1/3으로, 그리고 1로 옮겨가는 것은 이 심판이 느리면서도 점진적임을 보여주는데, 이는 또한 하나님의 인내를 보여준다. 우리는 불신자들이 하나님의 심판을 경험하고서도 자신들의 죄를 중단하지 않는 것을 반복해서 목격한다.

이 재앙에 죽지 않고 남은 사람들은 손으로 행한 일을 회개하지 아니하고 오히려 여러 귀신과 또는 보거나 듣거나 다니거나 하지 못하는 금, 은, 동과 목석의 우상에게 절하고, 또 그 살인과 복술과 음행과 도둑질을 회개하지 아니하더라(9:20-21).

대접 심판이 거의 끝나 갈 무렵 우리는 불신자들이 "하나님의 이름을 비방하며, 또 회개하지 아니하고"라고 기록된 것을 본다(16:9, 11, 21). 그들은 마음이 완악해져 하나님께 복종하지 아니하고, 하나님을 비방하기를 좋아한다. 그들이 회개하라는 하나님의 권유를 거절하는 것에서 우리는 인간의 죄가 지닌 커다란 비극을 본다. 그들은 자신들을 파멸시키는 일을 추구한다. 죄와 악의 근원은 삶의 중심이자 원천이신 하나님을 거부하고, 하나님으로부터 독립해서 살고자 애쓰는 것이다. C. S. 루이스는 지옥에서 살게 될 사람들은 천국에서 사는 것을 원치 않을 것이라는 사실을 우리에게 상기시킨다. "두 부류의 사람이 있다. 즉 하나님께 '당신의 뜻을 이루소서'(Thy will be done)라고 말하는 사람과, 마지막 날에 하나님이 '너의 뜻대로 될거야'(*Thy* will be done)라고 말씀하실 사람 말이다. 지옥에 있는 사람은 모두 그것을 선택한 것이다."[8]

하나님의 심판을 가볍게 여겨서는 안 된다. 히브리서 저자는 다음과 같이 말한다. "살아 계신 하나님의 손에 빠져 들어가는 것이 무서울진저"(히 10:31). 나는 이보다 더 무서운 것을 상상조차 할 수 없다. 요한계시록은 우리가 하나님의 언약 공동체의 일원임을 확인하고, 예수가 우리의 주님이심을 꾸준히 고백하라고 말한다. 예수의 복음이 좋

---

8   C. S. Lewis, *The Great Divorce* (New York: Macmillan, 1946, 『천국과 지옥의 이혼』, 홍성사 역간), 75.

은 점은 그리스도 안에 있는 자에게는 이미 심판이 이루어졌다는 것이다(롬 8:1). 우리는 예수 안에서 완전히 죄 사함을 받았고, 완전한 하나님의 언약 백성이 되었다. 따라서 우리에게는 결코 정죄함이 없다.

또한 심판에 대한 올바른 시각을 갖는 것도 중요하다. 심판은 하나님의 몫이지, 우리의 몫이 아니다. 우리의 임무는 온 맘을 다해 주님을 따르는 것이며, 이 세상의 재판관을 자처해서는 안 된다. 심판은 하나님이 하시는 일이다. 우리는 우리의 원수들을 위해 기도하고, 그들이 하나님께로 돌아오리라는 소망 가운데 그들을 사랑해야 한다(마 5:44-45; 롬 12:14, 17-20). 우리는 악을 심판하시는 하나님을 찬양하며, 또한 동시에 불신자들이 예수와 올바른 관계를 경험할 것을 소망하면서 그들을 위해 기도하고 그들을 사랑해야 한다.

하나님은 악을 심판하실 것이다. 그러나 심판이 그분의 백성 또는 그분의 창조세계를 향한 하나님의 마지막 말씀은 아니다. 성경의 첫 번째 책으로 돌아가면 우리는 그분의 마지막 말씀을 발견할 수 있다. "태초에 하나님이 천지를 창조하시니라"(창 1:1). 성경의 마지막 책인 요한계시록을 봐도 하나님의 마지막 말씀은 심판이 아니라 창조임을 알 수 있다. "또 내가 '새 하늘과 새 땅'을 보니"(21:1).

1. 당신은 하나님의 심판에 관해 어떤 것을 믿으면서 성장해왔는가? 요한계시록에 나타난 심판에 관한 여러 주제를 살펴보며 당신은 어떤 점에서 생각이 바뀌었는가?

2. 하나님의 진노는 인간의 화나 분노와 어떻게 다른가? 그 차이점은 왜 중요한가?

3. 하나님의 성품과 심판 사이에는 어떤 연관성이 있는가? 이것은 왜 중요한가?

4. 악이 스스로 자멸하는 것을 허용하시는 하나님의 방법에 관하여 당신은 어떤 생각이 드는가?

5. 우리는 아마겟돈이 실제 전쟁이라는 생각을 어디서 얻었나? 요한계시록은 하나님이 궁극적으로 악을 멸하신다는 우리의 생각을 어떻게 바꾸어놓았는가?

6. 하나님이 악을 심판하시기 위해서는 시간이 걸리는 것처럼 보인다. 당신은 하나님이 악을 즉각적으로 심판하시는 것을 선호하는가? 하나님이 인내심을 갖고 악을 심판하시는 것에 대한 찬반양론은 무엇인가?

7. 우리 자신이 재판관이 되려 하지 않고 재판장이신 하나님을 신뢰하도록 우리를 도울 수 있는 것은 무엇인가? 다시 말하면 어떻게 하나님의 역할과 우리의 역할을 계속 구분하며 살 수 있을까?

....

핵심 구절: 요한계시록 9:20-21; 14:9-11; 16:12-21; 19:19-21; 20:7-15
참고 본문: 요한계시록 6장, 8-9장, 16장, 20장

9장

새 창조

"내가 '새 하늘과 새 땅'을 보니"

나는 천국에 대해 몹시 따분하고 무미건조하며 비성경적인 개념을 갖고 자랐다. 너는 죽으면 천국에 간다. 하늘에 있는 그곳에는 날개 달린 천사들이 있고, 흰 구름 같은 연기가 자욱하며, 진주로 된 문들이 있는데, 성 베드로가 그곳에 들어가는 것을 허락할 수도 거절할 수도 있다. 오르간 또는 하프 음악 소리를 배경으로 모든 사람이 흰옷을 입고 있으며, 별다른 일을 하지 않고 둥실둥실 떠다닌다. 그다음에는 어떤 일이 일어나는지 나의 기억은 희미하다. 나는 천국에서는 모든 사람이 서로 사랑할 것이며, 너도 그곳에 가기를 사모해야 한다는 말을 항상 들었지만 실은 사모하지 않았다. 적어도 나는 그런 천국엔 가기가 싫었다. 나는 교회에서 딱딱한 긴 의자에 앉아 여섯 소절로 이루어진 찬송을 부르면서 천국이 내가 마음속으로 그리던 시시한 그림보다는 훨씬 더 다채롭고, 현실적이며, 친근하고, 관계적인 곳이기를 바랐다.

이 얼마나 불행한 일인가! 내가 들었던 설교는 주로 구원받는 것이나, 당신의 인생을 다시 드리는 것이나, 복음을 나누는 것이나, 선교사가 되는 것에 관한 것이었을 뿐 천국에 관한 설교는 거의 없었다. 나는 천국에 관한 설교를 들은 기억이 없다. 내가 속해 있던 교회의 지도자들에 대해 공정하게 말하자면 그들은 천국에 대해 설교를 했을 수도 있지만, 얼마 되지 않는 그 설교가 내 마음속에 오래 남는 감동을 주지 못했고, 그곳에 가고 싶은 마음이 들도록 만들어주지도 못했다. 혹시 당신도 천국에 대해 안 좋은 시각을 갖고 있다면 요한계시록이 그것을 바꾸어줄 것이다.

　　요한계시록은 천국이 하나님께로부터 우리에게 선물로 내려오는 것이지, 우리가 천국에 간다고 말하지 않는다(21:2). 요한계시록은 단순히 "천국"이라고 말하지 않고 "새 하늘과 새 땅"(21:1)이라고 말하는데, 이것은 현재 우리가 살고 있는 세상과 아주 비슷하지만 그럼에도 더할 나위 없이 좋고 완전히 새로운 세상을 의미한다. 언젠가 그리스도인들이 죽은 자 가운데서 다시 살아나 부활한 새 몸을 받게 되는 것처럼, 이 타락한 세상도 새 하늘과 새 땅, 즉 완전히 새로운 세상으로 다시 창조될 것이다. 당신은 하나님이 자기 백성을 위해 예비하신 새로운 창조세계에 관해 읽으면서 놀랄 준비가 되어 있는가? 나의 바람은 요한계시록이 새로운 창조세계에 관해 말하는 것을 들은 후 당신이 정말로 그곳에 가기를 바라는 것이다. 아마 지금 당장은 아니더라도 하나님의 시간에 가게 되겠지만 말이다.

약속

약속이란 것은 그 약속을 한 사람만큼이나 좋은 것인데, 우리 하나님은 우리에게 장차 일어날 일에 관해 상당히 큰 약속을 몇 가지 해주셨다. 당신은 요한계시록 2-3장에서 예수가 승리한 자들에게 약속하신 것을 읽으면서 거의 모든 약속이 미래와 관련이 있다는 것을 발견했을 것이다. 승리자들에게는 영생(2:7), 영벌로부터의 해방(2:11), 인정과 돌보심과 공급(2:17), 예수의 권위에 참여함(2:26-28; 3:21), 하나님의 임재 안에 있는 영원한 삶(3:12) 등이 보장된다. 기아, 질병, 지진, 거짓 종교, 이교도의 정치적 세력 등으로부터 지속적인 위협을 받는 이들에게는 이러한 약속이 큰 힘이 된다. 더 나은 미래에 대한 약속은 고통당하는 이들에게 언제나 소망을 가져다준다.

이러한 구체적인 약속은 성경 전체의 이야기를 아우르는 훨씬 더 큰 하나님의 약속의 일환이다.[1] 아담과 하와가 죄를 범한 이후 하나님은 그의 피조물과의 교제를 회복하기 위해 꾸준히 일하고 계신다. 삼위일체 하나님은 완벽한 공동체이며, 그 어느 것도 회복된 창조세계 안에서 그분의 선하심을 자기 백성과 나누고자 하는 그분의 계획이 실패로 돌아가도록 할 수 없다. 언젠가 자기 백성 가운데 거하시겠다는 하나님의 약속은 아주 오래 전으로 거슬러 올라간다. 구약성경은 이 약속을 여러 번 되풀이하는데 이는 주로 세 부분으로 나뉜다(예. 레 26:12; 렘 31:33; 겔 37:27; 참조. 고후 6:16).

- 나는 너희들의 하나님이 될 것이다.
- 너희들은 내 백성이 될 것이다.

---

1   만약 당신이 성경 전체가 어떻게 하나의 거대한 이야기에 들어맞는지에 관해 더 알기를 원한다면 다음을 보라. J. Scott Duvall and J. Daniel Hays, *Living God's Word: Discovering Our Place in the Great Story of Scripture* (Grand Rapids: Zondervan, 2012).

• 내가 너희 가운데 거하겠다.

하나님은 단순히 우리가 죽으면 천국에 갈 것이라고 약속하신 것이 아니다. 그것보다 훨씬 더 큰 약속을 주셨다. 우리가 타락한 이후 하나님은 완벽한 공동체 안에서 그의 백성 가운데 거하는 것을 목표로 지금까지 모든 것을 회복시키고 치유하기 위해 일하고 계신다. 그러므로 하나님은 아브라함과 언약을 체결하셨고, 애굽의 노예였던 백성을 해방시키셨으며, 먼저는 성막 제작, 훗날에는 성전 건축을 위한 지시를 내리셨다. 그래서 예수가 이 땅에 오셔서 목자같이 돌보시고, 십자가에 죽으셨으며, 죽은 자 가운데서 다시 살아나신 것이다. 그러므로 성령이 오셔서 우리 안에 거하시고, 우리가 여러 나라에 복음을 전하는 것이다. 하나님은 일찍이 창세기에서 시작하신 것을 지금 요한계시록에서 마무리 짓고 계신 것이다. 창세기 초반부 장들과 요한계시록 후반부 장들을 비교한 도표를 보면 하나님의 약속이 얼마나 광범위하고 포괄적인지 알 수 있다. 새 창조에 관해 먼저 알아야 할 것은 그것이 하나님의 언약의 성취라는 사실이며, 하나님은 언제나 자신의 약속을 지키신다는 것이다,

장소

나는 텍사스에 있는 작은 도시의 한 주택에서 자라났다. 인생의 모든 일이 그곳에서 일어났다. 마당에서 축구를 하든, 도로에서 농구를 하든, 차고에서 일을 하든, 부엌에서 맛있는 음식을 먹든, 거실에서 영화를 보든, 아니면 침실에서 잠을 자든, 나의 유년기는 그곳과 떼려야 뗄 수 없는 관계다. 나의 부모님은 더 이상 그곳에 살지 않으시지만, 나는 가끔 차를 몰고 그 집에 갈 때마다 크게 밀려오는 향수에 젖곤 한다. 나는 그 특정한 장소에 깊은 감성적 애착이 있고 앞으로도 그럴 것이다.

나는 삶에서 가장 과소평가된 부분이 바로 장소라고 생각한다. 달리 말하자면 장소는 우리가 생각하는 것보다 훨씬 더 중요하다. 그리고 우리가 자주 그 영향력과 힘을 인정하지 못하는 것은 안타까운 일이다. 멋진 삶이든 그렇지 않은 삶이든 간에 삶 자체는 중요한 장소와 밀접하게 연관되어 있다. 우리는 장소의 동물이다. 나는 지금 현재 아름다운 가을 아침에 나의 생각들을 글로 표현하면서 그늘이 드리워진 긴 현관 앞에 앉아 있다. 나는 이곳을 좋아한다.

창세기와 요한계시록

창세기	시작	종말	요한계시록
1:1	"태초에 하나님이…"	"나는 알파와 오메가요 처음과 마지막이니라."	21:6
1:1	하나님은 최초로 하늘과 땅을 창조하시고, 이것은 결국 죄로 말미암아 저주를 받게 된다.	하나님은 죄를 어디서도 찾아 볼 수 없는 새 하늘과 새 땅을 창조하신다.	21:1
1:2	수면은 무질서한 혼돈을 상징한다.	더 이상 바다가 존재하지 않는다.	21:1
1:3-5	하나님은 빛을 창조하시고 빛을 어두움으로부터 나누신다.	더 이상 밤 또는 자연의 빛이 존재하지 않는다. 하나님 자신이 빛의 원천이시다.	21:23; 22:5
1:26-30	하나님이 인간에게 땅의 지배권을 주신다.	하나님의 백성이 하나님과 함께 영원히 다스릴 것이다.	20:4, 6; 22:5
1:27-28; 2:7, 18-25	아담과 하와의 "결혼"	마지막 아담과 그의 신부인 교회의 결혼	19:7; 21:2, 9
3:1-7	사탄이 죄를 세상에 들여온다.	사탄과 죄가 심판을 받는다.	19:11-21; 20:7-10
3:1-7, 13-15	뱀이 인류를 미혹한다.	옛 뱀이 "만국을 미혹하지 못하도록" 결박당한다.	20:2-3
3:3; 4:6-8; 6:3	사망이 세상에 들어온다.	사망이 죽음에 처하게 된다.	20:14; 21:4
3:6	죄가 세상에 들어온다.	죄가 하나님의 성에서 추방된다.	21:8, 27; 22:15
3:6-7; 4:6-8; 6:5	죄 지은 인간이 하나님께 순종하기를 거부한다.	하나님의 백성이 그를 섬긴다.	22:3
3:8; 4:8	공동체를 상실한다.	참된 공동체를 경험한다.	21:3, 7
3:8-10; 6:5	죄 지은 인간이 하나님을 버린다.	하나님의 백성(새 예루살렘, 그리스도의 신부)이 하나님 및 어린양과 혼인하기 위해 준비된다.	19:7-8; 21:2, 9-21

3:8-11	죄 지은 인간이 하나님의 임재 안에서 수치심을 느낀다.	하나님의 백성이 "그의 얼굴을 볼 것이다."	22:4
3:8-19	인간이 참되신 하나님께 반항하고, 그 결과 육적인 죽음과 영적인 죽음을 초래한다.	하나님의 백성이 하나님을 예배하기 위해 죽음의 위험을 무릅쓰고, 그 결과 생명을 경험한다.	20:4-6
3:16-17; 6:5-6	죄가 고통과 눈물을 들여온다.	하나님이 그의 백성을 위로하시고, 눈물과 고통을 사라지게 해주신다.	21:4
3:16-19	죄 지은 인간이 저주를 받는다.	구원받은 인류에게서 저주는 사라지고, 그들은 복이 된다.	22:3
3:22-24	죄 지은 인간에게 생명나무 열매를 먹는 것이 금지된다.	하나님의 백성이 자유롭게 생명나무 열매를 먹을 수 있다.	22:2, 14
3:22-24	죄 지은 인간이 생명으로부터 떠난다.	하나님의 백성의 이름이 생명책에 기록된다.	20:4-6, 15; 21:6, 27
3:23	에덴동산의 풍요로운 혜택으로부터 배제된다.	어린양의 결혼 만찬에 초대받는다.	19:9
3:23-24	죄지은 인류는 거룩한 하나님의 임재로부터 분리된다.	하나님의 백성은 하나님의 거룩함을 경험한다(정육면체의 도시= 지성소).	21:15-21
3:23-24	죄지은 자들은 동산 밖으로 쫓겨난다.	새 하늘/새 땅에는 동산이 있다.	22:2
3:24	죄지은 자는 하나님의 임재로부터 추방당한다.	하나님은 그의 백성 가운데 거하신다.	21:3, 7, 22; 22:4
4:10-14	죄지은 자는 방황하는 저주를 받는다(추방).	하나님의 백성에게 영원한 집이 주어진다.	21:3
4:11-14	죄지은 인류는 추방되어 방황하며 고통당한다.	하나님은 자녀들에게 영원한 상속을 주신다.	21:7
5:6, 8, 14, 17, 20, 27, 31; 6:3	피조물은 늙고 죽기 시작한다.	만물이 새롭게 된다.	21:5
6:5	죄는 영적인 질병을 초래한다.	하나님은 만국을 치료하신다.	22:2
6:1-7:24	물이 사악한 인류를 멸하는 데 사용된다.	하나님이 생명수 샘물로 갈증을 풀어주신다.	21:6; 22:1

| 11:3-9 | 죄지은 자들이 흩어진다. | 하나님의 백성은 그를 찬양하기 위해 하나가 된다. | 19:6-7 |
| 11:8-9 | 죄지은 인류의 언어가 혼잡하게 된다. | 하나님의 백성은 다문화적이다. | 21:24, 26; 22:2 |

우리의 장소 사랑은 장소의 하나님으로부터 유래한다. 하나님과 우리의 관계는 단순히 정신적이거나 관념적이거나 "영적"인 것이 아니다. 그것은 물리적이고 살아 움직이는 장소에서 생겨난다. 새로운 창조세계도 그러한 장소일 것이다. 우리는 언젠가 하늘에 두둥실 떠다니며 육체가 없는 영혼으로서 하나님의 신비로운 임재 안에서 영원히 살 것이라는 생각을 버려야 한다. 다시 한번 말하지만, 이것은 새 하늘과 새 땅인 것이다. 현재 우리가 가진 육체도 부활을 통해 완전히 새로운 장소에서 살기 적합한 새로운 육체로 변화되듯이, 현재의 세상도 완전히 새로운 세상으로 변화될 것이다.

요한은 21:1에서 다음과 같이 말한다. "또 내가 '새 하늘과 새 땅'을 보니, 처음 하늘과 처음 땅이 없어졌고 바다도 다시 있지 않더라." 21:2에서 그가 본 것은 다음과 같다. "거룩한 성 새 예루살렘이 하나님께로부터 하늘에서 내려오니, 그 준비한 것이 신부가 남편을 위하여 단장한 것 같더라"(참조. 계 3:12). 하나님은 1:8 이후 21:5에서 처음으로 직접 말씀하신다. "내가 만물을 새롭게 하노라."

당신은 요한계시록 21-22장을 읽으면 이 새로운 세상이 동산이자 도시라는 사실을 알게 될 것이다. 성경에서 말하는 "동산"은 어느 집의 뒤뜰에 있는 작은 꽃밭을 의미하는 것이 아니라 방대한 면적의 산과 호수와 평원과 웅장한 폭포와 꽃으로 덮인 초원을 포함하는 국립공원에 가까운 것을 가리킨다. 온 세상은 동산, 즉 상상할 수 없는 아름다움을 지닌 장소가 될 것이다. 나는 자연의 아름다움을 생각할 때 내셔널 지오그래픽에 실린 스위스의 알프스산맥, 하와이의 섬들, 캔자스의 밀밭, 스모키 산맥, 그랜드캐니언, 큰 식물원, 놀라운 일몰, 장엄한 강이 찍힌 사진을 생각한다. 당신이 이 세상의 아름다움을 좋아한다면 하나님이 계획하신 새로운 세상도 사랑하게 될 것이다. 새로운 창조세계가 왜 이 세상보다 덜 아름답고, 덜 놀랍고, 덜 대단하겠는가? 그렇지 않을 것이다. 하나님은 이 세상을 창조하셨고, 최후를 위해 제일 시시한 것을 남겨 두지는 않았을 것이다. 당신이 이 세상을 좋아한다면 당신은 새로운 창조세계도 좋아하게 될 것이다! 하나님은 아름다움을 창조하셨다. 그리고 현재 우리가 경험하는 가장 아름다운 것들은 우리를 기다리는 새 하늘과 새 땅의 영원한 정원 도시가 지닌 아름다움에 대한 맛보기에 지나지 않는다.

새 하늘과 새 땅에 대해 상상하기 어려운 이유는 거기서 우리를 기다리고 있는 것들의 다양성, 색상, 훌륭함, 영광에 대한 샘플과 힌트만 우리에게 주어졌기 때문이다. 이것이 바로 성경이 새로운 세상에 관해 묘사할 때 종종 그곳에 **없는** 것을 언급하는 이유다. 요한계시록은 새로운 창조세계에는 나쁜 것이 전혀 없음을 확인시켜주려고 "다시는 ~하지 아니하며" 혹은 "다시는 ~이 없고"라는 표현을 종종 사용한다.

그러므로 그들이 하나님의 보좌 앞에 있고 또 그의 성전에서 밤낮 하나님을 섬기매, 보좌에 앉으신 이가 그들 위에 장막을 치시리니, 그들이 다시는 주리지도 아니하며, 목마르지도 아니하고, 해나 아무 뜨거운 기운에 상하지도 아니하리니, 이는 보좌 가운데 계신 어린양이 그들의 목자가 되사 생명수 샘으로 인도하시고 하나님께서 그들의 눈에서 모든 눈물을 씻어 주실 것임이라(7:15-17).

내가 들으니, 보좌에서 큰 음성이 나서 이르되 "보라! 하나님의 장막이 사람들과 함께 있으매 하나님이 그들과 함께 계시리니, 그들은 하나님의 백성이 되고, 하나님은 친히 그들과 함께 계셔서 모든 눈물을 그 눈에서 닦아 주시니, 다시는 사망이 없고, 애통하는 것이나, 곡하는 것이나, 아픈 것이 다시 있지 아니하리니 처음 것들이 다 지나갔음이러라." 보좌에 앉으신 이가 이르시되 "보라! 내가 만물을 새롭게 하노라" 하시고 또 이르시되 "이 말은 신실하고 참되니 기록하라" 하시고(21:3-5).

하늘에는 더 이상 밤이나 어두움이 없고 오직 빛만 있을 것이다(21:23, 25; 22:5). 더 이상 배고픔이나 목마름, 그리고 말라 죽게 만드는 뜨거운 열기도 없을 것이다(7:16). 그 대신 우리는 생명 나무의 열매를 마음껏 먹을 수 있고, 생명수 샘물을 마음껏 마실 수 있다(7:17; 21:6;

22:1, 17). 다시는 저주가 없다(22:3-5). 다시는 질병이 없다(22:2, 14, 19). 다시는 곡하거나, 아프거나, 애통하는 것이나, 사망이 없다(7:17; 21:4). 모든 죄가 하늘에서 완전히 금지된다(21:4-5, 7-8; 22:3, 14-15). 하나님 자신이 우리의 모든 눈물을 닦아 주실 것이다(7:17; 21:4). 생명만 존재하고 사망은 없다(2:10-11). 새로운 창조세계는 하나님이 하신 일을 대대적으로 원상 복귀시키는 것이 아니라 그의 첫 창조세계를 위대하게 변형시키는 것이다.

우리는 어떠한 위험이나 질병이나 사망이나 악이 완전히 없는 그곳을 고대하고 있지 않은가? 우리는 그 부활한 장소가 안전하고, 모든 것이 공급되며, 평화와 기쁨이 넘치는 곳이라는 것을 알고 있다. 왜냐하면 우리는 우리에게 생명을 주시는 하나님의 임재 안에서 살게 될 것이기 때문이다.

사람

새로운 창조세계는 단순히 장소만이 아니다. 그것은 또한 사람이기도 하다. 요한계시록은 하나님의 백성이 어디로부터 오는지, 그의 백성으로서 우리는 어떤 사람인지, 그리고 우리는 이제 무엇을 해야 하는지에 관해 말한다. 먼저 요한은 우리에게 여러 차례에 걸쳐 하나님의 백성이 세계 곳곳으로부터 올 것이라고 말한다. "이 일 후에 내가 보니, 각 나라와 족속과 백성과 방언에서 아무도 능히 셀 수 없는 큰 무리가

나와…보좌 앞과 어린양 앞에 서서"(7:9; 19:1-3, 6-8). 그리스도가 하
나님을 위하여 큰 무리를 피 값으로 사셨으므로(5:9) 만국이 와서 주
께 경배하며 하나님을 "만국의 왕"으로 찬양하는 것은 합당한 일이다
(15:3-4). 새로운 창조세계는 다채로운 장소이므로 다양한 인종이 사
는 장소일 것으로 예상된다. 새 하늘과 새 땅은 우리의 서로 다른 점을
없애는 것이 아니라 그것을 온전하게 만든다.

요한은 천성을 묘사할 때 "만국의 영광과 존귀"가 새 예루살렘으
로 들어올 것이라고 말한다(21:24, 26). 21:27은 이전에 하나님께 반항
했던 사악한 나라들을 비롯해 경건하지 못한 것들은 그 어떤 것도 이
성에 들어갈 수 없다고 명확하게 밝히고 있기 때문에(예. 20:8-10), "만
국의 영광과 존귀"는 여러 나라 가운데서 구원받은 자들을 가리키는
것이 틀림없다. 이것은 구원받은 이방인들이 천성에서 하나님의 백성
가운데 거할 날을 고대하던 구약성경의 말씀을 성취하는 것이다(예. 슥
2:11).

앞에서 이미 살펴본 바와 같이 요한계시록 22장에서 요한이 생명
나무를 묘사한 것은 에스겔 47장에서 차용한 것인데, 비록 미미하긴
하지만 분명하게 수정된 것이 한 가지 있다.

그 열매는 먹을 만하고 그 잎사귀는 약 재료가 되리라(겔 47:12).

그 나무 잎사귀들은 **만국을** 치료하기 위하여 있더라(계 22:2).

새로운 창조세계는 세계 곳곳에서 구원받은 하나님의 다문화 백성에게 근본적인 치유를 제공한다. 하나님이 아브라함을 처음 부르셨을 때처럼 이것은 항상 하나님의 계획 가운데 들어 있었다. "땅의 모든 족속이 너로 말미암아 복을 얻을 것이라"(창 12:3). 우리가 주님을 함께 예배하면서 영원토록 다른 사람들을 만나고, 다른 문화에 대해 알아간다는 것이 얼마나 놀라운 일인지 생각해보라!

두 번째 중요한 질문은 우리의 정체성과 관련이 있다. 하나님의 백성으로서 우리는 어떤 사람들인가? 하나님의 백성은 순전하고, 헌신적이며, 진실하고, 성실하며, 흠이 없다는 것으로 다른 사람들과 구별된다. 한 마디로 말해 하나님의 백성은 경건하다. 14:4-5은 그들을 세상과 타협하기를 거부하고 그 대신 "어린양이 어디로 인도하든지 따라가는" 윤리적으로 순결한 처녀로 묘사한다. 사데 교회의 신실한 자들에게 예수는 언젠가 그들이 "흰 옷을 입고 나와 함께 다니리니, 그들은 합당한 자인 연고라"고 말씀하신다(3:4-5). 6:11에서 순교한 자들은 흰 두루마기를 받고, 하나님의 정의를 위해 잠시 기다리라는 명령을 받는다. 7:9에서 큰 무리는 흰 옷을 입고, 손에 종려 가지를 들고, 보좌 앞에 서 있다. 그들은 큰 환란을 통과하고 (역설적으로) 자신들의 옷을 어린양의 붉은 피로 씻어 희게 한 자들이다(7:13-14). 흰옷은 흔히 환란을 통한 순결함과 승리를 상징하며, 오직 그리스도의 희생적인 죽음만이 이 모든 것을 가능케 한다(12:11을 보라). 19:8은 성도들이 입은 세마포 옷이 "성도들의 옳은 행실"이라고 말한다. 이 모든 것은 새롭게 창조된 하나님의 백성의 의로운 성품을 강조하기 위함이다. 불결하고, 수치스럽고, 기만적인 것들은 그 어떤 것도 천성에 들어갈 수 없다(21:27).

우리의 정체성은 단지 우리의 의로운 행위만으로 결정되지 않는다. 그것은 훨씬 더 개인적이며 심지어 은밀한 것이다. 우리는 상속을 받기로 예정된 하나님의 자녀다. "이기는 자는 이것들을 상속으로 받으리라. 나는 그의 하나님이 되고, 그는 내 아들이 되리라"(21:7). 때로 하나님은 우리의 정체성의 다른 중요한 측면을 부각시키기 위해 자신의 이미지를 서로 혼합할 것을 요한에게 요구하시는데, 요한은 그것을 바로 여기서 이행한다. 하나님의 자녀는 그분의 신부이기도 하다. "우리가 즐거워하고 크게 기뻐하며 그에게 영광을 돌리세. 어린 양의 혼인 기약이 이르렀고, 그의 아내가 자신을 준비하였으므로, 그에게 빛나고 깨끗한 세마포 옷을 입도록 허락하셨으니 이 세마포 옷은 성도들의 옳은 행실이로다 하더라"(19:7-8).

성경 전반에 걸쳐 나타나는 결혼 이미지는 다른 사람과 구별된 하나님의 백성이라는 정체성을 표현한다. 구약의 예언자들은 이스라엘을 심지어 야웨의 아내로 언급하거나, 반항할 경우에는 그들을 간음한 여자라고 여긴다(두 경우 모두 호 2:1-23을 보라). 신약성경은 예수를 신랑(막 2:19-20; 요 3:29)으로, 교회를 그의 신부로 묘사한다(고후 11:2; 엡 5:25-33; 계 19:7; 21:2, 9; 22:17). 이러한 결혼 모티프는 하나님이 우리를 완벽하게 사랑하시고 새로운 창조세계에서 그분의 인격적인 임재를 경험하게 하실 것에 대한 소망을 가져다준다. 또한 그것은 언젠가 우리가 참되신 한 분 하나님께 헌신하고, 더 이상 다른 신들을 좇는 유혹을 받지 않을 것이라는 확신을 준다.

더 많은 이미지를 서로 혼합시키자면 신부는 또한 하나님이 영원히 거하시는 건물 또는 성전이기도 하다. 요한계시록 21장의 새 하늘과 새 땅에 대한 환상에서 요한은 그가 명확하게 본 것에 대해 이렇게 말한다. "거룩한 성 새 예루살렘이 하나님께로부터 하늘에서 내려오니, 그 준비한 것이 신부가 남편을 위하여 단장한 것 같더라"(21:2). 신약성경의 다른 본문은 교회를 하나님의 영이 거하는 성전으로 표현한다(고전 3:16-17; 고후 6:16; 엡 2:21-22; 벧전 2:5). 천성은 새로운 창조세계 전체가 하나님이 거하시는 장소 또는 성전이기 때문에 따로 분리된 성전을 필요로 하지 않는다(21:22). 자녀, 정원 도시, 신부, 성전 등 논리적으로는 복잡해보일 수도 있지만, 이것이 그림 언어이며, 여러 비유를 혼합하기에 매우 용이하다. 어떤 의미에서는 우리가 모든 이미지를 논리적으로 정리하기보다는 각각의 이미지를 흡수하고 경험하면서 그 이미지들의 선함과 풍부함에 압도되는 것이 더 중요하다고 볼 수 있다.

다시 정체성으로 돌아가자. 요한계시록은 우리의 정체성이 안전하다고 단언한다. 우리는 어쩌면 하나님의 이름이 인장처럼 우리 몸에 찍혀 있다고도 말할 수 있다(3:12; 14:1; 22:4). 우리는 천상의 성전의 기둥 혹은 영구적인 고정 설치물과도 같다(3:12). 이 사실은 당시 그리스도에 대한 헌신으로 인해 회당에서 자주 추방당하거나, 지역 상인조합으로부터 배척당하던 요한계시록의 원래 독자들에게 큰 의미를 부여했다. 또한 이 사실은 그리스도 편에 섰다는 이유로 사람들로부터 거부당하거나 반대를 경험하고 있는 우리 중 다수에게도 많은 것을 의미한다. 그것은 우리 각자에게 다음과 같은 중요한 영적 질문을 제기한다. 우리의 안전은 무엇에 기반을 두고 있는가? 우리의 안전을 보장해주는 것은 무엇인가?

마지막으로, 요한계시록은 하나님의 백성이 해야 할 일에 관해 우리에게 이야기한다. 만약 새로운 창조세계가 완벽한 장소이고 게다가 안식의 장소라면, 천국에서 우리가 할 일이 있을까? 이미 완벽한 것을 어떻게 더 좋게 만들 수 있겠는가? 천국에는 노는 것과 일하는 것과 활동하는 것은 없고 오로지 휴식만 존재한다는 말인가? 우리는 매일 심심해하지 않을까?

요한계시록은 우리가 영원토록 할 일이 많다는 것을 명확히 보여준다. 우선 하늘의 안식은 모든 스트레스, 혼란, 깨어진 관계, 망가진 세상에서의 영적 전쟁 등으로부터 영원히 해방되는 것을 의미하지만, 아무것도 하지 않는 것을 의미하지는 않는다(14:13). 거기서는 아무 일도 하지 않으면서 쉬는 것이 아니라 우리가 사랑하는 것, 즉 창의적이며 생명을 주는, 곧 하나님의 성품을 닮은 일을 하면서 안식을 누리게된다. 마침내 우리는 사탄 및 죄와의 싸움에서 벗어나겠지만 그렇다고 결코 따분해지는 것은 아니다. 그곳에는 할 일이 많고, 우리는 거기서

매 순간을 즐길 것이다.

구체적으로 우리는 거기서 무엇을 하게 될까? 먼저 우리는 하나님을 예배하고 섬길 것이다. 요한계시록은 "그들이 하나님의 보좌 앞에 있고 또 그의 성전에서 밤낮 하나님을 섬기매"(7:15)라고 말하며, "하나님과 그 어린양의 보좌가 그 가운데에 있으리니 그의 종들이 그를 섬기며"(22:3)라고 말한다. "섬기다"(그리스어 "라트레우오"[*latreuō*])라는 용어는 전심으로 예배하는 것과 같은 섬김을 의미한다. 새로운 창조세계는 언제나 예배의 불이 타오르는 장소다(4:8-11; 5:6-14; 7:9-17; 15:2-3; 19:1-8).

요한계시록에 의하면 천상의 예배에서 노래가 매우 큰 역할을 한다. 천사들은 노래로 충만한 존재다(4:8; 5:8). 신자들도 하나님께 올려드리는 이 하늘의 찬송을 함께 부를 것이다(7:9-10). 천사들이 우리에게 노래하는 법을 가르쳐줄지도 모른다. 144,000명(모든 하나님의 백성을 상징함)이 "보좌…앞에서 새 노래"를 부르며, "땅에서 속량함을 받은 십사만 사천 밖에는 능히 이 노래를 배울 자가 없[다]"(14:3). 성경의 다른 "새 노래" 즉 하나님이 애굽의 종살이로부터 그의 백성을 구해내신 후 모세가 출애굽기 15장에서 부른 노래처럼 이 노래도 원수들을 물리친 하나님의 놀라운 행위를 찬양할 것이다(예. 사 42:10-13). 이 장면은 15:2-4에서 더 자세하게 묘사되는데, 거기서 승리를 자축하는 천상의 무리는 하나님이 주신 거문고를 켜면서 "하나님의 종 모세의 노래, 어린양의 노래"를 부른다.

최근에 나와 아내는 도저히 믿기 어려울 정도로 힘든 가정 형편에 처하게 되었다. 나는 그녀에게 "애굽 군대가 우리를 바싹 따라왔는데, 하나님은 아직도 홍해를 갈라주실 생각이 없어 보인다"고 말했다. 우리에게 닥쳤던 시련이 지나간 후 우리는 그 시련을 매일 경험하지 않아도 된다는 깊은 안도감에 하나님께 찬양을 드렸다. 출애굽 사건에서 바로와 그의 군대를 무찌르신 하나님의 승리는 장차 사탄과 그의 악한 군대를 무찌를 하나님의 최후 승리를 지시한다. 언젠가는 우리도 모세가 불렀던 그 노래를 승리의 안도감과 함께 부르게 될 것이다(출 15:1-18). 결국 모세의 노래는 하나님이 그의 백성에게 베푸신 구원을 기뻐하는 노래, 즉 어린양의 노래이기도 하다.

새로운 창조세계에서 우리는 예배가 아닌 다른 일도 할 것이다. 요한계시록은 놀랍게도 우리가 장차 주님과 함께 다스릴 것임을 여러 차례 강조한다(2:26-27; 3:21; 5:10; 20:4-6; 22:5).

그들로 우리 하나님 앞에서 나라와 제사장들을 삼으셨으니, 그들이 땅에서 왕 노릇 하리로다 하더라(5:10).

다시 밤이 없겠고 등불과 햇빛이 쓸 데 없으니, 이는 주 하나님이 그들에게 비치심이라. 그들이 세세토록 왕 노릇 하리로다(22:5).

그리스도와 함께 우리가 무엇을 다스린다는 말인가? 아마도 그것은 새로운 창조세계 자체일 것이다. 나는 C. S. 루이스가 피터와 수전과 에드먼드와 루시를 나니아의 왕들과 여왕들로 만들고자 했을 때 그가 아마도 요한계시록을 읽고 있지 않았을까라는 생각이 든다. 그들은 나니아를 다스리고 우리는 언젠가 그리스도와 함께 새로운 창조세계를 다스리게 될 것이다.

새 창조는 우리를 지치게 만드는 영원히 지속되는 교회 예배는 아닐 것이며 끝이 없는 휴가도 아닐 것이다. 아담과 하와가 최초의 동산을 다스리도록 위임받은 것처럼(창1:26, 28) 하나님의 백성들도 영원한 정원 도시에서 그분과 함께 다스리는 책임을 감당하게 될 것이다. 이번에는 우리가 잘 해낼 수 있을 것이다. 노동은 선한 것이고 죄가 세상에 들어오기 전에는 하나님의 원 창조의 일부였다. 우리는 천국에서 분명히 어떤 일들을 할 것이다. 그것을 일이라고 부를 수도 있지만, 그것은 큰 의미와 목적을 지닌 것일 것이다. 좌절과 낭비도 없다. 일이기보다는 놀이에 더 가깝다고 느낄 수도 있다. 새 하늘과 새 땅에서는 책임이 부재한 것이 아니고 우리를 향한 하나님의 목적이 성취된 것이다. 우리는 지루하고 따분하지 않을 것이다. 오히려 우리는 하나님을 기쁘시게 해드리는 중요한 활동에 전적으로 몰두하게 될 것이다. 하나님은 무한하시므로 우리는 영원토록 배우고, 성장하고, 섬기고, 다스리고, 예배하겠지만, 우리는 하나님을 지치게 하거나 그분의 창조

를 고갈시키지는 않을 것이다.[2]

임재

나는 하나님이 우리를 창조하신 가장 중요한 이유가 그분을 사랑하고, 그분의 임재 안에서 영원히 살게 하기 위함이라고 생각한다. 하나님은 항상 자기 백성, 즉 그분의 사랑에 보답하기 위해 그분을 마음껏, 그리고 전심으로 사랑하는 사람들 가운데 거하시기를 원하셨다. 그분이 우리를 창조하신 목적은 완벽한 공동체인 삼위일체 하나님과의 교제를 누리게 하는 것이었다. 앞서 하나님에 관한 장에서 살펴본 바와 같이 성경은 하나님이 그분의 백성을 변화시키고, 그들 가운데 거하시기 위해 그분의 계획을 이루어가시는 모습을 보여주는 실제 이야기다. 당신은 구약성경을 읽으면서 하나님이 성막을 통해 그리고 그 이후에는 성전을 통해 그의 백성 가운데 거하셨지만, 언젠가는 더욱 인격적이고 영원한 방식으로 그들 가운데 거하시겠다고 약속하신 것을 깨닫게 되었을 것이다. 다시 말하면 세 부분으로 구성된 그의 약속은 다음과 같이 요약될 수 있다. "나는 너희의 하나님이 되고, 너희는 나의 백성이

---

2   나는 이 개념을 Wayne Martindale의 책에서 가져왔다. 그의 훌륭한 저서를 보라. *Beyond the Shadowlands: C. S. Lewis on Heaven and Hell* (Wheaton: Crossway, 2005), 특히 1장, "The Myths of Heaven Exposed".

되며, 나는 너희 가운데 거할 것이다"(예. 출 29:45-46; 레 26:11-12; 렘 32:38; 겔 37:27; 슥 2:10-11).

신약성경은 우리 가운데 "장막을 치거나" 거하기 위해 이 땅에 오신 예수로 시작한다(요 1:14을 보라). 그는 나중에 성령을 보내 각 신자들 안에 거하게 하셨으며, 이로써 하나님의 백성은 하나님의 영이 거하는 성전이 되었다(고전 3:16-17; 6:19; 고후 6:16; 엡 2:21-22; 히 3:6; 벧전 2:4-5). 그러나 하나님은 우리 가운데서 어떤 건물을 차지하거나, 우리 가운데서 걷거나, 우리 가운데 그리고 우리 안에 거하시는 것 그 이상을 원하신다. 그분은 우리가 완전히 새로운 세상에서 자신과 함께 살기를 원하신다. 이 새로운 창조세계 안에는 물리적인 성전이 없을 것이다. 왜냐하면 "주 하나님, 곧 전능하신 이와 및 어린양이 그 성전"이기 때문이다(21:22). 천성 자체가 고대 성전의 지성소의 모양인 정육면체가 될 것이다(왕상 6:20; 대하 3:8-9). 하나님의 임재가 지성소에 머무르셨던 것처럼 언젠가 새 하늘과 새 땅 전체에 하나님의 임재가 충만할 것이다(21:15-17, 22). 다시 말하면 새로운 창조세계 전체가 지성소가 되는 것이다. 성경의 위대한 이야기의 결말에 도달하면 우리는 하나님이 그의 백성 가운데 거하시기 위해 자신의 약속을 지키신 것을 보게 된다. 요한계시록 21-22장은 영원토록 하나님의 임재를 즐기는 것이 어떤 것인지를 놀랍고도 희망찬 예고편을 통해 우리에게 보여준다.

요한계시록에 의하면 하나님의 임재 안에서 사는 삶은 새로운 실재를 가져다줄 것이다. 첫째, 하나님이 모든 것의 중심이 될 것이다. 하나님 나라가 마침내 새로운 창조세계와 함께 온전히 도래할 때 하나님과 어린양의 보좌가 그 중심을 차지할 것이다. 모든 일이 하나님의 보좌가 상징하는 개인적이고 강력한 그분의 임재 주변에서 전개될 것이다(4:2; 5:1; 7:9; 21:3, 5). 22:1은 생명수 강이 하나님과 어린양의 보좌로부터 흘러나와 새로운 창조세계 전체로 흘러 들어갈 것임을 보여준다. 현재 우리는 혼란과 의구심이 넘쳐나고 하나님께로 나아가는 길도 제한적인 상태에서 살고 있다. 사도 바울의 비유를 빌리자면 그것은 마치 우리가 뿌연 거울을 통해 삶을 비춰보는 것과 같다. 그러나 언젠가 우리는 "얼굴과 얼굴을 대하여 볼 것"이다(고전 13:12). 지금은 우리가 부분적으로만 알지만, 그때는 주께서 우리를 아신 것 같이 우리도 온전히 알게 될 것이다. 우리는 낯설고 위험한 땅에서 믿음으로 살고 있지만, 그때는 하나님과 어린양과 성령이 모든 실재의 중심임을 새로워진 우주 전체가 인식하게 될 것이다. 그때는 추측이나 불확실성이나 불안정함이 존재하지 않을 것이다.

둘째, 우리는 지금으로서는 상상조차 할 수 없는 방식으로 장차 하나님의 임재를 경험하게 될 것이다. 일단 우리가 하나님의 임재 안에 있으면 그분이 우리 눈에서 "모든 눈물을"(21:4) 닦아 주실 것이며, 우리는 "그의 얼굴을" 보게 될 것이다(22:4). 성경은 때때로 우리가 하나님과 그분이 행하시는 일을 더 잘 이해하도록 돕기 위해 인간의 언어로 하나님을 표현한다. 다시 말하면 하나님의 손과 얼굴을 언급할 때 성경은 우리의 언어로 표현하고 있는 것이다. 하나님의 손으로 우리의 눈물을 닦아 주신다는 말은 하나님이 그분의 자비와 긍휼을 우리에게 보여주신다는 것이다. 하나님의 얼굴을 본다는 말은 우리가 그분이 어떤 분이신지에 대한 명확하고 참된 이해를 갖고, 그분과 올바른 관계를 맺게 될 것을 의미한다. 우리는 두려움으로 인해 위축되기보다는 하나님의 부드러운 위로와 완전한 보호를 경험하게 될 것이다. 우리는 사랑받는 자녀가 자기를 사랑하는 부모를 알 듯이 그분을 알게 될 것이다.

셋째, 하나님의 임재는 만물이 원래 목적한 바를 이루는 것을 의미한다. 이 세상 나라는 하나님이 다스리는 나라가 될 것이며, 하나님은 이 나라를 영원 무궁토록 다스리실 것이다(11:15-16). 샬롬이 하나님의 창조세계에 임할 것이다. "하나님과 인간과 모든 피조물을 정의와 성취와 기쁨으로 하나로 묶는 것을 히브리 예언자들은 **샬롬**이라고 불렀다.…성경에서 샬롬은 **우주적 번영, 온전함, 그리고 기쁨**을 의미한다. 즉 샬롬은 모든 만물이 제자리를 찾아가는 것이다."[3] 완전한 샬롬은 세상의 모든 악한 것 및 샬롬을 방해하는 눈물과 사망과 애통과 고통 같은 것이 완전히 제거되는 것을 의미한다(7:17; 참조. 사 25:8). 새로운 창조세계 안에서 우리는 하나님의 성품과 대치되는 그 어떠한

---

3 Cornelius Plantinga, *Not the Way It's Supposed to Be: A Breviary of Sin* (Grand Rapids: Eerdmans, 1995), 10(강조는 원저자의 것임).

것도 경험하지 못할 것이다!

넷째, 하나님의 임재 안에 산다는 것은 완전한 안전을 보장받는 것을 의미한다. 우리는 보호를 받게 될 것이다. "보좌에 앉으신 이가 그들에게 장막을 치시리니"(7:15). 하나님의 임재가 그분의 백성을 "보호한다" 혹은 그분의 백성 위에 "장막을 친다"(참조. 요 1:14)라고 말할 때 이것은 출애굽 이후 하나님이 그분의 빛나고 영광스러운 임재, 즉 그분의 현현(쉐키나)으로 자기 백성을 덮으시면서 광야 여정 가운데 그들을 보호하시고 인도하신 것을 연상시킨다(예. 출 13:21-22; 사 4:5-6). 새로운 창조세계 안에는 어떤것도 당신을 욕되게 하거나 해치지 못할 것이다. 아무것도 당신의 인생을 위험에 빠뜨릴 수 없을 것이다. 당신은 전적으로 안전할 것이다.

다섯째, 하나님의 임재 안에서 사는 삶은 말로 표현하기 어려울 정도로 영광스럽고 아름다운 경험이 될 것이다. 언젠가 스위스로 가족 여행을 간 적이 있다. 나는 그곳이 얼마나 아름다운지 말로 다 표현하기 어렵다. 웅장한 알프스 산맥, 풀이 무성한 목초지, 예쁜 꽃들, 아름다운 집과 오래된 예배당 등이 모두 아름다웠으며, 심지어 스위스에서는 소들조차도 아름답다. 그것은 그림엽서에서나 볼 수 있는 것을 직접 눈으로 보는 황홀한 경험이었다. 아름다움은 우리의 영혼을 치유하는 신비스런 힘을 갖고 있다. 그것이 우리 손녀들의 천진난만함이든, 아름다운 신부의 광채이든, 그림 같은 석양이든, 가볍게 눈이 내리는 고요함 속의 산책이든 간에 아름다움은 우리의 삶에 깊이와 풍요로움을 가져다준다. 요한계시록은 하나님이 아름다움을 발명하셨고, 아름다운 새 창조세계가 도래하도록 계획하셨음을 여러 가지 방법을 통해 상기시켜준다.

영원한 정원 도시는 21:1-8에서 간략하게 소개된 후 21:9-22:5에서 거룩한 성, 성전 도시, 그리고 정원 도시로 확대되어 나타난다. 새로운 창조세계는 하나님의 영광스러운 임재의 빛을 발하고 그분의 아름다움을 표현한다. 그것은 우리가 기대하는 모든 것이며, 우리가 상상하는 것 그 이상이다. 천성을 장식하는 귀한 건축 재료인 금과 빛나는 보석 같은 것은 새로운 창조세계의 아름다움을 나타낸다. 하나님이 아름다움을 창조하신 것은 우리를 위함임과 동시에 자신을 위한 것이기도 하다. 그분이 창세기 1장에서 자신이 손수 만든 작품을 "좋다"고 평가한 것은 하나님이 보시기에 좋은 것이었을 뿐만 아니라 자신이 사랑하는 피조물인 우리가 보기에도 좋은 것이었다는 의미다.

마지막으로, 하나님의 임재 안에서 사는 삶은 축제가 될 것이다. 하나님의 백성이 새로운 창조세계 안으로 들어가는 것을 표현하는 수많은 방법 가운데 하나님이 선택하신 표현은 결혼 축하연이다. 당신은 신부(21:2, 9)와 결혼식 만찬(19:9)과 또 이에 따라오는 모든 기쁨을 소유하게 된다. 결혼식은 웃음이 넘치고, 기쁨의 눈물과 수많은 포옹과 값비싼 음식과 음료가 충분히 공급되는 축제의 날이다. 1세기 유대인들의 결혼식은 일주일 동안 지속되었기 때문에 두 시간에 걸쳐 진행되는 우리의 결혼식보다는 훨씬 더 나은 축하연이었다. 영원토록 지속

될 천상의 축하연이 얼마나 멋지고 훌륭할지 한번 상상해보라.

결론

요한계시록은 우리 안에 그곳에 가고 싶은 마음이 생기도록 새 하늘과 새 땅에 대한 그림을 그려준다. 당신이 현재 우리가 살고 있는 세상의 가장 아름다운 곳, 죄나 사탄이나 사망이 "더 이상 없는" 곳, 모두가 주님을 사랑하며 서로 사랑하는 곳, 그리고 무엇보다 우리에게 생명을 주시고 또 우리를 위해 자기 생명을 주신 분이 우리 가운데 거하실 곳, 순결한 생명의 숨을 들이쉬고 내쉬는 곳을 상상하기 시작했다면 당신은 올바르고 성경적인 천국을 상상하고 있는 것이다.

새로운 창조세계는 우리 가운데 거하시겠다는 하나님의 언약의 성취다. 현재 우리의 삶 속에 존재하는 모든 선한 것이 주님으로부터 왔다는 것이 이해되기 전까지는 이러한 생각이 다소 무섭게 느껴질 수도 있다. 그분은 우리에게 오직 좋은 것만을 주기를 원하시는 사랑이 많으신 아버지시다. 그분은 우리와 함께 있기를 원하시며, 우리가 완전한 공동체를 경험하기를 원하신다. 우리는 바로 이를 위해 창조된 것이다. 결국 생명과 선함과 아름다움을 바라는 모든 우리의 갈망은 새로운 창조세계 안에서 성취될 것이다. 왜냐하면 우리가 하나님의 임재 안에서 살게 될 것이기 때문이다. 우리는 지금 좋은 책, 음악, 장거리 여행, 친구들, 동료들, 예배, 가족, 늦은 시간까지 이어지는 대화,

음식 등을 통해 영원한 기쁨을 살짝 엿보기를 염원한다. 당신은 그것이 너무나 멋진 경험이며, 천국을 엿볼 수 있는 훌륭한 경험이었기 때문에 잠시 동안만이라도 그 평안과 기쁨과 사랑이 영원토록 지속되길 바란 적은 없는가? 우리는 그러한 세상을 갈망하지만, 그러한 갈망은 하나님으로부터 오는 것이며, 하나님은 그러한 우리의 갈망을 채워주시기를 원한다. 그분은 자신의 약속을 반드시 지키실 것이다.

새로운 창조세계 안에서 하나님은 여러 나라에서 모인 다민족으로 구성된 자기 백성, 즉 어린양의 피로 구속받은 백성을 모으실 것이다. 하나님의 자녀들과 그리스도의 신부와 성령이 거하는 성전은 함께 모여 하나님을 찬양하고, 그리스도와 함께 새로운 창조세계를 다스릴 것이다. 우리에게는 의미 있는 일들을 할 영원의 시간이 기다리고 있다. 우리는 모든 것이 제대로 돌아가는 샬롬 안에 살게 될 것이다. 완전한 안전, 영광스러운 아름다움, 영원한 축하연 등 이 모든 것은 우리가 하나님의 임재, 곧 그의 쉐키나 안에서 살기 때문에 가능한 것이다.

나는 당신이 장차 도래할 새 하늘과 새 땅에 대해 생각해볼 것을 권한다. 새 하늘과 새 땅에 관한 생각으로 당신의 마음이 흠뻑 젖어 그것에 관한 생각으로 가득 차게 해보라. C. S. 루이스는 "당신이 인류 역사를 되돌아보면 당신은 현세에서 가장 많은 일을 한 그리스도인들이 바로 내세를 가장 많이 생각한 이들이었음을 발견하게 될 것이다.… 대다수 그리스도인들은 내세에 관한 생각을 멈추는 바람에 현세에서 매우 무기력해졌다"고 말했다.[4] "생명이 있는 곳에 희망이 있다"는 말도 사실이지만, "희망이 있는 곳에 생명이 있다"는 말 또한 사실이다. 새로운 창조세계에 대한 생각은 희망을 가져다준다. 하나님이 우리를 위해 계획하신 일에 대해 상상의 나래를 펼치는 것은 종종 모든 것이 제자리로 되돌아가기를 갈망하는 우리가 이 망가진 세상을 신실하게 살아내는 데 큰 힘이 된다.

그룹 토론 문제

1. 지금까지 살아오면서 천국에 대한 당신의 기본적인 이해는 어떠했는가? 당신이 전해 들은 천국에 대한 환상이 당신을 곤혹스럽게 만든 것이 있다면 그것은 어떤 것인가?

2. 우리가 갖고 있는 천국에 관한 전통적인 이해를 성경 외에 어디서 얻는다고 생각하는가?

3. 요한계시록은 새 창조세계가 약속, 장소, 사람, 하나님의 임재의 성취임을 강조한다. 이 가운데 어느 것이 당신에게 가장 의미가 있는가?

4. 요한계시록이 그려 놓은 새로운 창조세계와 관련하여 당신에게 가장 놀라운 것은 무엇인가?

---

4   C. S. Lewis, *Mere Christianity* (New York: Simon & Schuster, 1996, 『순전한 기독교』, 홍성사 역간), 119. Lewis의 이 고전은 다수의 에디션이 있기에 이 인용문은 "소망"을 다루는 10장의 첫 페이지에 있음을 밝혀두는 것이 도움이 될 것이다.

5. 당신은 하나님의 임재 안에서 산다는 개념이 왜 많은 신실한 그리스도인을 불편하게 만든다고 생각하는가? 이러한 생각을 바로잡기 위해 무엇을 할 수 있는가?

6. 요한계시록이 새 창조세계에 관해 말한 것을 읽고 나서 당신이 가장 고대하는 바는 무엇인가?

7. 새로운 창조에 관한 성경적인 이해가 당신에게 어떠한 희망을 북돋아주고 있는가?

....

핵심 구절: 요한계시록 7:15–17; 21:1–7, 22; 22:1–5
참고 본문: 요한계시록 21–22장

PERSEVERANCE

10장
인내

"이기는 자에게"

그리스도인으로서의 삶에서 당신이 정말 기대하는 것이 무엇인지 진지하게 생각해본 적이 있는가? 주디와 내가 결혼한 지 얼마 되지 않았을 때 나이가 지긋하고 현명하신 어떤 분이 기대에 관하여 내게 다음과 같은 조언을 해주었다. 당신은 기대를 충족시키거나 아니면 기대를 수정해야 한다. 그렇지 않으면 갈등이 생길 것이다. 두 가지 선택만이 있다. 기대를 충족시키거나 또는 그 기대를 바꾸는 것이다. 그 지혜가 수년간 우리에게 큰 도움이 되었다. 그것은 오직 결혼 생활에만 적용되는 것이 아니다. 삶의 모든 것에 다 적용된다.

오늘날 미국 교회의 일반적인 기대는 하나님이 우리의 삶을 안전하고 편안하며 행복하게 해주시겠다고 약속하셨다는 것이다. 우리가 할 일은 신실하게 그분을 따르는 것이다. 우리는 우리의 기대를 이와 똑같은 단어를 사용하여 표현하지는 않지만, 그리스도인의 삶은 이러한 방향으로 나아가야 한다고 마음속 깊이 생각하고 있다. 즉 우리가 하나님을 따르면 그분은 우리가 해를 입지 않도록 보호하시고 우리의 삶을 더 행복하고 안락하게 만들어주실 것이라고 믿고 있다. 우리는 우리 사회에서 종교적 자유가 주는 많은 복을 누리고 있다. 우리는 우리가 믿는 것에 대해 자유롭게 말하고, 박해의 두려움 없이 기독교 공동체에 가입하고, 자녀들에게 그리스도에 대해 숨김없이 가르치고, 기독교를 상징하는 액세서리를 착용하고, 기독교 서적을 소유하고, 공공장소에서 기도하거나 성경을 읽는다. 우리는 자신이 그리스도인이기 때문에 물리적인 공격을 당할 것이라는 생각을 전혀 하지 않고 살고 있다. 우리 문화 속에서 교회는 계속해서 힘을 지닌 여론으로 존재하고 있다.

불행하게도 전 세계의 많은 신자들은 우리와 같은 환경 속에서 살고 있지 않다. 그들은 박해를 당하며 때로는 예수를 따른다는 이유만으로도 죽임을 당한다.[1] 요한계시록은 그리스도인들이 고난당하는 것을 예수를 따르는 삶의 정상적인 일부로서 당연하게 생각해야 한다고 말한다. 우리는 요한계시록에서 예수가 그의 제자들에게 "세상에서는 너희가 환난을 당하나(그리스어 틀립시스[*thlipsis*]는 "시련/고난" 또는 "시험"을 가리킨다) 담대하라. 내가 세상을 이기었노라"(요 16:33)고 하신 말씀의 메아리를 듣는다. 예수가 세상을 "이기었노라"고 말할 때 사용한 단어는 그가 요한계시록 전반에 걸쳐 신자들에게 하나님께 대해 끝까지 신실함으로써 악에게 승리하라고 말씀하실 때 사용한 그리스어 단어(*nikaō*)와 동일한 단어다(예. 2:7, 11, 17, 26; 3:5, 12, 21). 우리는 요한계시록이 우리의 기대를 수정하도록 허용해야 한다. 편안함과 행복은 좋은 것이지만, 우리가 사는 세상은 대부분 우리 주님과 그의 길을 대적하고 있다. 그 결과, 우리가 만약 끝까지 신실함을 지킬 경

---

1   문서에 의해 충분히 입증된 전 세계 그리스도인의 박해에 관한 이야기는 다음을 보라. Paul Marshall, Lela Gilbert, and Nina Shea, *Persecuted: The Global Assault on Christians* (Nashville: Nelson, 2013).

우 예수를 미워하던 세상이 우리를 미워할지도 모른다고 생각하는 것이 이치에 맞다. 우리 가운데 대다수는 우리의 기대를 수정해야 할 필요가 있다. 우리는 이교도적인 세상에서 그리스도께 끝까지 신실하고자 노력하면서 기꺼이 고난당하고자 하는 마음을 우리의 기대에 포함시켜 우리의 기대를 수정해야만 한다.

당신은 새로운 창조가 왜 맨 마지막 장이 아닌 마지막에서 두 번째 장에 나오는지 궁금해할 수도 있다. 내가 인내를 마지막 장에 넣은 것은 그것이 우리의 주된 책임이 무엇인지 직면하도록 하기 때문이다. 요한계시록은 단지 미래에 관한 책일 뿐만 아니라 현재 우리가 어떻게 살아야 하는지에 관한 책이기도 하다. 우리는 우리 앞에 놓인 아름다운 희망을 알고 있다 하더라도 여전히 인내해야만 한다. 인내는 하나님이 예비해두신 것을 고대하고 있는 우리에게 주어진 중요한 과제다. 우리는 "어린양이 어디로 인도하든지 따라가는 자"가 되어야 한다(14:4). 이번 장에서 우리는 때로 박해와 순교로 귀결될 수 있는 영적 전쟁에 우리가 실제로 참전하고 있다는 것을 배우게 될 것이다. 그러나 또한 우리가 기억해야 할 점은 예수가 인내한 이들에게 약속하신 상이 있다는 것이다.

우리는 전쟁 중이다

요한계시록은 그리스도인들이 서로 다른 두 최전선에서 실제로 영적 전쟁을 치르고 있다고 말한다. 첫째로 우리는 이교도적인 세상으로부터 저항과 박해를 받을 뿐 아니라 심지어 순교까지도 당할 수 있는 상황에 직면해 있다. 두 번째 전선은 첫 번째 전선과 마찬가지로 위험하며 우리 가운데 대다수는 이것과 싸우게 될 것이다. 그것은 바로 이 세상의 체계와 타협하라는 유혹이다. 요한계시록은 끝까지 신실함을 지키는 자들(그리고 그 결과로 인해 고난당하는 자들)을 위로하는 한편, 타협하는 자들에게는 엄중히 경고한다. 두 최전선에서 벌어지는 전쟁은 결국 적대감과 유혹이다. 두 가지 모두 우리에게는 위협적이며, 두 가지 모두 인내에 대한 우리의 의지를 시험한다.

비록 일부 학자는 요한계시록을 처음 받아본 그리스도인들이 실제로 박해를 받고 있었는지 대해 의구심을 제기해왔지만, 요한계시록에 나타난 증거는 그 당시의 상황이 급격히 악화되기 시작했을 가능성과 함께, 적어도 어느 정도의 박해가 있었을 가능성을 보여준다. 일곱 교회에 보낸 메시지에서도 어려움을 견딤(2:3), 비방(2:9), 투옥(2:10), 장차 받을 고난(2:10), 어려운 환경에서의 삶(2:13; 3:9), 안디바의 죽음(2:13)등 박해에 관한 언급이 여러 차례 나온다.

이 책의 나머지 부분에서도 박해(혹은 임박한 박해)에 관한 내용을 찾아 볼 수 있다. 우리는 7:13-14에서도 "큰 환난에서 나오는 자들

[즉 참고 이겨낸 자들]"을 발견한다. 10:9-11의 작은 두루마리에 적힌 메시지는 하나님의 백성이 장차 겪게 될 고난을 언급하는 것으로 보인다. 11장에서 증언하는 교회를 상징하는 두 증인은 짐승에 의해 죽임을 당한다. 우리는 12:11에서 기꺼이 죽기까지 인내함으로써 악을 이기라는 권면을 받는다. 하나님의 백성의 피를 흘리게 한 이 세상의 권세들에 대한 언급도 여러 차례 나타난다(16:5-7; 17:6; 18:24; 19:2). 일부 그리스도인은 예수를 증언했다는 이유로 죽임을 당한다(20:4-6). 이 밖에도 전쟁 상황을 묘사하는 내용이 책 전반에 걸쳐 나타난다(12:12-17; 13:7; 14:13; 17:12-14).

요한계시록은 디모데에게 보낸 사도 바울의 메시지가 진리임을 입증해준다. "무릇 그리스도 예수 안에서 경건하게 살고자 하는 자는 박해를 받으리라"(딤후 3:12). 또한 이 말씀은 하나의 중요한 단서를 달고 있다. 실제로 모든 그리스도인이 박해를 받는 것은 아니며, 오직 그리스도 안에서 경건하게 살고자 하는 이들만이 박해를 받을 것이다. 우리는 나치가 장악하던 시기에 나치를 저지하기 위해 아무것도 하지 않고 침묵한 독일의 대다수 그리스도인처럼 뒷전에 물러서서 아무런 입장도 취하지 않으면 실제로 박해를 피할 수 있다. 침묵한 다수는 나치를 저지하기 위해 아무것도 하지 않았다. 만약 우리가 옆으로 조용히 비켜 서 있다면 우리는 안전하게 살 수 있다. 그러나 우리가 의롭게 살고, 진리의 편에 서고, 정의를 위해 싸우고, 학대받는 자들을 대변하고, 제자를 삼고, 그리스도와 그의 나라에 충성하고자 무엇이든 공개적으로 하기로 결심한다면 우리는 아마도 반대에 직면하게 될 것이다. 우리는 언제 어떠한 입장을 취해야 할지 알기 위해 지혜와 더불어 그것을 실행에 옮기는 용기를 구하며 기도해야 한다.

그러나 사실 우리들 대다수에게 가장 위험한 것은 박해가 아니라 타협의 유혹이다. 주변 문화와 조화를 이루도록 변화하라는 지속적인 압력은 강력하며 이는 요한계시록의 몇몇 교회에서도 나타난다. 에베소 교회는 처음 사랑을 버렸으며(2:4), 버가모 교회와 두아디라 교회의 일부는 거짓 교사들을 추종했으며(2:14-15, 20), 사데 교회는 살아 있다는 평판을 받지만 실제로는 죽었으며(3:1), 라오디게아 교회는 미지근한 상태에 머물러 있었다(3:16-17). 그들이 왜 이런 압력을 받았는지에 관해서는 보다 더 상세한 설명이 필요하다.

로마 제국은 황제 숭배가 삶의 중심이 되는 사회였다. 이러한 황제 숭배는 정치적·사회적·경제적·군사적 영향력을 결집시켜 신전, 사제, 축제 등을 완전히 갖춘 하나의 지배적인 종교 세력을 형성했다. 황제 숭배는 그리스도인들에게 있어 심각한 죄를 짓게 만드는 것이었으며(예. 카이사르가 주라고 고백하거나 이교도 신을 숭배하는 성적으로 문란한 예식에 참여하는 것), 흔히 우상숭배와 부도덕한 행위(흔히 지역의 상인조합과 연관이 있었다)가 수반되었다. 참여하기를 거부할 경우 그들은 대가를 치러야 했다. 그 밖에도 교회 안에 있는 거짓 교사들이 부도덕하고 우상숭배적인 황제 숭배에 참여하면서도 동시에 헌신된 그리스도인으로 살 수 있다고 가르치는 사례가 있었음을 볼 때(2:6, 14-15, 20-24)

우리는 얼마나 많은 그리스도인이 이러한 압력에 굴복하게 되었을지 가히 짐작하고도 남는다. 그러나 예수는 요한계시록 2-3장의 일곱 메시지에서 이 세상의 체계와 타협하는 자들과, 다른 이들도 자신과 같이 타협하도록 부추기는 자들에게 엄중히 경고한다.

이교도적인 세상과 타협하라는 유혹은 1세기만의 문제가 아니다. 오늘날에도 이 세상은 우리를 그 틀에 억지로 끼워넣으려고 애쓴다. 나는 최근에 크리스마스 시즌과 연관되어 있는 블랙 프라이데이와 사이버 먼데이라는 쇼핑 광란을 직접 경험했는데, 그리스도인들도 비(非)그리스도인들과 마찬가지로 물질주의와 소비주의에 사로잡혀 있는 것만 같다. 요즈음은 돈이 모든 것을 움직이는 것 같다. 또한 우리는 어떤 특정한 윤리적 이슈에 관한 지배적인 관점을 따르기 위해 성경의 진리를 희석시키라는 압력을 받는다. 많은 경우 영화나 음악이 성경 말씀보다 우리의 생각에 더 많은 영향을 주기도 한다. 권력의 미끼가 우리로 하여금 거짓말하고, 속이고, 은폐하도록 유혹한다. 포르노의 유혹이 곳곳에서 넘쳐난다. 오늘날 타협하라는 유혹은 건재하며 살아 있다. 우리는 실제로 영적 전쟁을 치르고 있으며, 그 위협은 부도덕함과 우상숭배라는 두 단어로 요약될 수 있다.

끝까지 인내하라

요한계시록은 우리에게 서로 다른 단어와 이미지를 사용하여 예수께 신실하고 끝까지 그 신실함을 지킬 것을 촉구한다. 여기서 중요한 것은 시간이다. 우리는 우리의 생명이 끝날 때까지 혹은 예수가 재림할 때까지 계속해서 신뢰하고 따라가야 한다. 우리는 이긴 자들 또는 승리한 자들이 되기 위해 부르심을 받았다. 앞에서 이미 살펴본 바와 같이 "이기다"("승리를 거두다"를 의미하는 그리스어 "니카오"[*nikaō*])는 그리스도인들이 신실하게 인내하고 견디도록 격려하기 위해 요한계시록 전반에 걸쳐 나타난다. 이렇게 신실하게 인내하는 것이 바로 예수 자신이 하신 일이며, 우리도 그를 본받아야 한다. 그는 십자가와 부활을 통해 승리하신 분이시며(3:21; 5:5), 그의 재림과 함께 그의 승리는 계속될 것이다(17:14). 일곱 메시지의 각 결론에서 예수는 이긴 자들에게 약속을 주셨다(2:7, 11, 17, 26; 3:5, 12, 21). 그들은 악에게는 "아니오"라고 말하고 하나님께는 "예"라고 말함으로써, 그리고 끝까지 신실함을 지킴으로써 승리를 거둘 것이다.

요한계시록 12:11은 우리가 어떻게 이길 수 있는지를 간략하게 설명해준다. "또 우리 형제들이 어린양의 피와 자기들이 증언하는 말씀으로써 그를 이겼으니[*nikao*라는 단어가 다시 사용됨] 그들은 죽기까지 자기들의 생명을 아끼지 아니하였도다." 우리는 그리스도가 우리를 위해 이미 얻은 승리("어린양의 피")를 의지하고, 고난과 죽음에 직면하면서도 그에 대한 충성심을 지킨다. 하나님 나라에서 이기거나 승리한다는 것은 "한 사람이 자신의 인생을 바쳐 그 인생이 완전히 끝날 때까지 어린양을 따르는 것"을 의미한다.[2] 요한계시록의 결말 부분에서는 모든 것을 이기고 승리를 구가할 백성의 무리가 있음을 우리에게 말해준다(15:2; 21:7).

요한계시록이 제시하는 승리 전략은 과도한 경쟁 문화 속에서 주도권을 잡고 앞으로 나아가며 상대방을 이기는 것이 승리에 대한 정의라고 알고 있는 우리에게 혼란을 가져다줄 수 있다. 그러나 하나님 나라에서는 그분이 우리를 위해 싸우신다. 그분이 우리의 원수들을 물리치신다. 우리의 주된 임무는 견디고, 서서, 인내하고, 끝까지 버티고, 신실함을 지키고, 계속 주님을 따르는 것이다. 에베소서 6장에 기록된 영적 전쟁에 관한 가르침에서 바울은 우리의 임무를 이렇게 요약한다. "그러므로 하나님의 전신갑주를 취하라. 이는 악한 날에 너희가 능히 대적하고 모든 일을 행한 후에 서기 위함이라"(엡 6:13). 우리는 딱 버티고 서 있음으로써, 그리고 신실함을 지킴으로써 이길 수 있다. 영적 전쟁이 한창일 때 나는 다음과 같은 짧은 기도를 계속 반복한다. "주님! 저는 당신을 신뢰합니다. 제게 견딜 수 있는 힘을 주십시오." 때로는 그것이 내 기도의 전부이지만, 이렇게 소소한 기도라 할지라도 그

---

2   참조. J. Scott Duvall, "Revelation: The Transforming Vision," in C. Marvin Pate et al., *The Story of Israel: A Biblical Theology* (Downers Grove, IL: InterVarsity, 2004), 276.

것은 믿음의 행위인 것이다. 기도는 정말 가장 탁월한 인내의 언어다.

인내를 강조하기 위해 요한계시록은 "끈덕진 인내"(그리스어 "휘포모네"[hypomonē])라는 중요한 어구를 일곱 번이나 사용한다(1:9; 2:2, 3, 19; 3:10; 13:10; 14:12). 한 요한계시록 학자는 "인내"가 "요한계시록의 핵심적인 윤리적 용어"라고 말한다.[3]

개별적 용례를 간단히 살펴보자. 1:9에서 요한은 모든 그리스도인이 하나님 나라 멤버십, 고난 혹은 환난, 끈덕진 인내 등 세 가지 중요한 실재를 공유한다고 말한다. 우리는 모두 이 타락한 세상에서 그리스도를 따르는 자로 사는 특권(하나님 나라 멤버십)과 책임(고난과 인내)을 경험할 것이다. 2:2-3에서 예수는 에베소 교회가 거짓 가르침과의 타협을 거부한 것을 포함하여 그들의 수고와 인내를 칭찬한다. 2:19에서 예수는 두아디라 교회의 사랑과 믿음과 섬김과 인내에 찬사를 보낸다. 3:10에서 예수는 시험을 당하는 가운데 인내하라 혹은 끈덕지게 견디라는 자신의 명령을 지키는 자들에게 영적인 보호를 약속하신다.

마지막 두 경우는 특별히 중요하다. 13:1-10에서는 바다에서 나온 한 짐승이 소개되며, 그가 하나님을 모독하고 하나님의 백성을 대항하여 전쟁을 일으킬 것(그리고 심지어 잠시 하나님의 백성을 "이기게" 될

---

3   Grant R. Osborne, *Revelation*, Baker Exegetical Commentary on the New Testament (Grand Rapids: Baker Academic, 2002), 543.

것)이라고 말한다(13:6-7). 어린양을 따르는 자들은 투옥과 칼을 당연한 것으로 생각한다(13:9-10). 문화가 극도로 반(反)기독교적이 될 경우 신실한 신자들은 박해를 피할 수 없다. 결과적으로 이것은 "성도들의 인내와 믿음"을 요구한다(13:10). 하나님은 그의 백성에게 시험과 박해의 불을 제거하시겠다고 약속하신 것이 아니라 우리가 그를 계속 신뢰할 때 우리가 그 불을 통과하도록 우리와 함께 하실 것을 약속하셨다. 그는 우리를 버리거나 떠나지 않는다. 그는 항상 우리와 함께 계신다(마 28:20).

14:6-11에는 심판에 관한 세 천사의 메시지가 나오고, 14:12-13에서는 인내를 촉구하는 내용과 신자들을 위한 축복이 나온다.

인내를 위한 촉구: "성도들의 인내가 여기 있나니 그들은 하나님의 계명과 예수에 대한 믿음을 지키는 자니라."

복: "'지금 이후로 주 안에서 죽은 자들은 복이 있도다' 하시매 성령이 이르시되 '그러하다. 그들이 수고를 그치고 쉬리니, 이는 그들의 행한 일이 따름이라' 하시더라."

이것은 매우 특이하면서도 다소 실망스러운 복처럼 보일 수 있다. 주 안에서 죽는 것이 복이라는 생각은 우리의 사고방식에서는 다소 생소하다. 하지만 이것은 사람들이 실제로 이겨내고, 인내하고, 승리한다는 것을 우리에게 상기시켜준다. 그들은 큰 환난과 이 세상의 박해 가운데서도 끝까지 신실함을 지킨 자들이다(7:13-14; 15:2; 21:7). 우리가 신실함을 지키는 대가로 우리의 목숨을 잃는다 하더라도 하나님은 여전히 우리를 소유하고 계신다. 하나님은 마지막 원수인 죽음에 대한 주권까지도 소유하고 계신다(고후 15:26).

우리는 어떻게 하면 죽기까지 충성하는 경지에 오를 수 있을까? 20세기의 어느 신자에 관한 잘 알려진 이야기는 나에게 큰 희망과 올바른 관점을 제시해주었다. 네덜란드의 그리스도인인 코리 텐 붐은 독일 나치의 악행으로부터 유대인들이 벗어나도록 돕는 반체제 저항운동의 일원이라는 이유로 독일의 한 포로수용소로 보내졌다. 코리는 하나님을 신뢰하려고 애쓰면서 혹독한 추위, 부족한 식량, 질병, 불결함, 과잉수용, 고된 노동 등 비참한 수용소의 끔찍한 상황들을 참아냈다. 그녀의 삶의 최저점은 그녀의 여동생인 베시가 죽었을 때였다. 후일에 코리는 당시 그녀의 영혼이 빛과 어두움이 싸우는 전쟁터였다고 고백했다. 특별히 힘들었던 것은 여자들이 벌거벗어야만 했던 금요일의 굴욕적인 건강검진이었다. 어느 금요일에 그녀는 복음서에서 무언가를 기억해냈다. 그것은 예수가 십자가 위에서 벌거벗겨진 채로 매달렸다는 것이었다. 예수 역시 조롱과 학대와 박해자들의 굴욕을 참아내야만 했다. 그녀는 자신이 겪는 고난을 감당할 수 있도록 도와준 두 가지 사실을 발견했다. 첫째, 하나님은 주권자시다. 하나님은 모든 것을 다스리고 계시며, 우리는 그분을 신뢰해야 한다. 둘째, 그러나 하나님은 인간이신 예수를 통해 고난을 받으셨다. 그분은 고난이 어떤 것인지 알고 계신다. 우리는 주권자이신 하나님과 고난받으시는 하나님을 함께 기억할 때 악과 대면하면서도 변함없이 흔들리지 않을 수 있다. 우리가 계속 앞으로 나아가기 위해서는 이 두 가지가 모두 필요하다.[4]

악에게 "아니오"라고 말하기

요한계시록은 우리가 전쟁 중에 있다는 것과 인내해야 한다는 것만을 가르쳐주는 것이 아니라 우리가 무엇을 해야 하는지도 구체적으로 가르쳐준다. 이번 단락에서 우리는 인내란 악에게 "아니오"라고 말하는 것임을 깨닫게 될 것이다. 그다음 우리는 인내가 예수께 "예"라고 말하는 것임도 배울 것이다. 다시 말하면 우리가 신실하게 인내하고자 한다면 우리에게는 거부해야 할 것과 받아들여야 할 것이 있다. 우리 앞에는 결정해야 할 중요한 윤리적 선택이 놓여 있다. 하나님을 위해 산다는 것에는 해야 할 것과 하지 말아야 할 것이 모두 포함되며, 이것은 요한계시록의 경우에서도 마찬가지다.

요한계시록에서 구체적으로 우리에게 거부하라고 말하는 것은

---

4   이러한 통찰력에 관해서는 다음을 보라. Jim Belcher, *In Search of Deep Faith: A Pilgrimage into the Beauty, Goodness and Heart of Christianity* (Downers Grove, IL: InterVarsity, 2013), 221.

무엇인가? 우선 우리는 거짓 가르침을 거부해야 한다. 일곱 개의 메시지는 니골라당과 발람의 가르침을 계속해서 따르는 자들과 자칭 예언자인 이세벨 등 거짓 교사들을 수차례 언급한다(2:20-23). 그들은 모두 신자들이 지배적인 이교도 문화와 잘 어울리도록(그리고 심지어 그것을 통해 이익을 얻도록) 하기 위해 기독교 신앙을 새롭게 정의한 거짓 교사들이다. 그들은 그리스도인들이 지역 상인 조합에 가입하고 황제 숭배와 관련된 이교도 의식에 참여할 것을 장려했으며, 이러한 행위가 그리스도인의 신앙을 훼손시키지 않는다고 안심시켰을 것이다. 그러나 예수는 이와 같은 거짓 가르침을 미워하시며, 에베소 교회가 이러한 거짓 가르침을 미워한 것을 칭찬하신다(2:6). 그는 버가모 교회가 거짓 교사들을 용납한 것을 책망하시며 회개하라고 경고하신다(2:14-15). 예수는 이세벨의 가르침을 거부한 두아디라 교회의 신실한 그리스도인들을 격려하고(2:24-28), 이세벨과 열렬한 신봉자들에 대한 심판을 선포하며(2:23), 그녀의 사상을 따르려는 그리스도인들에게 경고한다 (2:22).

요한계시록은 거짓 가르침에 장난삼아 기웃거리지 말 것을 경고한다. 이것은 불장난과도 같다. 거짓 가르침은 흔히 비밀스럽고 깊은 종교적 체험을 했다고 주장하는 이들이나 혹은 사회의 인정을 받기 위해서는 정통 기독교 신앙을 재정의해도 무방하다고 주장하는 이들로부터 유래한다. 이 두 경우 모두 하나님의 진리의 말씀은 흔히 개인적 체험과 이 세상의 추세에 밀려 뒷전으로 밀려난다. 우리는 우리의 삶을 하나님의 방식에 맞추려고 하기보다는 오히려 하나님과 그의 말씀을 우리의 삶에 끼워 맞추려고 애쓴다. 만일 당신이 지금 이런 상황에 처해 있다면 이 땅에는 하나님이 그를 사랑하시는 자에게 예비하신 것과 비교할 만큼 큰 혜택과 기쁨이 없다는 것을 기억하기 바란다.

거짓 신들을 숭배하는 것, 즉 우리가 흔히 우상숭배라고 부르는 행위를 거부하라는 명령은 거짓 가르침을 거부하는 것과 밀접하게 연관되어 있다. 요한계시록 13장에 나타난 그 유명한 "짐승의 표"는 소유권과 신분과 충성을 상징한다(13:16-17). 신자들이 문자적으로가 아니라 현재 우리의 전반적인 삶의 방향을 통해 살아 계신 하나님이 새겨주신 인을 드러내 보여주듯이, 불신자들도 자신들의 행동(오른손)과 사고방식(이마)을 통해 그들의 우상숭배의 상징인 짐승의 표를 보여줄 것이다. 우리 사회에서 돈과 권력은 종종 그릇된 숭배와 관련이 있다. 요한계시록 13장에서 짐승에게 경배하지 않는 자들은 더 이상 사고파는 행위를 할 수 없다는 사실에 주목해야 한다. 이것은 그들이 경제적으로 고통을 당할 것을 의미한다. 우리에게도 바로 이런 방식으로 유혹이 나타날 수 있다는 사실에 놀라지 말라. 당신은 예수 그리스도를 따르기 위해 물질적인 편안함과 재정적인 안전함을 기꺼이 포기할 수 있는가? 예수는 다음과 같이 말씀하셨다. "한 사람이 두 주인을 섬기지 못할 것이니, 혹 이를 미워하고 저를 사랑하거나, 혹 이를 중히 여기고 저를 경히 여김이라. 너희가 하나님과 재물을 겸하여 섬기지 못하느니라"(마 6:24).

요한계시록은 하나님을 알지 못하는 이들의 악한 행동을 거부하라고 말한다. 요한계시록에는 하나님이 책망하시는 불경스러운 행위의 여러 유형을 열거하는 내용이 세 본문에 나온다.

이 재앙에 죽지 않고 남은 사람들은 손으로 행한 일을 회개하지 아니하고, 오히려 여러 귀신과 또는 보거나 듣거나 다니거나 하지 못하는 금, 은, 동과 목석의 우상에게 절하고 또 그 살인과 복술과 음행과 도둑질을 회개하지 아니하더라(9:20-21).

그러나 두려워하는 자들과 믿지 아니하는 자들과 흉악한 자들과 살인자들과 음행하는 자들과 점술가들과 우상숭배자들과 거짓말하는 모든 자들은 불과 유황으로 타는 못에 던져지리니 이것이 둘째 사망이라(21:8).

개들과 점술가들과 음행하는 자들과 살인자들과 우상숭배자들과 및 거짓말을 좋아하며 지어내는 자는 다 성 밖에 있으리라(22:15).

이러한 행위는 하나님의 임재 안에 영원히 들어오지 못할 이들이 끊임없이 행하는 것이며, 그들은 하나님과 관계가 없기 때문에 이런 행위를 계속한다. 이러한 죄의 목록에서 우리는 사람들과 하나님의 관계뿐 아니라 인간들 사이의 관계도 완전히 깨어져 있음을 발견한다. 이것은 하나님을 사랑하고 또 이웃을 사랑하라는 가장 큰 계명에 정면으로 대치된다(막 12:29-31). 요한계시록 18:4에서 하나님의 백성은 그들의 삶 속에서 이교도 세력의 중심인 바벨론의 죄를 멀리하라는 명령을 받는다. "또 내가 들으니 하늘로부터 다른 음성이 나서 이르되 '내 백성아! 거기서 나와 그의 죄에 참여하지 말고 그가 받을 재앙들을 받지 말라'." 우리가 야웨께 구별된 자로서 세상과 구별되는 것은 거룩함의 일환이다.

예를 들어 당신이 우리가 거부해야 하는 것—거짓 가르침, 우상숭배, 음행, 물질주의, 거짓말, 기만—을 모두 읽은 후에 부끄럽지만 당신의 삶 속에서 이런 행위를 발견했다고 가정해보자. 좋은 소식은 바로 예수가 일곱 교회에 속한 그의 백성에게 그들의 생각과 행위를 바꾸라고 말씀하셨다는 것이다. 이것은 우리도 바꿀 수 있다는 희망을 가져다준다. 여기서 중요한 단어는 "회개"다. 비록 사람들이 듣기 좋아하는 단어는 아니지만 말이다. 회개한다는 것은 바꾼다는 것을 의미한다. 예수는 에베소, 버가모, 두아디라, 사데, 라오디게아에 있는 그리스도인들에게 회개할 것을 강력히 촉구하신다(2:5, 16, 22; 3:3, 19). 회개는 마음과 생각의 변화, 불경한 행위의 거부, 미래의 생각과 행동의 방향 전환을 수반한다. 요한계시록은 예수가 그의 백성에게 회개할 것을 명령하실 때 만약 그렇게 하지 않을 경우에는 장차 엄중한 심판이 있을 것임을 대체로 덧붙인다(2:5, 16, 22-23; 3:3).

라오디게아 교회에 주신 예수의 말씀이 특별히 이와 관련이 있다. 큰 변화가 필요한 그리스도인 무리를 향해 그는 이렇게 말씀하신다

(3:19-20). "무릇 내가 사랑하는 자를 책망하여 징계하노니, 그러므로 네가 열심을 내라. 회개하라. 볼지어다! 내가 문 밖에 서서 두드리노니, 누구든지 내 음성을 듣고 문을 열면 내가 그에게로 들어가 그와 더불어 먹고 그는 나와 더불어 먹으리라."

오늘날 많은 신자가 자신의 힘으로 살고자 애쓰지만 그럼에도 모두 비참하게 실패하고 말았다. 이제 그들이 다시 회복해야 할 필요성을 자각하면서 계속 마음속에 떠오르는 질문이 하나 있는데, 바로 이런 것이다. 하나님은 내가 지금까지 한 일을 모두 보고서도 여전히 나와 관계를 맺기를 원하실까? 예수의 사랑은 그가 당신을 포기하거나 외면하지 않는다는 것을 의미한다. 당신이 교만하게 자신을 의지하는 삶에서 돌이켜 그에게 당신의 마음을 열면 그는 오히려 당신에게 용서와 회복을 허락하고자 기다리고 계실 것이다. 고대 사회에서 누군가의 집에서 음식을 함께 먹는 것은 강한 우정을 나타내는 행위였다. 그는 당신의 마음 문을 계속 두드리면서 다음과 같이 말씀하신다. "그렇다. 나는 우리의 관계를 새롭게 하길 원한다. 내가 지금까지 여기에 계속 서 있었다. 문 두드리는 소리를 듣고 너의 삶을 나에게 **활짝** 열어준다면 나는 들어가서 너를 치유하고 회복시킬 것이다." 그는 모든 것을 바로잡기 원하지만, 문은 오직 안에서만 열 수 있다.

예수께 "예"라고 말하기

십자가에서 죽기 전날 밤에 예수는 제자들에게 "너희가 나를 사랑하면 나의 계명을 지키리라"(요 14:15)고 말씀하셨고, "나의 계명을 지키는 자라야 나를 사랑하는 자"(요 14:21)라고 말씀하셨다. 요한계시록역시 하나님을 사랑한다는 것은 그분께 순종하는 것을 의미한다고 말한다. 분명히 말하지만, 우리는 우리의 노력으로 하나님께 순종할 수없다. 오히려 우리는 하나님이 그리스도 안에서 우리에게 행하신 모든일 때문에 그분께 순종하는 것이다(즉 "우리가 사랑함은 그가 먼저 우리를 사랑하셨음이라", 요일 4:19).

요한계시록은 그리스도인들을 "하나님의 계명을 지키는 자"로묘사한다(12:17; 참조. 14:12). 순종은 그리스도인의 주된 특성이다. 우리는 순종하는 자녀다. 우리는 인내하며 견디라는 예수의 명령을 지킨다(3:8, 10). 우리는 예언의 말씀에 순종한다(1:3; 22:7, 9). 우리는 하나님을 사랑하고, 섬기고, 신뢰하며, 인내한다(2:13, 19). 그리고 우리는예수의 증인으로서의 사명을 감당한다(6:9; 11:3; 12:11, 17; 17:6; 19:10; 20:4).

또한 요한계시록은 살아 있는 그림 언어를 통해 순종의 중요성을강조한다. 모든 신자는 그리스도의 신부로서 예수의 재림 때 열릴 성대한 혼인 잔치를 준비하기 위해 의의 옷을 입을 것이다. 이것은 단지하나님이 선물로 주신 의를 가리킬 뿐만 아니라 하나님의 은혜에 화답하는 우리의 의로운 행위를 가리키기도 한다. "우리가 즐거워하고 크게 기뻐하며 그에게 영광을 돌리세. 어린양의 혼인 기약이 이르렀고, 그의 아내가 자신을 준비하였으므로, 그에게 빛나고 깨끗한 세마포 옷을 입도록 허락하셨으니 이 세마포 옷은 성도들의 옳은 행실이로다 하더라"(19:7-8).

고대 세계에서 옷을 입지 않는다는 것은 하나님의 심판을 맞이할 준비가 되지 않았음을 의미했다. 벌거벗는다는 것은 수치심과 죄책감을 상징했다. 16:15에서 예수는 이렇게 말씀하신다. "보라! 내가 도둑 같이 오리니, 누구든지 깨어 자기 옷을 지켜 벌거벗고 다니지 아니하며 자기의 부끄러움을 보이지 아니하는 자는 복이 있도다." 예수는 사데 교회의 몇몇 신실한 신자에게 "그 옷을 더럽히지 아니한 자 몇 명이 네게 있어 흰옷을 입고 나와 함께 다니리니 그들은 합당한 자인 연고라"고 칭찬한다(3:4). 또한 22:14에서도 "자기 두루마기를 빠는 자들은 복이 있으니, 이는 그들이 생명나무에 나아가며, 문들을 통하여 성에 들어갈 권세를 받으려 함이로다"라고 말한다. 그리스도인들은 의의 두루마기를 입었는데, 이러한 이미지는 하나님의 은혜의 선물과 그리스도를 향한 사랑의 순종이라는 우리의 두 가지 화답을 모두 포함한다.

요한계시록은 종말론(마지막 때에 관한 사상)과 윤리(현재 우리가 어떻게 살아야 하는지)의 관계를 분명하게 연결해준다. 그리스도의 재림을 기대하고 갈망하는 자들은 거룩한 삶을 위한 부르심을 받는다. 우리의 순종은 우리의 믿음의 진정성을 반영하기 때문에 중요한 것이다. 요한계시록은 이 세상에 있는 두 종류의 사람, 즉 의로운 사람과 악한 사람에 관해 간략하게 요약하면서 끝을 맺는다. "또 내게 말하되 '이 두루마리의 예언의 말씀을 인봉하지 말라, 때가 가까우니라. 불의를 행하는 자는 그대로 불의를 행하고, 더러운 자는 그대로 더럽고, 의로운 자는 그대로 의를 행하고, 거룩한 자는 그대로 거룩하게 하라'"(22:10-11). 그러나 당신이 나처럼 단지 어떤 규칙과 명령을 지키는 데만 혈안이 된다면 사실 당신은 오래가지 못하고, 자기 자신을 마비시키고, 결국에는 덜 순종적이 되고 말 것이다. 우리가 순종에만 너무 초점을 맞추다 보면 종종 올바른 시각을 잃어버릴 때가 있다. 예수를 위해 어떤 일을 하는 것보다 오히려 예수께 초점을 맞추는 것이 나에게는 훨씬 더 많은 도움이 된다. 내가 그리스도께 계속 충성하고 신실함을 지키는 데 초점을 맞출 때 모든 것이 훨씬 더 친밀하고 활기가 넘친다. 시선을 예수께만 고정할 때 비로소 가장 극심한 고난을 당하는 자들도 그 어려움을 견디고 인내할 수 있었다(히 12:2).

디트리히 본회퍼는 요한계시록 14장에 기초하여 "죽는 것을 배우기"(*Learning to Die*)라는 제목의 채플 설교를 한 적이 있다. 본회퍼는 큰 성 바벨론(하나님을 대적한 악한 제국)이 이미 십자가에서 그리스도에게 패했기 때문에 그 성이 어떻게 무너지고, 마침내 어떻게 망하게 될 것인지에 관해 이야기했다. 본회퍼는 청중들에게 아무것도 겁낼 것이 없다고 말했다. 본회퍼는 다음과 같이 말했다. "장차 올 날을 두려워하지 마십시오. 다른 사람들을 두려워하지 마십시오. 당신의 재산과 생명을 빼앗아간다 할지라도 권세나 힘을 두려워하지 마십시오. 이 세상의 위대한 것들을 두려워하지 마십시오. 당신 자신도 두려워하지 마십시오." 하나님은 우리의 모든 두려움보다 더 크신 분이시다. 본회퍼는 그의 청중들이 마지막까지 예수께만 매달릴 것을 촉구했다. 그는 다음과 같이 설교를 마무리했다.

그리스도 안에서 죽는 것, 그것이 우리에게 허락되기를, 우리의 마지막 시간이 나약한 시간이 되지 않기를, 우리가 그리스도를 고백하는 자로 죽기를, 그 죽음이 늙어서 오든 젊어서 오든, 속히 오든 긴 고난을 당한 후에 오든, 바벨론의 주인에게 붙잡혀서 오든 간에…우리의 마지막 한마디가 오직 "그리스도"가 되길 바라는 것이 오늘 우리가 드리는 기도다.[5]

그럴 만한 가치가 있다

당돌한 질문을 던지는 것이 영적이지 못하다는 증거는 아니다. 나는 왜 인내해야 하는가? 끝까지 인내하면 무슨 상이 있는가? 그냥 거짓

---

5 "Learning to Die," in *A Testament of Freedom: The Essential Writings of Dietrich Bonhoeffer*, ed. Geffrey B. Kelly and F. Burton Nelson (San Francisco: HarperSanFrancisco, 1995), 265-68. 인용문은 Belcher, *In Search of Deep Faith*, 238-39에서 발췌한 것임.

말하고 돈을 더 벌어 빚쟁이들이 우리를 더 이상 따라다니지 않도록 하면 왜 안 되는가? 모든 사람이 절제하기보다는 오히려 쾌락을 즐기는 것 같은데, 왜 나도 그렇게 살면 안 되는가? 모든 상황이 희망이 없어 보임에도 불구하고 왜 계속 기도해야 하는가? 성경의 오래된 진리를 붙잡고 사람들을 불쾌하게 만들기보다는 우리 문화가 제시하는, 끊임없이 바뀌는 진리의 정의를 그냥 수용하면 왜 안 되는가? 다른 모든 종교가 각기 하나님께로 나아가기 위한 유일한 길이라고 주장함에도 불구하고 왜 예수 한 분만이 참 하나님이라고 믿어야 하는가? 나를 조롱하는 사람들을 왜 사랑해야 하는가? 나를 소외시키는 사람들을 왜 섬겨야 하는가? 인내하기가 힘들고 견디는 것은 나를 죽을 만큼 힘들게 하는데, 내가 왜 이런 혼란을 뚫고 나가야 하는가? 내가 왜 신실함을 지켜야 하는가?

왜 인내해야 하는가? 그 이유는 두 가지다. 첫째, 하나님이 우리에게 그렇게 하라고 명령하셨기 때문이다. 둘째, 인내하는 것이 결국에는 그만한 가치가 있다고 예수께서 약속하셨기 때문이다.

요한계시록은 예수가 (마침내) 신실함을 지킨 것에 대한 상을 우리에게 주실 것임을 상기시킨다. 그렇다. 거의 모든 상은 지금 당장보다는 최후의 그날에 주어진다. 일반적으로 우리가 이 상을 나중이 아닌 지금 받는 것으로 생각하기 때문에 이러한 영원한 상이 간혹 우리의 마음을 사로잡지 못할 때가 있다. 현재의 상황을 바꿀 수 없는 것처럼 보이는 하늘의 상이 우리에게 동기를 부여하기란 그리 쉽지 않다. 우리는 오늘날 인스턴트 문화에 길들여져 있기 때문에 극도로 근시안적이 될 수 있다. 우리는 지금 당장 받는 상을 원한다. 그러나 하나님은 우리의 법칙대로 행동하지 않으신다. 하나님은 우리가 서두른다고 해서 조급해하시지도 않는다. 하나님은 임시방편의 손쉬운 해결책과 지름길을 몹시 싫어하신다. 그분은 사려 깊게 긴 시간에 걸쳐 우리의 인격을 다듬어나가고 자신의 계획을 완성하신다. 그분은 무엇이 가장 좋은 것인지를 잘 알고 계시며 영원의 관점에서 세계 전체와 우리의 삶을 보고 계시는 반면, 우리는 우리 앞에 놓여 있는 것만을 본다. 그러나 당신이 이러한 최후의 상을 더 생각하면 할수록 그 상이 지닌 의미가 현재 우리가 생각하는 것보다 더 큰 의미를 갖게 된다.

일곱 교회에 보낸 일곱 메시지의 결말 부분에서 예수는 인내한 자에게 상을 주시겠다고 약속하신다. 이 상의 구체적 내용은 때로는 불확실하지만, 그 주된 내용을 정리해보면 다음과 같다.

	이미지	의미
2:7	하나님의 낙원에 있는 생명나무의 열매를 먹음	영생의 보장
2:11	둘째 사망의 해를 받지 않음	영원한 죽음이 아닌, 부활 생명
2:17	감춰진 만나와 새 이름이 기록된 흰 돌을 받음	하나님의 영원한 인정, 돌봄, 그리고 공급
2:26-28	만국을 다스리는 권세와 새벽별	예수와 함께 천국을 다스림
3:5	흰옷을 입고 우리 이름이 생명책에 기록되며, 예수가 하나님 앞에서 그 이름을 시인함	하나님의 영원한 나라의 안전하고 영원한 시민권과 예수의 인정과 칭찬

3:12	하나님 성전의 기둥과 세 개의 새로운 이름	삼위일체 하나님과의 특별한 관계와 그의 임재 안에서의 영원한 삶
3:21	예수의 보좌에 그와 함께 앉을 권리	그리스도의 승리와 권위에 참여함

이것들은 놀랍도록 중요한 상이다. 우리는 이보다 더 좋은 상의 목록을 만들 수 없다. 어떻게 하나님이 이보다 더 좋은 것을 우리에게 주실 수 있겠는가?

우리는 요한계시록 초반의 몇 장에서 이 상에 관해 배웠지만, 이 책의 나머지 부분도 끝까지 인내하는 자들을 위한 영원한 상을 강조한다. 요한계시록에는 일곱 가지 복의 말씀, 즉 "~한 자는 복이 있나니"라는 말씀이 일곱 차례 등장한다. 두 가지 복은 이 책을 읽는 자와 지키는 자에게 주어지지만(1:3; 22:7), 나머지 다섯 가지 복은 인내하는 자들을 위해 예비하신 영원한 복이다. 이 다섯 가지 복은 하나님의 임재의 복(14:13), 예수의 재림을 위해 준비되는 복(16:15), 어린양의 혼인 잔치에 청함을 받는 복(19:9), 부활에 참여하고 둘째 사망을 피하는 복(20:6), 생명 나무의 열매를 먹고 영원한 성으로 들어가는 복(22:14)이다.

요한계시록의 가장 끝부분 역시 하나님을 사랑하는 자들을 위해 그가 예비하신 상을 강조한다. 이기는 자는 21-22장에 묘사된 새로운 창조세계를 상속받을 것이다(21:7, 27). 우리는 생명과 건강과 새 하늘과 새 땅의 풍요로움, 그리고 무엇보다도 하나님의 임재를 향유하게 될 것이다(22:3-5, 14). 이 모든 상은 예수께서 재림하실 때 우리의 것이 될 것이다(22:12).

우리는 지금 인내하고 기다린다. 이것이 누군가에게는 믿기 어려울 만큼 힘든 일일 수 있다. 하나님이 당신을 위하여 예비하신 것은 모든 고난을 가치 있게 만든다. 로마서에 기록된 사도 바울의 말씀은 요한계시록의 메시지를 잘 반영한다. "생각하건대 현재의 고난은 장차 우리에게 나타날 영광과 비교할 수 없도다.…만일 우리가 보지 못하는 것을 바라면 참음으로 기다릴지니라"(롬 8:18, 25). 하나님이 약속하신 것을 고대하는 것은 무책임하거나 어리석은 일이 아니다. 성경은 이것을 소망이라고 부른다. 우리는 우리의 하나님을 신뢰하므로 소망을 갖고 기다린다.

결론

인내는 결코 쉬운 것이 아니다. 대체로 장기간 견디고 버티는 것은 어려운 것이다. 그리스도인의 삶은 짧은 단거리 경주가 아닌 장거리 경주다. 내가 좋아하는 취미는 사이클링인데, 나는 백마일 경주를 많이 해보았다. 처음 십에서 십오 마일 정도는 힘들지 않고 탄다. 약 삼십 마일 정도까지는 피곤해지는 것을 느끼지 못한다. 한 육십 마일 정도가 지나면 통증이 오기 시작하고 마지막까지 고통은 지속된다. 나는 장거리를 달릴 때 마지막 구간에서 최선을 다하고 싶은 마음과 포기하고 싶은 마음을 동시에 경험한다. 나는 먹고 마시는 것이 정말 필요할 때까지 기다리라고 나를 다그친다. 나는 내 자신에게 끊임없이 "계속 페달을 밟아라"라고 말하며 결승선이 바로 코앞에 있다고 말한다.

사이클링과 그리스도인의 삶 사이에는 서로 유사한 점이 많지만, 두 가지가 가장 두드러진다. 첫째, 경주는 힘든 것이다. 그리스도인의 삶은 쉽지 않으며, 우리는 망가진 세상에서 사는 일이 때로는 힘들 것이라는 것을 예상해야 한다. 그렇다. 예수 그리스도를 따르는 것이 우리가 참 생명을 경험하기 위한 유일한 길이므로 가치 있는 일이 분명하지만, 노력 없이 혹은 쉽게 얻을 수 있는 것은 결코 아니다. 나는 매번 경주를 시작하면서 그것이 나에게 하나의 시험이 될 것을 알고 있지만, 결국에는 그럴 만한 가치가 있다는 것도 알고 있다. 그리스도인으로서 우리의 여정도 마찬가지다.

두 번째로 유사한 점은 우리 혼자서 하는 것이 아니라는 것이다. 나는 백마일 사이클링 경주를 항상 그룹과 함께 한다. 당신이 다른 사이클링 선수의 뒤를 따라갈 때 당신은 당신의 에너지의 30퍼센트를 절약한다. 우리는 선두 기수를 서로 교대함으로써 다른 선수들이 우리 바로 뒤에서 달릴 수 있게 해주기도 하지만, 우리 또한 회복할 수 있도록 다른 선수들이 우리를 이끌어 가기도 한다. 건강한 기독교 공동체를 떠나 그리스도인으로서 산다는 것은 거의 불가능에 가깝다.

요한계시록 첫 부분에서 요한은 그의 상황을 이렇게 표현한다. "나 요한은 너희 형제요 예수의 환난과 나라와 참음에 동참하는 자라. 하나님의 말씀과 예수를 증언하였음으로 말미암아 밧모라 하는 섬에 있었더니"(1:9). 예수 안에서 이 모든 것이 "우리의 것"이라는 점을 놓치지 말아야 한다. 요한의 것만이 아니라 "우리의 것"이다. 요한은 환난과 나라와 참음에 있어 우리의 "형제요 동행자"다. 우리는 이 모든 것을 함께 나눈다. 우리는 공동체로서 인내한다. 우리는 혼자서는 할 수 없다. 우리는 서로를 필요로 하며, 하나님은 우리가 인내하도록 돕기 위하여 공동체를 주셨다. 때로는 우리가 전면에 나서서 역풍을 맞으며 다른 사람들이 회복할 수 있도록 할 것이다. 어떤 경우에는 우리가 다른 사람의 힘에 의존할 것이다. 그것이 가능하려면 우리에게는 다른 사람의 본보기와 기도와 용서와 격려가 필요하다. 우리는 이 모든 것에 함께하며 공동체로서 인내한다. 우리는 이 모든 것을 혼자만의 힘으로 할 필요가 없다.

본장에서 요한계시록은 우리가 적대감과 유혹, 이 두 가지를 모두 겪고 있는 실제적인 영적 전쟁 중에 있음을 상기시킨다. 우리는 인내함으로써 승리를 얻는다. 인내하는 것은 승리를 위한 것이다! 이기기 위해서는 악에게는 "아니오"라고 말하고, 예수께는 "예"라고 말해야 한다. 우리는 우리의 힘으로 승리할 필요가 없다. 우리는 단지 예수께서 이미 얻은 승리를 의지하면 된다. 그리고 하나님은 결국 이 모든 것이 가치 있는 것이 될 것임을 약속하신다. 갓 태어난 소중한 아기는 엄마로 하여금 출산의 고통을 모두 잊게 하지는 못하더라도 그 고통을 반드시 가치 있는 일로 만든다. 하나님이 우리를 위해 새 창조세계 안에 예비하신 것은 모든 인내의 고통을 가치 있게 만들어줄 것이다.

1. 당신은 당신의 친구들이 그리스도인의 삶으로부터 기대하는 것이 무엇이라고 생각하는가? 당신은 그리스도인의 삶에 대한 당신의 기대를 바꿔야만 했던 경험이 있는가? 만약 그렇다면 그것은 무엇인가?

2. 당신은 당신이 속한 교회의 신자들에게 적대감과 유혹 중 어느 것이 더 큰 위협이 된다고 생각하는가? 왜 그렇게 생각하는가?

3. 고대 로마 제국에 존재했던 삶의 압박이 오늘날 우리가 직면하는 압력과 어떤 면에서 서로 유사해 보이는가?

4. 요한계시록에서 우리는 인내함으로써 승리를 거둔다. 우리가 성경적인 사고방식을 갖기 위하여 "이긴다"는 개념을 어떻게 재정의할 수 있을까?

5. 인내의 일환으로서 악에게는 "아니오"라고 말하고, 예수께는 "예"라고 말해야 하는 것이 왜 중요한가?

6. 우리는 어떻게 하면 현재의 상황을 인내하기 위해 미래의 소망을 더욱더 확실하게 볼 수 있는가?

7. 인내에 관해 다룬 이번 장에서 당신이 배운 가장 중요한 진리는 무엇인가?

....

핵심 구절: 요한계시록 2:10; 12:11, 17; 14:12–13; 22:12–21
참고 본문: 요한계시록 2–3장, 11–12장

요한계시록의 심장

요한계시록의 열 가지 핵심 주제 이해하기

Copyright ⓒ 새물결플러스 2020

1쇄 발행	2020년 3월 19일
3쇄 발행	2022년 12월 7일

지은이	J. 스캇 듀발
옮긴이	홍수연
펴낸이	김요한
펴낸곳	새물결플러스

편 집	왕희광 정인철 노재현 정혜인 이형일 나유영 노동래
디자인	박인미 황진주
마케팅	박성민 이원혁
총 무	김명화 이성순
영 상	최정호 곽상원
아카데미	차상희

홈페이지	www.holywaveplus.com
이메일	hwpbooks@hwpbooks.com
출판등록	2008년 8월 21일 제2008-24호
주 소	(우) 04118 서울시 마포구 마포대로19길 33
전 화	02) 2652-3161
팩 스	02) 2652-3191

ISBN 979-11-6129-146-8 03230